本书撰写人员名单

主　　编：熊春文

副 主 编：尹忠海　李耀锋

撰写人员：熊春文　尹忠海　李耀锋　骆江玲　桑　坤
　　　　　李　琳　李阳阳　柯雪龙　陈家碧　李泓博
　　　　　戴小燕　孔　铭　赵馨宇

新时代中国县域脱贫攻坚案例 研究丛书

石城

嵌入式创新脱贫之路

全国扶贫宣传教育中心／组织编写

人民出版社

目 录
CONTENTS

导　论

党的十八大以来，以习近平同志为核心的党中央把脱贫攻坚工作纳入"五位一体"总体布局和"四个全面"战略布局，作为实现第一个百年奋斗目标的重点任务，作出一系列重大部署和安排，全面打响脱贫攻坚战。近些年来，我们国家采取超常规举措，以前所未有的力度推进脱贫攻坚，农村贫困人口显著减少，贫困发生率持续下降，解决区域性整体贫困迈出坚实步伐，贫困地区农民生产生活条件显著改善，贫困群众获得感显著增强，脱贫攻坚取得决定性进展，创造了我国减贫史上的最好成绩。我们充分发挥政治优势和制度优势，构筑了全社会扶贫的强大合力，建立了中国特色的脱贫攻坚制度体系，为全球减贫事业贡献了中国智慧和中国方案，谱写了人类反贫困史上的辉煌篇章。

党的十九大明确把精准脱贫作为决胜全面建成小康社会必须打好的三大攻坚战之一，作出了新的部署。《中共中央　国务院关于打赢脱贫攻坚战三年行动的指导意见》进一步指出：必须清醒地把握打赢脱贫攻坚战的困难和挑战，切实增强责任感和紧迫感，一鼓作气、尽锐出战、精准施策，以更有力的行动、更扎实的工作，集中力量攻克贫困的难中之难、坚中之坚，确保坚决打赢脱贫这场对如期全面建成小康社会、实现第一个百年奋斗目标具有决定性意义的攻坚战。

在以习近平同志为核心的党中央坚强领导下，全国上下一心，各地方积极探索，在精准脱贫和决胜全面建成小康社会战役中涌现了各种各样富有特色的好做法好经验，石城也是波澜壮阔的全国扶贫画卷中的光彩一页。石城是罗霄山脉集中连片特困县，因境内"山多石，耸峙如城"而得名，历来生存环境恶劣，是典型的赣南革命老区。习近平总书记一直关心赣南发展，他反复叮嘱："原中央苏区振兴发展工作要抓好，这有政治意义。""决不能让老区群众在全面建成小康社会进程中掉队。"① 2019年5月20日至22日，习近平总书记再次亲临江西省考察，面对面指导地方工作，老区人民群情振奋、欢欣鼓舞！

截至2018年，石城下辖6镇5乡、131个行政村、1881个村民小组，总面积1581.53平方公里，总人口33.46万。全县有建档立卡贫困户12470户49820人，其中因病致贫占29.4%、因残致贫占19%、因缺资金致贫占14.6%、因缺技术致贫占18%、因缺劳力致贫占10.8%、因学致贫占4.4%、因灾致贫占1.8%、因缺土地致贫占0.7%、因交通条件落后致贫占0.1%、因自身发展动力不足致贫占1.2%；有省定"十三五"贫困村29个，深度贫困村15个。

脱贫攻坚开展以来，石城县坚持以脱贫攻坚统揽经济社会发展全局，把脱贫攻坚作为最大的政治责任和第一民生工程，作为践行"两个维护"的试金石。推动思路向扶贫聚焦、人力向扶贫集中、资金向扶贫倾斜，以"一边倒"的态势打好打赢脱贫攻坚战。落实五级书记抓扶贫责任，尽锐出战，精准施策，全力推动苏区振兴；脱贫攻坚开展以来，石城县坚持按照"核心是精准、关键在落实、实现高质量、确保可持续"要求，围绕"扶持谁、谁来扶、怎么扶、如何退"等关键问题，全面推进精准识别、精准帮扶、精准退出等工作落到实处，真扶贫、扶真贫、真脱贫；脱贫攻坚开展以来，石城县始终紧扣"两不愁三保障"标准，下足"绣花"功夫，创新扶贫举

---

① 《红土地上新活力——写在〈国务院关于支持赣南等原中央苏区振兴发展的若干意见〉实施五年间》，2017年8月20日，见 http://www.xinhuanet.com/politics/2017-08/20/c_1121510876.htm。

措，打好政策"组合拳"，全面提升脱贫攻坚综合实效；脱贫攻坚开展以来，石城县坚持脱贫攻坚与乡村振兴有机衔接，围绕脱贫抓乡村振兴，实施"五大工程"，加大投入完善基础设施，健全公共服务，推动乡风文明，以全新的村容村貌助力乡村振兴战略目标实现。

　　石城县脱贫攻坚已取得了决定性胜利，长效增收机制基本形成，农村基础设施和公共服务配套更加完善，乡村面貌明显改观，群众幸福指数大有提升。全县未脱贫人口由 2014 年的 39187 人下降至 2019 年底的 486 人，贫困发生率降至 0.18%；29 个"十三五"贫困村与 15 个深度贫困村全部退出。2019 年，全县农民人均可支配收入达到 10738 元，较上年增长 12.2%，高出全国 3.3 个百分点，增幅列江西省第一，石城被评为省、市高质量发展综合先进县。全县所有的乡村学校、卫生院、敬老院全部新建或维修，所有的危桥进行了改造，获评"江西省四好农村路示范县"，国家卫生县城创建通过考核验收，成为"江西省生态文明先行示范县"。2019 年 4 月获批退出贫困县。全国"互联网+"社会扶贫工作现场推进会、全国贫困村创业致富带头人培训班相继在石城县召开。2019 年 5 月 22 日，国务院扶贫办党组书记、主任刘永富莅临石城县调研指导，对石城县脱贫攻坚工作给予了充分肯定，并高度赞扬了石城县创新推广中国社会扶贫网与创业致富带头人培育工作。2019 年 10 月 17 日，石城县获全国脱贫攻坚奖组织创新奖。

　　2019 年 6 月，受全国扶贫宣传教育中心的委托，以中国农业大学叶敬忠教授为首席专家的课题组中标"中部区域县、村脱贫攻坚经验总结"（TC190F4WF）项目。2019 年 8 月和 10 月，江西课题组成员在前期理论研究和资料研读的基础上两次分赴石城县调研，任务是从学术研究的视角完整呈现石城县脱贫攻坚的行动历程；全面总结其成功脱贫摘帽的政策、实践经验；深入分析脱贫攻坚行动对县域社会经济发展、对村庄基层治理、对农户生计发展等方面带来的影响及其可能存在的问题；基于案例县在脱贫攻坚中的具体实践以及脱贫摘帽后发展现状，提出对其可持续、稳定发展有借鉴意义的政策建议。

一、理论基础与调研发现

课题组经过充分调研认为，石城县在脱贫攻坚征程中，吃透中央精神，站位高、思路清、保障有力，坚持以脱贫攻坚统揽经济社会发展全局，找准历史方位和县情定位，对标中部崛起、苏区振兴、绿色发展战略，大胆先行先试，创造了有生命力、可持续、可复制的石城经验。这一经验的核心是最大限度地扎根当地经济产业基础和社会文化传统，因地制宜，因村、因户、因人施策，千方百计地探索多种扶贫举措、创新脱贫方式方法。脱贫攻坚开展以来，石城县尽锐出战，全力推进精准扶贫、精准脱贫方略落实到位，真扶贫、扶真贫、真脱贫，在"两不愁三保障"、"产业就业扶贫"、"脱贫攻坚与乡村振兴有效衔接"等方面取得实效，尤其在"千人铸造计划"、社会扶贫网推广使用以及城乡非贫困人口大病医疗商业保险等方面有所创新，创造了全国样板。我们把石城脱贫攻坚经验概括为嵌入式创新脱贫模式。

嵌入式创新脱贫模式的内涵包括嵌入与创新两个方面。嵌入性理论最早是在经济史研究中出现一种理论主张，作为韦伯理论的传人，波兰尼（Polanyi）在其名著《大转型：我们时代的政治与经济起源》①中首次提出"嵌入性"的概念，强调"市场经济原本是社会的一部分"，但现代社会以来，一些原本不属于商品的范畴即土地、劳动力和货币，都先后卷入市场交易的漩涡，变成"虚拟的商品"。如此，市场逐渐脱嵌（disembeddeding）于社会，整个人类社会进入所谓"市场社会"：原先是市场"嵌入于"社会中，市场的原则即价

---

① Karl Polanyi, *The Great Transformation: the political and economic origins of our time*, New York: Farrar and Rinehart, 1944.

格机制仅仅在经济的领域内才发挥作用；现在，市场原则却通行于整个社会，在经济以外的那些领域，如政治、文化和社会领域，都毫无例外地发挥作用。这就是波兰尼所谓的"大转变"——人类基本生计模式（livelihood）的根本转变。尽管波兰尼的论述遵循着"辩证法"的原则而展开："自我调节市场"的运动和扩展，与其对立面即"社会的自我保护"运动是共生共存的，即市场越是发展，社会就越是试图保护自己，将市场重置于社会掌控之下的趋势就越是强固。自我调节市场的扩展和社会自我保护机制的共存与矛盾运动构成波兰尼所谓的社会"双向运动"（double movements）。但是，现实中，这种"双向运动"往往不能奏效，而市场单方面无限扩张的结果，可能导致大规模的政治、军事冲突，世界大战的爆发就是"社会自我保护运动"归于失败的必然结局，最终还可能导致人类文明的崩溃。①

20 世纪 70 年代以来，随着学术界对波兰尼理论的重新发现，"嵌入性"逐渐成为经济社会学的核心概念，并逐渐在社会学、人类学、经济学等学科领域产生深远影响。格兰诺维特（Granovetter）在《经济行为和社会结构：嵌入问题》一文中提出"经济行动嵌入社会结构"的理论判断，认为经济行动是"嵌入正在运行中的具体的社会关系系统中"的。② 祖金（Zukin）与迪马吉奥（DiMaggio）进一步认为，不仅要探讨结构性嵌入，还要研究"政治的"、"文化的"和"认知的"嵌入。③ 嵌入性理论在政治、经济、社会和文化领域的应用正呈现方兴未艾之势。

课题组认为，"嵌入性"理论对于脱贫攻坚研究也有重要的启发意义。脱贫攻坚是党中央为实现第一个百年奋斗目标和决胜全面建成

---

① 参见沈原：《社会转型与工人阶级的再形成》，《社会学研究》2006 年第 2 期。

② Mark Granovetter, "Economic Action and Social Structure: The Problem of Embeddedness", *American Journal of Sociology*, Vol.91, No.3（November 1985）, pp.481–510.

③ Zukin Sharon and Paul DiMaggio, *Structures of Capital: The Social Organization of the Economy*, Cambridge: Cambridge University Press, 1990.

小康社会作出的重大部署，涉及社会经济发展全局。各地方在贯彻落实党中央政策精神的过程中也往往要求以脱贫攻坚统揽经济社会发展全局，但应该注意到脱贫攻坚是我们国家在特殊时期为完成特殊任务而采取的超常规举措，其力度前所未有，对于地方既有的社会经济系统来说，脱贫攻坚显然属于来自国家的超强干预力量。这些政策举措如果过猛，脱嵌于当地社会经济系统，势必打破既有的均衡状态，影响社会稳定，反而无助于脱贫攻坚任务的完成。课题组的调研发现，石城模式的成功经验恰恰在于其较好地解决了脱贫攻坚重大举措的嵌入机制问题。具体而言，石城县充分依据"三地五乡"区域名片和"忠诚任事、坚韧不拔、苦干实干、开放包容"的石城精神，深入调研把脉当地实情，积极稳妥推进脱贫攻坚各项举措；在"两不愁三保障"方面，全面落实教育、健康、安居与兜底保障扶贫政策，让所有贫困群众都能学有所教、病有所医、住有所居、困有所托，解决贫困群众最为关切的问题；根据村庄和群众的实际需要，分步骤地实施村庄整治提升工程、安全饮水全覆盖工程、农村人居环境整治工程、乡风文明提升工程，全面提升脱贫攻坚综合实效；在产业扶贫方面，大力发展具有悠久传统的烟莲菜+特色种养业，促进农民增产增收；启动"千人铸造计划"，培育内生带动力量，打造不走的本土能人脱贫致富队伍；基于因病因残致贫的地方实情，探索城乡非贫困人口大病医疗商业保险，创新健康扶贫；依托乐善好施、朴实勤劳、耕读传家的客家文化，推动形成大社会扶贫格局的良好氛围；源于革命时期"听党的话"红色基因，"硬抽人、抽硬人"，打造高效干部队伍，强力推进脱贫攻坚走实走深。

创新是石城脱贫模式第二个方面的内容。那么，嵌入式脱贫模式的创新源自何处呢？课题组的研究认为，创新恰恰源自嵌入！其基本原理在于每个地方的社会经济文化基础不同，因此，尽管各个地方脱贫攻坚要取得实效都要解决嵌入的问题，但嵌入过程必然是将统一的政策举措最大限度地跟各具特色的地方实情有机结合的结果。结合得越深入，其脱贫实践方式就越具特色，换言之，越具创新的意涵。比如在产业扶贫方面，石城县传统上以白莲、烟叶和水稻为主要种植产业，老百姓千百年来，形成了一套成熟而复杂的生计模式。在脱贫攻坚过程中，石城县委县政府充分注意地方产业结构特色和传统，依托地区资源优势，相继出台一系列政策，支持建立"3+X"产业扶贫群，大力发展以白莲、烟叶、蔬菜为主导的农业产业和以脐橙、油茶、薏仁、山地鸡等为区域特色的产业。同时，在"政策奖补+基地示范/合作社/创业致富带头人+保险兜底"扶贫模式推动下，有力地带动了贫困户发展特色种养殖产业。据有关数据统计显示，2019年，"3+X"特色产业扶贫累计覆盖全县9889户贫困户，39076贫困人口增收，实现了贫困户户均年增收3000元以上，达到了全县特色产业扶贫占建档立卡贫困户的79.3%。总的来说，石城的产业扶贫实践是通过嵌入乡土的生计网络，积极发掘地方优势资源，努力破解区位瓶颈，连接政府政策扶贫行动与市场竞争机制，带动本土产业的发展，使贫困户能够在本乡本土实现脱贫增收，这显然是一种具有石城特色的嵌入式产业扶贫之路。从机制上讲，石城的产业扶贫道路之所以能够颇具成效，就是因为很好地解决了扶贫政策的嵌入问题，但就既有的产业传统（尤其是得天独厚的烟莲产业）而言，其他地方是难以模仿的。石城脱贫攻坚中创造的"千人铸造计划"、"社会扶贫网实践"① 以及"城乡非贫困人口大病商业保险实践"都是充分扎根当地实际、取得实效的创新案例。

　　当然，石城县的嵌入式创新脱贫模式并不是尽善尽美、没有一点问题的。在调研中，课题组也发现石城县的脱贫攻坚作为超常规举措，也存在用力过猛过快，以至于老百姓既有的生计模式受到破坏，生计结构的升级改善跟不上，反而造成一部分人有陷入再贫困的危

---

① 关于社会扶贫创新，本书还介绍了石城县颇具特色的"爱心超市"及基于宗祠传统和崇文传统的社会扶贫实践。课题组认为，石城县形成了一种真正基于社会土壤的具有生命力的大扶贫格局，特别值得总结和推广。

险。比如，报告附录中"关于协同升级乡村产业结构与农民生计体系，增强脱贫攻坚有效性的政策建议"中有所体现。此外，课题组在调研中还发现，因为脱贫攻坚的优惠政策扎堆贫困村和贫困户，导致非贫困村基础设施发展明显不如贫困村，引发非贫困户心理不平衡等现象，存在社会稳定隐患等问题。当然，这些现象与问题是矛盾的次要方面，在实践中加以重视，可以得到克服。瑕不掩瑜，石城的嵌入式创新脱贫模式仍然值得总结和探索。

总体而言，课题组认为，石城县脱贫攻坚经验做法是习近平新时代中国特色社会主义思想在县域层面的生动实践，石城嵌入式脱贫的宝贵经验可以移植到乡村振兴的战略任务中去，实现从嵌入式脱贫到嵌入式振兴的顺利转型，也可为全国脱贫攻坚和乡村振兴提供借鉴。

二、调研方法与资料收集

前文已述，"石城县脱贫攻坚成就和经验总结"课题是"中部区域县、村脱贫攻坚经验总结"（TC190F4WF）项目的一部分，而"中部区域县、村脱贫攻坚经验总结"项目是国务院扶贫办委托的"全国脱贫攻坚成就和经验总结"项目的一部分，总项目的目的是"为了真实记录中国脱贫攻坚波澜壮阔的生动实践，全面宣传脱贫攻坚的历史成就，深入评估县域脱贫攻坚的多方面影响，总结提炼贫困县脱贫摘帽、贫困村退出的典型经验，为丰富发展中国特色扶贫开发理论提供案例支撑"。以中国农业大学叶敬忠教授为首席专家的"中部区域县、村脱贫攻坚经验总结"课题组负责调研和总结中部区域十省的情况，江西省石城县作为"罗霄山脉集中连片特困县"和"赣南革命老区"入选样本县。

实地调研前，课题组进行了充分的前期准备，其中包括调研方案设计、理论研究和资料收集三部分工作。在调研方案设计方面，课题组制定了《"中部区域县、村脱贫攻坚经验总结"项目执行操作指南》，对合同内容、项目执行概况（包括中部区域县、村脱贫攻坚的成就与实践、项目总体实施方案、项目管理与团队、具体工作方案与进度计划、质量保障措施方案、保密措施、服务承诺、可能面临的挑战和应对方案、经费支持等）、项目需求与样本县市进行了总体部署。在此基础上专门成立了江西组课题组的项目团队，制定了具体的工作方案和调研计划。在理论研究方面，课题组对近期脱贫攻坚专题的相关研究进行了综述，尤其专门学习了《习近平扶贫论述摘编》和《习近平新时代中国特色社会主义思想学习纲要》两部著作。在资料收集方面，课题组主要收集和学习了国家关于脱贫攻坚的政策文件、石城县2014年以来的政府工作报告、《国务院扶贫办关于转发江西省石城县培育创业致富带头人经验做法的通知》、新闻媒体关于石城县脱贫攻坚的相关报道，并对石城县脱贫攻坚政策和相关案例进行了梳理，调研前课题组成员进行了集中学习。

实地调研分两次进行，第一次由叶敬忠教授带队，第二次由江西组组长熊春文教授带队。因为石城县是"中部区域县、村脱贫攻坚经验总结"项目的首次调研地区，项目总负责人叶敬忠教授亲自带队，组建了由33人组成的调研团队（包括中部其他九省调研组组长和重要成员），首次调研的时间是2019年8月6日—14日。调研的基本流程如下：8月6日课题组抵达石城县。8月7日，课题组在石城召开"中部区域县、村脱贫攻坚经验总结"项目启动协调会，统一调研方案，部署调研分工任务，并与石城县扶贫办接洽，确定调研工作相关安排。8月8日上午，课题组与石城县召开县级座谈会，请石城县领导、扶贫办及参与扶贫工作的其他部门人员介绍石城县脱贫攻坚的整体情况，内容包括石城县经济社会发展概况、脱贫攻坚阶段面临的形势与挑战、脱贫攻坚的主要做法与经验、石城县决胜深度贫困及解决"两不愁三保障"突出问题的做法与经验、石城县脱贫摘帽后的工作、巩固脱贫成果的经验以及对未来工作的思考与展望等；会后课题组成员与石城县负责领导和相关部门建立对接关系，制定部门调研访谈计划。8月8日下午开始，课题组按计划分工，分别与脱贫攻坚工作相关部门开展深度访谈工作，主要从整体层面上了解石城县脱贫攻坚期间各部门的参与工作、具体举措、政策体系和成就成效，梳理各部门脱贫攻坚工作的典型经验与做法。与此同时，从8月9日开始，课题组根据抽样，进入样本乡镇和村庄开展乡村脱贫攻坚调研，其中包括：（1）深度贫困乡（镇）、村座谈会；（2）贫困村和贫困户调查；（3）致富带头人、家庭农场、专业合作社调研。8月14日上午课题组与县领导和扶贫办座谈、交流初步调研发现，并协商后续工作；对关键议题补充搜集数据资料；并进行项目组总结研讨。8月14日下午课题组成员陆续返程。

调研方法主要包括座谈、访谈（其中又分为县领导、部门、乡镇、村委、专题、典型个案的座谈和访谈）和问卷调查。第一次调研期间，课题组共召开了8次规模大小不等的座谈会，专门访谈了4位县领导，县扶贫办和各职能部门负责人85人，乡镇领导、村干部、村民（贫困、非贫困）、合作社、致富带头人等81人，总计166人（见表1-1）。在专题方面，课题组专门就家庭农场、合作社、爱心超市、光伏扶贫、扶贫车间、烟莲菜产业、集中安置小区、就业大户企业等进行了调研。课题组同时完成了90份调查问卷。

课题组收集了包括《石城县县志》、《石城县统计年鉴》（2000—2019）、《石城县政府工作报告》（2014—2019）、《石城县国民与经济社会发展统计公报》（2014—2019）、《扶贫办政策文件汇编》（2014—2019）以及包括宣传部、组织部、农业农村局、自然资源局、民政局、社保局、住建局、水利局、交通局、教育局、卫健委、发改委、环保局、商务局等职能部门的扶贫相关文件材料。

第二次调研是对第一次调研的补充调研，江西组10余位课题组成员（即本书撰写人员）于9月底和10月上旬分赴石城县及江西省其他4县案例村（包括：井冈山市神山村、吉安县江南村、瑞金市黄沙村、于都县潭头村）开展调研。石城县的调研时间是10月10日—

表 0-1　调研访谈概况表

部门（2019 年 8 月 8 日—8 月 9 日）	访谈对象	人数	村庄（2019 年 8 月 9 日—8 月 13 日）	访谈对象	人数	问卷
扶贫办/精扶办	职能部门、扶贫部门负责人：85 人 县领导：4 人	12	屏山镇万盛村	镇领导、村干部、村民（贫困、非贫困）、合作社、致富带头人等	20	90 份
财政局/金融局		5				
组织部		2	小松镇桐江村		14	
教科文体局		14				
商务局		6				
工信局		2	木兰乡陈联村		27	
住建局、水利局、交通局		9				
农业与农村局、林业局、自然资源局		14	琴江镇长天村		10	
宣传部、文广新旅局		9				
民政局、人社局		5	珠坑乡良溪村		10	
卫健委		3				
发改委		4				

13 日，调研任务除了县委县政府部门外，专门对珠坑乡坳背村进行了村庄案例调研（附录Ⅰ）。在县委县政府层面，课题组对主管县领导和扶贫办负责人进行了重访，补充了相关数据和资料，特别交流了《石城：嵌入式创新脱贫之路》和《中国脱贫攻坚——石城故事》的写作和部署。在案例村层面，首先收集了坳背村所在珠坑乡脱贫攻坚历程、做法、成效、经验的相关材料。然后重点访谈了村庄扶贫干部、创业致富带头人、普通贫困群众和脱贫致富典型人物，完成了20 份问卷调查。村户调研的重点包括：一是访谈核心村干部，了解全村的自然地理、社会人口基本情况，以及整体的脱贫攻坚工作进程及其效果；二是深度访谈创业致富带头人和典型贫困户，了解前

图 0-1　课题组全体成员合影

图 0-2　课题组现场讨论座谈会

图 0-3　课题组访谈县委书记鲍峰庭

图 0-4　课题组访谈扶贫办负责人

图 0-5　课题组在农业农村局调研

图 0-6　课题组在乡镇就易地扶贫搬迁调研

图 0-7　课题组调研教育扶贫和社会扶贫

图 0-8　课题组就莲子产业和合作社专题调研

图 0-9　课题组就蔬菜大棚产业扶贫专题调研

者带领群众创业致富的故事，后者摆脱贫困的故事，现在的生活情况和对脱贫攻坚工作的评价；三是访谈村庄非贫困户的生活情况及其对脱贫工作的看法和评价；四是访谈参与村庄脱贫攻坚工作的其他重要的利益相关群体，如企业、社会组织、个人等；五是村庄踏查，通过参与观察记录村庄整体的村容村貌和村民的生产生活状态。

图 0-10　课题组第二次调研合影

图 0-11　课题组第二次调研入村访谈

图 0-12 课题组与石城县相关部门讨论调研报告初稿

总的来说，两次实地调研收集了海量资料（包括文字资料、录音资料和影像资料）和第一手数据，为全面系统总结石城脱贫攻坚成就，提炼石城脱贫攻坚经验模式，深入分析脱贫攻坚实践对县域社会经济发展、基层治理、农户生计模式等方面带来的影响及其可能存在的问题，并提出相应的改进建议，打下了坚实的基础。

三、本书篇章结构

根据课题的研究任务和研究内容，本书篇章结构安排如下。

首先整体上分为正文和附录两个部分。正文共八章，可以分为三个逻辑相关的有机组成部分：前三章是总论，分别从"历史方位与县情定位"、"石城县脱贫攻坚的历程与成就"以及"嵌入式创新：石城县脱贫攻坚的主要经验"介绍石城县脱贫攻坚的政治站位、历程成就和主要经验。第四、五章构成正文的第二部分，分别介绍石城县在"两不愁三保障"扶贫群和"产业就业扶贫群"方面的举措，两者分别承担"托住底线"和"助推发展"的功能，共同构成全方位的扶贫政策组合拳。其中"扶贫群"的概念是石城县特有的地方性概念，反复出现在石城脱贫攻坚的各种政策文本当中，也在课题组调研县领导访谈中被反复谈及，是一个颇具生命力的概念。接下来的第六、七、八章构成正文的第三部分。分别介绍了石城脱贫攻坚的三个主要创新：创业致富带头人培育"千人铸造计划"、社会扶贫实践以及城乡非贫困人口大病医疗商业保险的创新实践。在各项脱贫攻坚举措的介绍中，每章尽量围绕具体做法、创新机制和经验启示几个方面展开，并不断回到嵌入式创新的核心主题。

本书的附录部分包括村庄案例和政策建议。

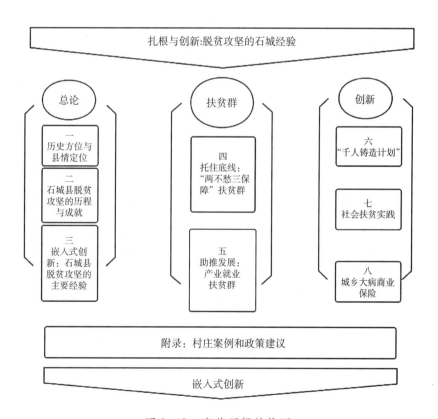

图 0-13　章节逻辑结构图

以下分别介绍各章节的核心内容和观点：

第一章主要论述了石城县脱贫攻坚的准确站位。石城县紧紧围绕"发展为了人民"这一马克思主义政治经济学的根本立场，贯彻落实习近平总书记强调的"人民对美好生活的向往，就是我们的奋斗目标"，尽锐出战、精准施策，团结社会各界以辛勤的劳动创造美好生活。石城县脱贫攻坚实践是我国波澜壮阔地推动精准扶贫的一部分。石城县脱贫攻坚行动之所以取得了决定性胜利，其关键原因之一是坚决践行"四个意识"，落实党和国家的发展战略，落实江西省的发展战略，尊重历史，从县情出发，准确定位，力求探索一条高质量的扶贫之路，力求未雨绸缪地对接乡村振兴战略。石城县精准脱贫之路的准确定位包括三个基本内容：一是务实的时空定位；二是坚定的立场定位；三是明晰的主线定位。

首先，在时空定位方面，石城县在精准扶贫中充分利用自身的区位优势，彰显自然与生态良好优势，强化"三地"优势，即强化客家民系发祥地、赣江发源地、中央红军长征重要出发地优势。也就是说，石城县在精准扶贫中充分做到了扎根自身时空特征，因地制宜、因地施策。

其次，在坚定的立场定位方面，石城县坚决落实习近平总书记关于发展为了人民的指示，坚持安土息民求振兴的立场定位。具体来说，就是以革命老区要加快发展为指导，继承苏区干部好作风的优良传统，深入调查、三军用命，挖掘内生动力，向社会事业倾斜，争做革命老区加快发展的示范区。

最后，在明晰的主线定位方面，石城县以辩证唯物主义与历史唯物主义为指导，在既有历史基础上，正确处理政策与方针的继承性、延续性、创新性之间的关系。石城县传统文化源远流长，革命文化深厚，绿色资源鲜活，是碧水丹霞、人文荟萃之地。该县脱贫攻坚实践始终扎根于此，其战略主线十分明确，可以用"尊重自然、尊重历史、战略叠加、整合资源、绿色崛起、筑基强业、振兴乡村、奔向小康"来概括。

第二章主要介绍了石城县脱贫攻坚的主要历程与成效成就。石城县的扶贫工作具有很强的持续性。可以说，扶贫工作一直是石城县的重点工作。改革开放以来，石城县的扶贫脱贫工作主要经历了四个阶段。第一个阶段是1980—2011年，这期间石城县经历了戴帽、摘帽到再次戴帽的艰辛历程。因为摘去贫困县帽子而造成各方面资金、资源不足，2011年3月，石城贫困县再度被认可，进入到发展新时期。第二个阶段是2011—2012年，石城县被列入"罗霄山集中连片特困县"，借助国家先后出台的《关于下发集中连片特殊困难地区分县名单的通知》等重要文件，加快扶贫区域发展步伐，为发挥自身优势承接产业转移与促进特色优势产业发展提供了历史机遇。第三个阶段是2012—2014年，石城县乘借《国务院关于支持赣南等原中央苏区振兴发展的若干意见》的出台，抢抓国务院扶贫办和国家司法部对口支援的历史性机遇，加大了扶贫开发力度。着力土坯房改造和各项基础设施建设，为后续精准扶贫和脱贫攻坚的开展打下了重要基础。第四个阶段是2014—2019年，石城县扶贫工作与全国脱贫攻坚工作汇合，进入精准扶贫关键期。经过不断努力，于2019年4月，正式退出贫困县行列。尽管如此，石城县在脱贫路上并未松懈，该县一直为全面消除贫困，对接乡村振兴，奔向小康而不断努力。

石城县的脱贫过程不是一蹴而就的，而是经历了一个艰辛的过程。这不仅是因为石城县农民收入水平普遍较低、贫困面广，还由于政府财政收支不平衡、乡村基础设施薄弱等多方面原因。为了彻底解决贫困问题，石城县政府针对实际情况，做了多方面的努力。这些努力体现在石城县的政策体系由开始的十大项目面面俱到，到现在更符合石城县县情的扶贫群的建立。石城县扶贫群包括六大产业就业群和四大保障扶贫群，对标"两不愁三保障"，力图从根本上保障贫困群众的生产生活问题，切实提升贫困群众的生活水平与质量，真正做到一切为了人民，一切以民为本。

在国务院扶贫办对口支援与省委省政府、市委市政府的正确领导下，在社会各界的无私帮扶与人民群众的不断努力下，石城县委县政府精准施策，强化脱贫实效，脱贫攻坚工作取得了决定性胜利。这些成就不仅直接体现在脱贫人口数据与基础设施建设上，间接体现在乡村治理体系与乡风文明的转变上，更加体现在石城县从落后到先进的信心加强和对于社会主义道路的自信和认可之上。可见，脱贫攻坚的成功不仅在中华民族几千年历史发展中首次实现了整体消除绝对贫困，更是对乡村振兴起到了奠基作用，也充分展现了社会主义在乡村治理和乡风文明建设中的巨大制度优势。

第三章侧重介绍石城县脱贫攻坚治理实践框架梳理，总结脱贫攻坚开展以来在组织架构、组织保障、政策支持、激励机制等方面的经验做法。本章认为石城县的做法体现了嵌入式创新的思维。具体来说，为了最大限度地使扶贫措施落地，在扶贫干部队伍上，石城县首先建立起制度性嵌入的领导机构。成立县委书记为组长的精准扶贫攻坚领导小组，将扶贫工作嵌入到县域发展的各个环节中，做到以脱贫攻坚统领社会经济全面发展。此外，石城县还打造了制度性嵌入式的扶贫队伍。通过扶贫干部与村民日常生活的交往建立起深厚的情感联系。将选派驻村干部工作机制从顶层宏观设计层面嵌入基层村庄治理中，并为此构建起全面系统的制度体系，确保嵌入式治理的有效性，保障选派驻村工作落到实处。在扶贫举措上，石城县不断开展产业扶贫实践，积极探索产业扶贫的新做法、新模式和新路径，力求寻找到一条能够嵌入本地区自然地理环境、市场发育环境和人力资本条件的产业发展道路，并涌现出了基于资源传统与产业基础的具有可持续性的增强"造血"功能的"3+X"模式产业扶贫之路，这为减贫的"中国方案"和"中国经验"提供了丰富的素材。此外，石城县充分利用社会扶贫网平台，动员社会力量广泛参与扶贫，鼓励支持民营企业、社会组织、个人共同参与扶贫开发，推进"百企帮百村"精准扶贫行动，确保社会扶贫资源与贫困户需求精准对接，积极开展社会扶贫网扶贫众筹行动，实现政府、市场、社会互动和专项扶贫、行业扶贫、社会扶贫联动。石城县首先从客家文化传统入手，非常重视落实习近平总书记关于发扬中华民族传统美德，引导人们自觉承担家庭责任、树立良好家风的指示。祠堂是联系家庭，融合宗亲关系的大舞台，该县非常重视学堂、礼堂与祠堂的互动关系，通过三堂互动弘扬中华民族美德，推进精准扶贫。在互助有爱的客家文化影响下，石城县建立起农户之间的合作互助机制、利益协调机制，鼓励贫困农户自主合作、资源互补，鼓励先富户、脱贫户与贫困户之间形成合作，使发展的整体与个体相协调。同时建立起覆盖贫困户与非贫困户的医疗保障措施，以此来防范个体因病致贫的风险。一项创新，有没有前途，不光在于其技术含量，还在于它嵌入社会的深度。如果这项创新嵌入得越深，衍生的事物越多，被整个社会运作得越广泛，那么这项创新就越有前途。石城县的经验就在于最大限度地基于当地产业经济基础和社会文化传统，因地制宜、因村、因户、因人施策，千方百计地探索多种扶贫举措，扎根地方社会，开花结果取得实效。

第四章主要依据习近平总书记在重庆考察期间主持召开的解决"两不愁三保障"突出问题的座谈会精神，围绕石城县的相关政策实践进行实证调研。调研发现，石城县各部门高度重视，紧扣贫困户脱贫"两不愁三保障"标准，下足"绣花"功夫，创新扶贫举措，因村因户施策。始终聚焦"三保障"核心，坚持中央统筹、省负总责、市县抓落实的体制机制，全面落实教育、健康、安居与兜底保障扶贫政策，始终坚持现行脱贫标准，既不拔高，也不降低，而且在执行时一直都结合地方实情进行把握，没有一刀切，这是石城县在"两不愁三保障"扶贫工作中的重要经验。其成果也非常明显，即让所有贫困群众都能学有所教、病有所医、住有所居、困有所托。全面落实各项扶贫政策与帮扶举措，脱贫攻坚综合实效得到明显提升。

脱贫攻坚开展以来，党中央通过易地搬迁，解决贫困户的住房、教育和医疗问题等综合措施，已经从根本上改变了贫困地区在"三保障"方面的状况。石城县依托和发挥脱贫攻坚的政策力量，认真研究解决措施，通过县、乡、村共同发力进行"嵌入式共治"，以"立即改"和"钉钉子"的精神，高质量完成整改工作的任务，改善村庄基础设施，完善扶贫保障机制，防止贫困户在脱贫后返贫，帮助贫困户形成内生脱贫动力和能力，激活村庄的内生动力。

石城县在"两不愁三保障"工作中的主要经验是依据地方实情、立足乡土，坚持"嵌入式"组织制度，通过市场和社会机制，把外部资源嵌入贫困村，并转化为贫困户精准脱贫的内动力。同时基于石城县地方产业经济基础和社会文化传统，通过"两不愁"民政兜底扶贫群、教育扶贫群、健康扶贫群、住房保障群，因地制宜、因村、因户、因人具体实施措施，进行嵌入式的扶贫举措，并在此基础上有所创新，如石城县依据地方实情进行饮水安全工程项目和易地扶贫搬迁的实践模式等，取得了显著成效。

第五章介绍了石城县在产业就业扶贫举措方面的模式创新。石城县主要通过嵌入乡土的生计网络，挖掘地方生计资源，破解区位发展瓶颈，连接政府扶贫政策与市场竞争机制，开拓性地带动了本土产业发展，创新性地形成了"3+X"特色产业、光伏产业、电商产业、旅游产业、扶贫车间等产业就业扶贫群，使贫困户能在乡在土增收脱贫，取得了明显效果。

"3+X"产业扶贫方面，石城县形成了以白莲、烟叶、蔬菜为主导的农业产业，以脐橙、油茶、薏仁、山地鸡等为特色的种养殖产业。在延续地方种植传统的基础上结合当前消费结构转型，在烟叶、莲子等当地传统农业种植基础上纳入高效经济作物种植，有力带动了贫困户发展特色种养殖产业。

旅游产业扶贫方面，石城县充分挖掘自身拥有的红军阻击战的红色革命光荣历史，以及作为乡土文化的山水、农作物、农家乐等生态旅游资源，结合乡村多样化组织样态，采取"旅游企业/乡村旅游示范点/旅游协会+贫困户"等多种形式，以旅游技能培训、旅游产品开发等方式动员贫困户成为旅游产业发展主角。

光伏产业扶贫方面，各行业部门通力合作，围绕光伏产业扶贫构建起以发展光伏产业为基础的整套体系，利用石城的荒山、荒地、蔬菜大棚、农户的房顶等空间资源，建设光伏发电站，通过并网发电减少贫困户用电支出，通过监管、维护及发电，使贫困户获得集体经济中光伏产业的收益分红。

电商产业扶贫方面，以实施全国电子商务进农村综合示范工作为契机，推进电商与本地农业产业融合，依靠发展龙头产业，重点培育中国鞋材网、中国白莲产业网、石城特色产品020馆三大龙头，带动贫困户连片脱贫，并在此基础上形成了涵盖县级集散中心、乡镇快递超市、村级电商服务站三级架构的农村电子商务物流体系。

扶贫车间创新方面，通过优惠政策吸引外来电子厂、衣服加工厂、鞋厂等劳动密集型制造业企业进驻石城，就业的低门槛直接为当地贫困户就业和增收创造了良好的市场环境。"企业+扶贫车间+贫困户"的扶贫模式，将扶贫车间搬到贫困户的家门口，使贫困家庭实现了在家门口就业脱贫。

总之，石城的产业扶贫嵌入了地方生计资源与生计网络，立足贫困村、贫困户的资源禀赋和生产条件，因地制宜，结合国家扶贫政策，在产业选择上坚持本乡本土的主导产业与特色产业相结合，创新性地形成了"3+X"特色产业、光伏产业、电商产业、旅游产业、扶贫车间等产业就业扶贫群。同时，产业扶贫政策尊重了农民与贫困户的生产意愿，在生产发展上给予农户充分的自主选择权，因人因户因村实行不同的产业扶贫政策，使贫困户通过参与农业产业发展获得脱贫增收机会。

第六章主要介绍了石城县培育创业致富带头人的经验做法，这一经验做法被国务院扶贫办树为典型向全国推广。石城秉承培育本土人才的发展理念，立足本土实际，切实贯彻习近平总书记要"培养农村致富带头人，促进乡村本土人才回流，打造一支'不走的扶贫工作队'"指示精神，着眼"选好人才、产业引领、人才回流、带贫益贫、建强组织"，实施创业致富带头人培育的"千人铸造计划"，打造了一支"不走的扶贫工作队"，有力推动了脱贫攻坚工作。

石城推进"千人铸造计划"有独特条件和优势。一是客家文化的凝聚力有利于吸引人才返流。外出打拼、返乡回报的客家文化对石城人有潜移默化的影响。很多石城青年在外有了一定社会资源和经济基础后，会有返乡发展的愿望。二是石城县由于特殊历史方位与县情定位受到党政部门重视，是国务院扶贫办定点帮扶的贫困县，在政策和资源等方面有先天优势。三是种植传统为振兴特色产业奠定基础。石城有烤烟、白莲、水稻三大传统产业。白莲种植有上百年历史，男女老少几乎人人都参与白莲生产。振兴特色产业有深厚的历史与社会根基。

石城通过五个方面推进"千人铸造计划"：一是选好人才，挖掘本土人才与促进人才回流并行推进。设定严格的遴选条件，突出"四强"标准，即政治思想强、创业意愿强、创业基础强、带领能力强，旨在选出真正合适的致富带头人。通过人才回归工程对本县在外的优秀人才实行"返乡召回"机制，择优推荐为致富带头人培育对象。二是产业引领，为致富带头人培育搭建地方产业平台。立足地方实际，因地制宜，围绕培植优势产业抓创业致富带头人培育，使铸造工程有根基、有后劲、可持续。三是人才回流，为致富带头人培育蓄积本土人力资源。石城作为全国第三批结合新型城镇化开展支持农民工等人员返乡创业试点地区，非常重视吸引外流人才返乡创业，为致富带头人的培育蓄积本土人力资源。四是带贫益贫，完善致富带头人培育机制与利益激励。教育培训和政策扶持双管齐下，提升致富带头人的带动能力；绩效考核和搭建平台两面着手，激发致富带头人的带动意愿。五是建强组织，加强致富带头人培育的制度设计与组织保障。在县级层面进行统一的制度与组织设计，整合扶贫、人社、农业等部门，统筹推进"千人铸造计划"，在乡镇层面根据实际情况出台实施细则。

　　"千人铸造计划"的实施帮助打造了一支既扎根乡土又视野宽广的基层工作队伍，探索走出了一条扎根地方传统的产业创新之路，较好地打造了一批党群干群关系和谐的基层组织，有效实现了一些帮扶对象对贫困户的再帮扶。为更好培育扎根本土的致富能人，推动脱贫攻坚与乡村振兴有效衔接，石城可从如下三个方面着眼进行改革创新：一是立足乡土资源优势，提高致富能人创业的成功率与持续性；二是完善政策支持体系，拓展和深化致富能人惠农益农功能；三是涵养本土人才生态，构建人才回流创业的长效激励机制。

　　第七章介绍了石城县的社会扶贫创新模式。党的十九大报告提出：打赢脱贫攻坚战"要动员全党全国全社会力量，坚持精准扶贫、精准脱贫"①。组织好社会扶贫，既能很好地实现全社会全民族脱贫攻坚的总任务，还能形成互助友爱的良好社会风尚。随着脱贫攻坚战进入深水区，面对的贫困情况越来越复杂，面临的脱贫难度越来越大，贫困户致贫原因不同，家庭条件和社会环境也有所不同，精准脱贫和如期打赢脱贫攻坚战要求帮扶措施精准到位且多样化。江西省石城县在社会扶贫实践中嵌入当地的客家文化与宗祠文化，动员县域内外爱心人士共同参与脱贫攻坚战，发挥社会各界力量的合力。如当地百姓自发设立宗祠基金会，鼓励和帮助贫困学子顺利完成学业，并为村庄发展贡献宗族团体力量。该县始终聚焦贫困户多维度的需求，致力于构建政府、市场、社会"三位一体"大扶贫格局，打破了传统单一的扶贫模式，动员社会力量积极参与扶贫济困，为扶贫注入多元能量，采取多种帮扶措施，打通精准扶贫最后一公里，助力脱贫攻坚战。

　　本章从石城县中国社会扶贫网、爱心超市、宗祠奖学金三个方面的实践经验入手，呈现石城县社会扶贫大格局大实践的缩影。第一，

---

①　习近平：《决胜全面建成小康社会　夺取新时代中国特色社会主义伟大胜利——在中国共产党第十九次全国代表大会上的报告》，人民出版社 2017 年版，第 47 页。

石城县通过中国社会扶贫网打通连接线上线下的渠道，平台上贫困户需求对接率高达 95%，在很大程度上解决了农户销售难的问题，有效建立起贫困户与爱心人士对接的桥梁和纽带。第二，石城县通过建设爱心超市促进乡风文明的转变，爱心超市覆盖全县各个村庄，"志智双扶"激发脱贫内生动力。第三，捐资助学发挥宗祠凝聚力，崇文重教弘扬客家耕读文化，依托宗祠和乡贤等本土力量，创新教育扶贫，有助于完善贫困治理体系、弘扬优秀传统文化等。嵌入式创新社会大扶贫的关键在于充分依托社会内生力量，综合运用社会资源，优化扶贫模式，努力搭建各种帮扶平台，并为社会力量参与扶贫开发创造良好的政策和舆论环境，吸引民间资本参与扶贫开发，更多地引进多元化资源，开创帮扶工作新格局。

石城县生动的社会扶贫实践证明，立足县域优势，发掘本地资源，动员社会力量参与扶贫，有利于增进社区团结，缓解社区矛盾和冲突，完善社会治理模式和增强社会主体性建设。石城县政府、市场、社会三大扶贫主体既各司其职又形成合力，构筑大扶贫格局。多主体参与的协同行动，极大地提高人民群众对扶贫事业的参与感、认同感与使命感。以社会扶贫网为媒介，搭建爱心人士与贫困群众联系的桥梁，充分发挥客家人乐善好施的品格，鼓舞动员各方力量参与其中，是石城县积极进行社会动员、凝聚社会共识、全面解放和激发社会发展活力、提升社会能力的社会建设过程。这一过程充分撬动了社会力量参与脱贫攻坚与乡村治理，也是嵌入式创新脱贫模式的生动体现。

第八章主要介绍了石城县城乡非贫困人口大病商业保险的创新实践。当前，由于工业化、城镇化、人口老龄化，加上疾病谱、生态环境、生活方式不断变化，我国仍然面临多重疾病威胁并存、多种健康影响因素交织的复杂局面，我们既面对着发达国家面临的卫生与健康问题，也面对着发展中国家面临的卫生与健康问题。如果这些问题不能得到有效解决，必然会严重影响人民健康，制约经济发展，影响社会和谐稳定。

随着精准扶贫政策进入收尾阶段，石城县脱贫攻坚的战役也进入了巩固和提升时期。健康扶贫工作在石城县实现贫困县摘帽后不是急刹车，而是更加稳步的向前推进。当前，"辛辛苦苦奔小康，得场大病全泡汤"是不少百姓面临大病时的真实写照。因此，因病致贫和因病返贫仍然是脱贫攻坚成果巩固时期的重要防止对象。

基于此，石城县依据当地产业经济基础和社会文化传统，探索多种嵌入式的扶贫举措。认为健康扶贫不仅只是停留在对于贫困人口的"扶助"和"救济"水平上，更多的是通过建立一种衔接和管理制度将贫困人口和非贫困人口，将基础医疗保障和大病医疗保险连接起来，共同建立一种具有公共物品和社会福利性质的医疗保障体系，以此形成一种理想型的福利供给形式。石城县通过增加第五道医疗保障线来抵御贫困人口因病返贫的风险，通过"3+1+X"的责任连接方式来推动医疗人员的下移，通过"一站式"诊疗简化医疗程序。同时开创嵌入式创新——城乡居民（非贫困人口）的大病商业保险，即通过政府与商业机构共同合作来构建全民的医疗保障网，通过阶梯嵌入式的帮扶方式来满足不同群体的健康需要以保障和巩固脱贫攻坚的成果，真正实现健康扶贫的可持续发展，对于全面建成小康社会，以及为乡村振兴战略提供持续不断发展动力具有重要意义，也为其他地区的健康扶贫工作提供了一定的启示作用。

附录由两部分组成，附录I是一个村庄案例，主要介绍了珠坑乡坳背村的脱贫经验。经实地调研，课题组认为坳背村在脱贫攻坚过程中，除坚决落实脱贫攻坚决策部署，以脱贫攻坚引领工作全局外，更为关键的经验在于坳背村自力更生谋求发展内生动力，统筹协调外部政策资源与村落相结合的脱贫做法。

石城属客家之乡，客家人作为汉族一支民系，其形成和发展，经历数次大迁徙，颠沛流离，世事多艰使客家人养成坚忍卓绝、刻苦耐劳、冒险犯难、团结奋进的特性。坳背村的自然资源先天不足，再加上道路交通等基础设施的落后，更让坳背村的发展长期滞后。而这一现状反过来也刺激了坳背村客家人自力更生艰苦奋斗的意志。因此，村民自力更生的意志以及村干部为民的苦干精神构成了坳背村脱贫攻坚成功的内在动力。

一直走在自力更生、艰苦奋斗路上的坳背村人，恰逢国家脱贫攻坚政策的实施。坳背村人迅速抓住历史机遇，借助国家的资源政策输入，弥补先天的资源有限、基础设施落后等劣势。坳背村人在党中央正确的方针指导下，巩固传统优势产业，发展新兴产业，壮大村集体经济，在解决衣食冷暖基本保障的基础上，抓好村民的养老、教育、住房等问题。可以说，坳背村在充分挖掘内生动力的基础上，将外部资源合理转化为自身的资源优势，统筹内外条件，顺利实现脱贫攻坚的预期目标，形成了可以复制的村庄经验。

附录 II 是政策建议。根据整体研究结果，本书特别提出两项政策建议：一、协同升级乡村产业结构与农民生计体系，增强脱贫攻坚有效性；二、培育扎根乡土致富能人，助力脱贫攻坚与乡村振兴有效衔接。

第一章

历史方位与县情定位

找准方位才能把握航向，主动作为才能克难前行。[①] 早在 2012 年，习近平总书记在河北考察时指出，推进扶贫开发、推动经济社会发展，首先要有好思路。所谓好思路，就是要准确定位，力求在真正把握好自身比较优势的基础上，使贫困地区发展扎实地嵌入到自身的各种有利条件之中。[②] 石城的比较优势就在于能够遵循习近平新时代中国特色社会主义思想，从长时段、阔空间来定位自身的扶贫思路，走出了一条嵌入式创新脱贫道路。也就是说，嵌入式创新就是要基于自身县情，基于一定历史文化条件，基于一定的空间与资源的比较优势，积极落实中央战略部署，主动作为，先行先试，创新发展，为乡村振兴奠定良好基础。

石城县位于江西省东南部、赣州市东北部，于南唐保大十一年（公元 953 年）建县，因境内"山多石，耸峙如城"而得名。该县时空条件优越，素有"三地"、"五乡"之美誉。具体来说，石城是客家民系重要发祥地、千里赣江发源地、中央红军长征重要出发地，是中国白莲之乡、中国烟叶之乡、中国灯彩艺术之乡、中国民间文化艺术之乡、中国温泉之乡。

近年来，在中央、省委、市委的坚强领导下，石城县在探索自身脱贫道路时，始终扎根于自身的比较优势，因地制宜，准确定位，先

[①] 参见中共中央党史和文献研究院编：《习近平扶贫论述摘编》，中央文献出版社 2018 年版，第 16 页。

[②] 参见中共中央党史和文献研究院编：《习近平扶贫论述摘编》，中央文献出版社 2018 年版，第 57 页。

行先试，主动对接乡村振兴战略，全县党政干部尽锐出战，在精准施策方面下足"绣花"功夫，全面创新扶贫举措，脱贫攻坚取得决定性进步。全县未脱贫人口由 2014 年的 39187 人降至 2019 年底的 486 人，贫困发生率下降至 0.18%，退出贫困村 29 个，创业致富带头人培育、社会扶贫网推广使用等系列做法在全国推广，全国"互联网+"社会扶贫工作现场推进会在石城召开，石城县获得了全国脱贫攻坚奖组织创新奖。随着脱贫工作的不断深入，以脱贫攻坚统揽经济社会发展成效不断显现，推动全县发展进入崭新阶段，为全面小康实现奠定了坚实基础。

发展为了人民，这是马克思主义政治经济学的根本立场。习近平总书记强调，"人民对美好生活的向往，就是我们的奋斗目标"[1]。精准脱贫就是要落实这一立场，就是要为此尽锐出战，精准施策，团结社会各界，以辛勤的劳动创造美好生活。石城县脱贫攻坚行动是我国波澜壮阔地推动精准扶贫的一部分，是人们追求美好生活的全面展示。石城县脱贫攻坚行动之所以取得了决定性胜利，其关键原因之一是坚决践行"四个意识"，落实党和国家的发展战略，落实江西省的发展战略，尊重历史，从县情出发，准确定位，力求探索一条高质量的扶贫之路，力求未雨绸缪地对接乡村振兴战略。课题组认为，石城县精准脱贫之路的准确定位主要包括三个基本内容：一是务实的时空定位；二是坚定的立场定位；三是明晰的主线定位。

第一节　务实的时空定位：拥山抱江奔大海

习近平总书记强调，做好精准扶贫工作要真真实实地把情况摸清

---

[1]　中共中央文献研究室编：《习近平关于社会主义社会建设论述摘编》，中央文献出版社 2017 年版，第 4 页。

楚，要做明白人，要扬长避短，进而真正做到精细化管理、精细化配置资源、精细化扶持。① 因此，务实的时空定位就是指要摸清县情与民情，深入分析精准扶贫的文化背景，切实做到因地制宜。② 石城县历史悠久，自古素有"客家摇篮"、"闽粤通衢"之称。该县文化灿烂，沧桑古朴的千年古驿道至今印足留声，古老华美的石城灯彩吸引着海内外客家游子。客家民风质朴淳厚，有利于把移风易俗、振奋精神与扶志相结合。

一、正确把握自身区位优势

石城县是江西省边远山区县。长期以来，人们往往从消极的角度理解其区位现状。在思考精准施策方面，石城县以优势视角来综合理解自身区位条件。所谓"综合"是指综合国家区域经济发展战略、人口与环境的承载关系、地缘文化等因素思考区位优势，进而制定扶贫战略。从地理位置来看，石城县地处江西赣州、吉安、抚州和福建三明、龙岩五地市交汇处。东邻福建省宁化县，南抵瑞金市及福建省长汀县，西毗宁都县，北靠抚州市广昌县。截至 2018 年，石城县辖 6 镇 5 乡共 11 个乡镇：琴江镇、高田镇、小松镇、屏山镇、横江镇、赣江源镇、丰山乡、木兰乡、大由乡、龙岗乡、珠坑乡，下辖 131 个行政村、22 个居委会、1881 个村小组，总面积 1581.53 平方公里，总人口 33.46 万。

可见，石城县的区位优势至少具有以下三个基本特征。

（一）具有鲜明的沿海之内地、内地之沿海的区位优势

石城县在实施精准扶贫战略中主动对接珠三角等地区，为沿海地

---

① 中共中央党史和文献研究院编：《习近平扶贫论述摘编》，中央文献出版社 2018 年版，第 57—58 页。

② 中共中央党史和文献研究院编：《习近平扶贫论述摘编》，中央文献出版社 2018 年版，第 79 页。

区产业转移提供支持。2019 年 5 月，习近平总书记在推动中部地区崛起座谈会上提出，中部地区崛起要积极承接新兴产业布局和转移，加强同东部沿海和国际上相关地区的对接，吸引承接一批先进制造业企业。① 尽管地形地貌崎岖，山区交通条件落后，但地处三省要冲的石城县无疑拥有得天独厚的区位优势。

（二）较为合理的人口密度和巨大的劳动力回流空间

合理的人口密度使得石城县经济发展成果更具共享性。该县人均可支配收入指标体现了其人口地理特征。到 2019 年，石城县城镇居民人均可支配收入 27328 元，比 2013 年末增加 11278 元，年均增长 9.3%；农村居民人均可支配收入 10738 元，比 2013 年末增加 5553 元，年均增长 13.0%。值得注意的是，通过入户调查可以发现，石城县劳动人口在福建、广东等沿海省份务工者占农村人口的三分之一多。这一人口特征为产业转移、培养致富带头人创造了良好条件。如小松镇桐江村的致富带头群体就具有这一人口特征。早在 2012 年，习近平总书记就曾经指出，"贫困地区发展要靠内生动力……内在活力不行，劳动力不能回流，没有经济上的持续来源，这个地方下一步发展还是有问题"②。石城县在脱贫攻坚中非常重视创造条件，加快劳动力回流。其工业园区与移民搬迁、幼儿教育紧密结合起来，吸引了一批在沿海务工的年轻人回乡创业。

（三）丰富多样的地缘文化为文化动员提供了良好支持

石城县是客家文化记忆的聚集地，是红色苏区的要地。比如，客家文化非常重视宗族力量的扶贫功能，客家文化的大量非物质文化遗

---

① 《习近平在江西考察并主持召开推动中部地区崛起工作座谈会》，2019 年 5 月 22 日，见 http://www.gov.cn/xinwen/2019-05/22/content_5393619.htm。

② 中共中央党史和文献研究院编：《习近平扶贫论述摘编》，中央文献出版社 2018 年版，第 131 页。

产也为通过文旅融合进行扶贫创造了条件。习近平总书记曾经表扬贵州省威宁县的"四看法"，即一看房，二看粮，三看劳动力强不强，四看家中有没有读书郎。在石城，许多乡镇干部往往会看是否可以通过宗族力量帮扶读书郎。赖氏宗亲筹资支持贫困大学生在当地得到政府倡导就是典型例证，后文将会就此进行系统阐述。

二、彰显自然与生态优势

石城县南北经长 71.8 公里，东西纬宽 53.7 公里。县内，山地面积 2111347 亩、耕地面积 192646 亩、水面面积 57794 亩，分别约占总面积的 89%、10% 和 3%。此外，道路、城镇、村落、厂矿 237230 亩，是个典型的东南丘陵低山地区。东北部群山林立，西南部丘陵连绵，中部地势平坦。

石城自然资源良好，尤其是森林资源和水资源丰富，生态条件优秀。据统计，全县森林覆盖率达 75.9%，空气质量优良率稳定在 90% 以上。从水资源来看，石城属于山区县，境内水系发达，河网密布，平均河网密度每平方千米为 0.69 千米。多年平均地表水径流量为 17.36 亿立方米，人均年占有水量 7290 立方米，亩均耕地占有水量 7295 立方米，略高于全国、全省及全赣州市平均水平。

此外，石城矿产资源较为丰富。石城县处于全国 19 个重要成矿区带之一的武夷山成矿带中南段西侧，成矿条件良好，已发现钽铌、钨、锡、钼、铜、铅、锌、锂等 26 种矿产。其中，钽铌、萤石、硅石、地热等矿产资源居江西省前列。

值得注意的是，石城县社会各界着眼大局，注重生态文明建设。早在 1998 年就成立了"石城赣江源县级自然保护区管理站"。2004 年，经江西省人民政府批准，进一步建立了"石城县赣江源省级自然保护区"。2011 年，该保护区升级为国家级自然保护线。石城也是赣江源国家湿地公园试点县。

如果进一步结合国家区域经济发展战略来看，尤其是结合精准扶贫的成效来看，石城县的时空优势表现为六个方面：（1）客家仙境。即悠久的客家文化与良好的自然条件相得益彰使得石城具有客家仙境之美。（2）红色苏区。石城与于都、瑞金相邻，是赣南苏区要地。（3）思源宝地。江西因鄱阳湖及其湿地而在生态保护层面具有世界意义。赣江直通鄱阳湖，赣江源的保护具有战略地位。（4）昌赣远郊。石城县介于南昌与赣州两大省内城市之间。随着人民生活水平的不断提高，石城县具有昌赣远郊的战略意义，发展全域旅游和休闲农业具有一定的区位优势。（5）闽粤通衢。随着我国产业布局的空间转移，地处闽粤通衢的石城县可以借助产业转移来强化产业扶贫。课题组注意到，石城的许多产业与闽粤两省关联性甚强。（6）济广要道。石城位于济广高速要冲，济广高速也在石城设有出口。这样，石城就拥有重要的物流通道。这六个优势在石城县精准扶贫战略和具体举措中得到了充分体现。

三、以"三地"定位确立精准扶贫的区位比较优势

在综合考量的基础上，石城县明确提出要发挥"三地"区位优势，以精准扶贫带动全县发展。当地干部以强烈的自豪感强调石城是一座古色古香的客家边城，见证着"祖根中原地，摇篮客石城"的辉煌与灿烂。

（一）以客家民系重要发祥地激发扶贫的内生动力

石城，素有"客家摇篮"之美称，是客家先民迁徙的重要中转站、客家民系的重要发祥地、中华客家文化的重要发源地。石城客家民俗保留完好。节令礼俗分传统节俗和时令节俗，婚嫁礼俗包括嫁俗和婚俗，乔迁礼俗分建新房礼俗和迁新居（过火）礼俗，丧葬礼俗沿袭周礼，信仰习俗以崇先敬祖为主，饮食习俗既有中原余韵又有地

方特色。

（二）以千里赣江发源地彰显绿色扶贫的独特优势

石城，是千里赣江源头县，源头的空气质量优良率稳定在99.4%左右①，素有"天然氧吧"、"生态绿肺"美称，是江西省的"水塔"之一。每年为赣江注入1000多万立方米国家一类优质水。源头1.1万公顷范围被列为赣江源国家级自然保护区，森林覆盖率高达94.2%，堪称"植物王国"、"动物天堂"。县城空气质量稳定在Ⅱ级以上，集中式饮用水水源地、主要河流出境断面水质达Ⅲ类标准以上。

（三）以中央红军长征重要出发地为基础，争做革命老区发展的标杆

石城，是中央苏区的全红县、中央苏区的核心区域，是中央红军长征的重要出发地。石城人民在创建和保卫中央苏区斗争中作出了重大的贡献和牺牲。毛泽东、朱德、彭德怀、罗荣桓、杨尚昆等老一辈无产阶级革命家、军事家曾在这里生活、工作、战斗过，发生过石城阻击战、秋溪整编等重要历史事件；涌现了云南省原省长刘明辉和郑三生、温先星、赖达元、伍生荣四名开国少将。原中央党史研究室副主任陈威和石仲泉多次在石城考察党史工作，对石城在中国革命史上的地位及作出的贡献给予充分肯定并题词。

第二节　坚定的立场定位：安土息民求振兴

2012年，习近平总书记指出，人民对美好生活的向往，就是我

---

① 上文写的是90%以上，两者之间有差异，这里指赣江源头。

们的奋斗目标。2015 年，他在回顾在宁德的工作时，就强调了纾民之艰、解民之困的重要性。他引用古语说："善为国者，遇民如父母之爱子，兄之爱弟，闻其饥寒为之哀，见其劳苦为之悲。"① 习近平总书记的扶贫论述涉及最多的地区之一就是革命老区。2016 年，他在江西视察时就强调革命老区加快发展的重要性。2019 年，习近平在赣南考察时指出，要饮水思源，不要忘了革命先烈②。这些论述充分表明，脱贫攻坚战略行动是我们党坚持全心全意为人民服务根本宗旨的体现，是继承革命理想信念的体现。也就是说，脱贫攻坚战略行动的基本立场就是要让包括革命老区贫困人口在内的广大人民群众能够共享改革发展的成果。石城县脱贫攻坚之路不仅扎根于自身的特殊时空条件，更是以坚定的立场来落实安土息民求振兴的方略。

一、坚持发展为了人民，力争在革命老区加快发展工作示范

石城是革命老区。由于地理位置特殊等原因，其管辖权归属多次发生变更。早在 1930 年 6 月，中国工农红军就第一次解放了石城，石城隶属江西省苏维埃政府。其后，1932 年 9 月，隶属福建省苏维埃政府。1933 年 2 月，又重新被纳入江西省苏维埃政府管辖。同年 8 月，石城横江、大由、龙岗、珠江、洋地与瑞金县日东、湖陂以及福建省宁化县的淮阳一起，成立太雷县，为中央直属县。值得注意的是，包括石仲泉在内的党史专家认为，石城也是长征出发地之一。可见，石城县在苏维埃政府中具有战略地位，是长征精神的有机组成部分。

---

① 中共中央党史和文献研究院编：《习近平扶贫论述摘编》，中央文献出版社 2018 年版，第 8—9 页。
② 《习近平：饮水思源，不要忘了革命先烈》，2019 年 5 月 21 日，见 http://www.xinhuanet.com//2019-05/21/c_1124522683.htm。

（一）落实习近平总书记关于革命老区要加快发展的指示

习近平总书记非常重视革命老区的发展。石城县高度重视落实习近平关于革命老区全面建设小康的思想与论述，力争做革命老区加快发展的示范。2008 年 10 月，习近平在江西考察时就强调要始终坚持民生为先、民生为重、民生为本。为此，要坚持把新增财力向困难群众倾斜、向农村倾斜、向基层倾斜、向社会事业倾斜，使人民群众共享改革发展成果。在江西考察期间，习近平还专程去瑞金瞻仰了第一次、第二次全国苏维埃代表大会会址等革命旧址，向瑞金红军烈士纪念塔敬献了花篮、花圈，并看望慰问了老红军。2012 年，他在河北阜平考察扶贫开发时强调要帮助革命老区加快经济社会发展。

石城县坚决落实习近平总书记关于革命老区要加快发展的指示。据石城县 2017 年政府工作报告，该县新（改、扩）建校舍 3 万平方米。在全市率先实现乡镇公办幼儿园开园率 100%。教育信息化、教育综合改革全省领先，赣源中学获评"江西省特色发展实验学校"。乡镇卫生院建设进展顺利，29 个贫困村公有产权卫生室全面建成。2018 年，石城县政府工作报告表明，该县投入资金 1.08 亿元，新建校舍 2.6 万平方米、运动场 1.92 万平方米，中小学校舍维修改造和校园文化建设基本完成。严格实行"划片就近入学"，城区学校"大班额"问题开始缓解。普通高考一本上线人数首次突破 200 人，本科录取 844 人，3 名学生分别被北京大学、复旦大学、香港中文大学等名校录取。县妇保院"四合一"项目、县医院"三合一"项目、县精神病医院，小松、丰山、洋地、岩岭卫生院等项目基本完工，103 个行政村设立公有产权卫生计生服务室。"以药补医"彻底终结。2019 年，石城县政府工作报告表明，该县完成校建项目投资 3.86 亿元，石城中学新校区（含西城体育中心）、横江中心小学迁建与县职校提质扩容二期基本完工，全县公办幼儿园占比达 42.1%。教育质量不断提升，被"985"名校录取人数同比增长 51.4%。全县医疗卫生计生机构已达 360 个，共开设病床总数 1703 张，业务用房面积 113687 平方米。卫生专业技术人员 1925 人，有执业医师和执业助理医师 618 人，注册护士 885 人，公共卫生基础不断夯实。作为一名曾经在乡教办从事基层教育的工作者，石城县原副县长李正鹏说："石城缺人才，办好教育有利于推进公共服务，让公共服务直接惠及百姓。石城扶贫战略就是要做大做强教育，为石城县长期发展、持续发展奠定人力资本基础"。

（二）落实习近平总书记关于要让革命老区一起步入小康社会的指示

习近平总书记始终强调革命老区的发展是全面建成小康战略的重要内容，是党和政府义不容辞的责任。2015 年 2 月，习近平总书记在陕甘宁革命老区脱贫致富座谈会上指出，加快老区发展步伐，做好老区扶贫开发工作，让老区贫困人口脱贫致富，使老区人民同全国人民一道进入全面小康社会，是党和政府义不容辞的责任。同年 11 月，他在中央扶贫开发工作会议上专门提出："我还要强调一下，要高度重视革命老区脱贫攻坚工作……一些老区发展滞后、基础设施落后、人民生活水平还不高的矛盾依然比较突出，特别是老区还有数量不少的农村贫困人口，脱贫攻坚任务相当艰巨。"[1] 习近平总书记非常重视江西革命老区的脱贫工作，先后就赣南苏区发展问题作出了多次指示。2016 年春节，习近平总书记在江西看望和慰问广大干部群众时一直询问革命老区的发展情况。他强调，全面建成小康社会一定要让为人民共和国诞生作出重要贡献的革命老区发展得更好。同年，他在东西部扶贫协作座谈会上强调："民族地区、边疆地区、革命老区、连片特困地区贫困程度深、扶贫成本高、脱贫难度大，是脱贫攻坚的

---

[1] 中共中央文献研究室编：《十八大以来重要文献选编》（下），中央文献出版社 2018 年版，第 45 页。

短板，也是我对脱贫攻坚最不托底的地方。"[1] 2019 年 5 月 20 日到 22 日，习近平总书记在江西调研时强调要推动老区，特别是中央苏区一起迈入小康社会。他说，中部地区革命老区多，原中央苏区和湘鄂赣、鄂豫皖、太行等都是我们党历史上重要的革命根据地……我们要继续着力推动老区特别是中央苏区加快发展，让老区人民同全国人民一道迈入全面小康社会。

在国务院扶贫办的指导以及省委省政府、市委市政府的正确领导下，石城县精准扶贫工作成效显著，为与全国人民一起迈入小康社会奠定了良好基础。2019 年，石城县贫困人口已降至 486 人，贫困发生率进一步降至 0.18%。同时，剩余的 11 个深度贫困村全部退出。在访谈中，很多干部提出，石城县是一个山区县，交通设施、电力设施的建设对于该县能否与全国人民一起迈入全面小康社会起着至关重要的作用。在与农业部门的同志进行访谈时，许多干部也提出，石城县的特色农业已经具备一定规模。考虑到农产品的保鲜问题，储藏冷冻、外运交通体系都需要进一步提升。只有这样，才能把精准扶贫与乡村振兴有效衔接起来。石城县委、县政府抓好了两个衔接，即把精准扶贫与全面建成小康社会衔接起来，把精准扶贫与乡村振兴衔接起来。石城县在精准扶贫工作中始终紧抓自身时空优势，抓好与周边区域经济体的交通衔接工作，促进石城县对接福建、广东等经济发达省份的市场空间。兴泉铁路是打通革命老区兴国县到福建泉州市的交通要道。经过努力，该通道的石城段建设加快推进。在空运方面，祥跃通用机场项目正在有序推进。同时，206 国道官桥至水庙段一级公路沥青路面也实现了全线通车。脱贫攻坚期间，石城县新建、改建农村公路 488.7 公里，完成了 4 个县道升级项目、51 座危桥改造，25 户以上自然村通水泥公路实现全覆盖。在电力设施方面，新建改造

---

① 中共中央党史和文献研究院编：《习近平扶贫论述摘编》，中央文献出版社 2018 年版，第 18 页。

10kV 线路 293.7 公里、低压线路 816.4 公里，行政村通动力电 100%
覆盖，通电农户 100% 覆盖；供电可靠性由 86% 提高到 99.6% 以上，
基本建立安全可靠的农村电网。

二、继承传统，坚持苏区干部好作风，落实精准扶贫战略

新中国成立前，石城县地处苏区核心区域。苏区干部好作风是历
史传统，具有巨大的当代价值。石城县委、县政府扎根传统文化，继
承革命文化传统，充分发挥苏区干部好作风这一党的优良传统，坚决
落实精准扶贫战略。

苏区干部好作风至少包括以下内容：一是坚持调查研究之风；二
是坚持实事求是精神；三是坚持群众路线；四是坚持清正廉洁的生活
作风；五是坚持精干高效的工作作风。苏区干部好作风在落实"六
个精准"中具有巨大的当代价值。比如，坚持调查研究之风，坚持
清正廉洁之风对于扶持对象要精准、项目安排要精准、措施精准具有
积极影响。比如，坚持群众路线，坚持精干高效对于资金使用精准、
措施要精准、脱贫成效精准具有强有力的推动作用。

（一）坚持调查研究，以苏区干部好作风推进精准识别

2017 年 7 月 23 日，江西省省委常委会召开（扩大）会议，传达
学习习近平总书记、李克强总理关于赣南等原中央苏区振兴发展工作
重要批示精神，会议强调，要以新时期"苏区干部好作风"争创
"第一等工作"，凝聚苏区人民感恩党、盼富裕、干事创业的热情干
劲，进而确保到 2020 年赣南等原中央苏区贫困人口如期脱贫。江西
省委准确把握了习近平总书记、李克强总理的批示精神。比如，
习近平总书记非常重视苏区干部好作风的重要内容之一——坚持调查
研究之风。习近平总书记关于扶贫的系列重要论述多次强调了加强调

查研究的重要性。可见，坚持调查之风，是推进精准扶贫的重要指针。

精准扶贫贵在"精准"。为此，需要对精准扶贫的对象进行细致的调查研究。习近平总书记曾经表扬了贵州省威宁县的"四看法"，即一看房，二看粮，三看劳动力强不强，四看家中有没有读书郎。① 石城县非常重视扶贫对象要精准这一关键性工作。其方法之一就是继承苏区干部好作风，严抓调查研究。在贫困户评选严格执行"十三步法"和"八不评"规定中，调查研究是关键步骤。不仅如此，石城县还开展"回头看"和自查自纠，防止错评漏评，有效实现了扶贫对象识别精准，有效摸清了相关信息，有利于确保在扶贫路上，不落下一个贫困家庭，不丢下一个困难群众。石城山区多，莲田多，因此当地干部强调，调查研究者要能够跑得了深山，下得了莲田。否则，很难真真实实地摸清楚情况。正是这种能爬深山能入田间的作风，才使得石城县在扶贫对象的识别上做到了精准。

（二）挖掘内生动力，以苏区干部好作风提升精准扶贫成效

苏区干部好作风和传统文化一脉相承。客家文化是中华文化发展史上的独特风景。石城县有着深厚的客家文化底蕴。众所周知，客家文化非常重视坚韧精神，重视实干精神。"经得搬"一词就是这种精神的写照。苏区干部好作风也体现了这一精神。精准扶贫需要这种精神。2013 年，在湖南考察时，习近平总书记说："脱贫致富贵在立志，只要有志气、有信心，就没有迈不过去的坎。"② 2015 年，习近平总书记在中央扶贫开发工作会议上说："幸福不会从天降。好

---

① 参见中共中央党史和文献研究院编：《习近平扶贫论述摘编》，中央文献出版社 2018 年版，第 59 页。
② 中共中央党史和文献研究院编：《习近平扶贫论述摘编》，中央文献出版社 2018 年版，第 132 页。

日子是干出来的。"① 2018 年，他在打好精准脱贫攻坚战座谈会上再次强调，要"正确处理外部帮扶和贫困群众自身努力关系……组织、引导、支持贫困群众用自己辛勤劳动实现脱贫致富，用人民群众的内生动力支撑脱贫攻坚"②。石城县非常重视以苏区干部好作风挖掘内生动力，以利于提升精准扶贫成效。

首先，三军用命，扎根乡村。挖掘内生动力，首先得通过调查研究，充分了解民意，并在此基础上强化组织动员力。为了提升精准扶贫成效，石城县在调查研究的基础上，因地制宜，先后出台了《关于全面打赢脱贫攻坚战的实施意见》、《关于深入贯彻习近平总书记扶贫开发战略 以脱贫攻坚统揽经济社会发展全局的实施意见》、《石城县脱贫攻坚成果巩固提升三年行动实施意见》等一系列政策文件。这些政策文件的出台使得石城县形成了上下一体、将军奋勇、三军用命、责任到村的动员机制和工作机制。如"76543"帮扶机制就体现了这种动员机制和工作机制。后文将对这些机制进行系统论述。事实表明，这些机制对于挖掘群众内生动力作用巨大。据江西网报道，石城县珠坑乡三和村小山甲贫困户黄南生的妻子黄荣秀突发脑溢血，驻村第一书记、石城县图书馆馆长刘敏不仅帮助他了解政策，报销了医疗费用，而且帮助他积极面对生活，减少负面情绪。这种工作作风感动了黄南生，他将一面"为民办实事，扶贫暖人心"的锦旗赠送给石城县图书馆。③ 又据《人民日报》报道，石城县珠坑乡塘台村驻村第一书记陈小强坚持群众路线，走访了全村 578 户，收集村民意愿。通过收集民意，他发现村民反映强烈的是村里的行路难长期得不到解决，村民的顺口溜形象地描述这种状况："雨天满腿泥，晴天

---

① 中共中央党史和文献研究院编：《十八大以来重要文献选编》（下），中央文献出版社 2018 年版，第 50 页。

② 习近平：《在打好精准脱贫攻坚战座谈会上的讲话》，人民出版社 2020 年版，第 9 页。

③ 《石城县第一书记倾心为民办实事》，2018 年 10 月 30 日，见 http://jxgz.jxnews.com.cn/system/2018/10/30/017192879.shtml。

尘满面，小车难让道，货车不愿来"。经过陈小强争取，最终道路修通了。群众对基层党组织的信任度得以提高，村民参与脱贫的积极性提高了。①

其次，典型引领，外在驱动。2018 年，习近平总书记指出，"要加强典型示范引领……用身边人、身边事示范带动，营造勤劳致富、光荣脱贫氛围"②。石城县在典型引领方面，非常重视向国内其他省份学习，并在此基础上探索自身发展之路。如木兰乡的地形以丘陵为主，该乡向四川、重庆等省份学习，推出"一鸡一树"项目，即养好山地鸡，种好观音树。为了向乡民介绍，该乡非常重视典型引领的作用，重视市场风险的防范。典型引领还在于村两委干部作为村民的身边人要具有榜样形象。石城县委书记鲍峰庭在关于"千人铸造计划"的许多讲话都强调了村两委干部要有带头致富的能力，要能够给致富能人以支持，要把千人铸造计划中的成功者留在本地，让他们具有促进群众"比学赶超"的能力，也就是说，要让能人留在本地提升困难群众的精气神。他的一篇题为《打造不走的扶贫工作队，建设革命老区高质量发展示范区》的汇报稿提到了一位名叫李晓华的典型。2017 年，李晓华回乡创办百香果果园，带领群众脱贫。石城县积极支持李晓华带领群众脱贫。据鲍峰庭介绍，县委县政府主动从 1043 名创业致富带头人中选拔基层党组织骨干。其中，已经发展为村组干部者共计 315 人、吸纳为党员 334 人。这些基层党组织的新鲜血液，成为石城"不走的扶贫工作队"，成为对接乡村振兴的骨干力量，成为支撑党的伟大事业的坚强基础力量。习近平总书记说："一个健康向上的民族，就应该鼓励劳动、鼓励就业、鼓励靠自己的努力养活家庭，服务社会，贡献国家。"③ 石城县的"千人铸造计划"

① 参见陈小强：《希望更多呵护青山绿水》，《人民日报》2018 年 1 月 16 日。
② 习近平：《在打好精准脱贫攻坚战座谈会上的讲话》，人民出版社 2020 年版，第 25 页。
③ 习近平：《在深度贫困地区脱贫攻坚座谈会上的讲话》，人民出版社 2017 年版，第 16 页。

所包含的一个重要机制就是通过典型引领，鼓励劳动，鼓励就业，鼓励自我努力。

最后，清正乡风，三堂互动。乡风文明是精准扶贫中的重要内容，而家风又是建设乡风文明的重要组成部分。家风和乡风就是一种舆论场。优质的家风和乡风有利于家庭成员和乡民内化传统美德，激发内在活力。早在中央苏区时期，干部们就非常重视用客家文化来动员群众，建设风清气正的军民关系。因为祠堂在客家文化中具有举足轻重的地位。祠堂是乡村的重要公共空间，是清正乡风、弘扬美德的重要舆论平台。标语是动员的重要方式。中央苏区干部非常重视在祠堂等地使用标语动员群众。如在石城的屏山镇陈坊就保留了红军标语"建立贫民学校"。而县城的熊家祠堂至今还保留着中央苏区时期的标语。

石城县非常重视落实习近平总书记关于发扬中华民族传统美德，引导人们自觉承担家庭责任、树立良好家风的指示。祠堂是联系家庭，融合宗亲关系的大舞台，该县非常重视学堂、礼堂与祠堂的互动关系，通过三堂互动弘扬中华民族传统美德，推进精准扶贫。石城县屏山镇长溪村赖氏宗祠委员会就在新时代焕发了新风采。该祠委会设立教育扶贫基金，为大学新生、贫困生提供资助。为了弘扬传统文化，祠委会每年还会在赖氏宗祠里组织参与感强的奖励仪式。这样，祠委会就把祠堂、学堂、礼堂连接起来了。关于赖氏祠委会的具体运作，本书后文将进一步系统论述。

第三节　明晰的主线定位：承前启后创特色

习近平总书记说，"走得再远都不能忘记来时的路"①。嵌入意味

---

① 《习近平谈治国理政》第三卷，外文出版社 2020 年版，第 497 页。

着与来时的路接轨，意味着遵照辩证唯物主义与历史唯物主义的指导，在既有历史基础上，正确处理政策与方针的继承性、延续性、创新性之间的关系。石城县传统文化悠远，革命文化深厚，绿色资源鲜活，是碧水丹霞、人文荟萃之地。该县脱贫攻坚行动始终扎根于此，其战略主线十分明确，可以用"尊重自然、尊重历史、战略叠加、整合资源、绿色崛起、筑基强业、振兴乡村、奔向小康"来概括。这条主线具有鲜明的承前启后特征，充分体现了石城县坚持探索精准方略，提高脱贫实效的基本取向。

一、在尊重历史的基础上，扩大战略叠加效应

如果以南唐保大十一年（953 年）石城升为县作为标志，石城已是千年古县，千年遗风，古韵悠长，石城人民对此颇有自豪感。石城县委、县政府非常尊重历史。县委书记鲍峰庭在多次讲话中强调了继承千年遗风的重要性。这种对历史的敬畏感直接影响了该县的战略选择，扩大了战略叠加的空间，提升了精准扶贫战略的效果。

（一）重视传统文化的保护、利用与开发

尊重历史的一个重要表现是对文化遗产进行保护、开发和利用。在江西，石城县并非人口大县，但从石城县的非物质文化遗产保护情况来看，该县在决策中做到了对历史文化遗产的敬畏、尊重、保护与利用。该县拥有非物质遗产代表性项目共计 33 项（见表 1-1）。值得注意的是，在这些项目中，属于 2015 年开展脱贫攻坚行动以来的项目共计 7 项。这表明，石城县重视在尊重历史的基础上，推进文化扶贫，推进旅游扶贫。2016 年，为了提升文化软实力，该县以灯彩为基础，成功举办了第二届灯彩艺术节。2017 年，石城县政府工作报告明确提出，要充分挖掘历史人文资源；要规划建设南庐屋客家博物馆等博物馆群，实施文化产业园、民俗文化园等项目；要在尊重历史

的基础上，讲好石城故事。2018 年，该县成功创建全域旅游示范区，为巩固精准扶贫效果提供了强有力的支撑。

表 1-1 石城县非物质文化遗产名录一览表①

序号	项目名称	类别	级别	公布时间
1	石城灯会	民俗	国家级	2008 年 6 月
2	石城砚制作技艺	传统技艺	省级	2008 年 5 月
3	石城肉丸制作技艺	传统技艺	省级	2010 年 6 月
4	石城横江重纸古法造纸技艺	传统技艺	省级	2017 年 11 月
5	石城客家清明祠祭	民俗	市级	2012 年 5 月
6	石城客家丧葬礼俗——点莲灯	民俗	市级	2012 年 5 月
7	石城王润生毛笔制作技艺	传统技艺	市级	2012 年 5 月
8	石城通天寨传说	民间文学	市级	2015 年 7 月
9	石城客家灯歌	传统音乐	县级	2007 年 4 月
10	石城客家礼俗	民俗	县级	2007 年 4 月
11	石城开台吹打	传统音乐	县级	2011 年 3 月
12	过漾	民俗	县级	2011 年 3 月
13	石城手工米粉	传统技艺	县级	2011 年 3 月
14	石城木屋建筑	传统技艺	县级	2011 年 3 月
15	屏山功夫	传统体育	县级	2011 年 3 月
16	秋溪夜市	民俗	县级	2011 年 3 月
17	石城灯彩灯具制作技艺	传统技艺	县级	2011 年 3 月
18	倒采茶	传统音乐	县级	2011 年 3 月
19	木兰板桥灯	民俗	县级	2014 年 10 月
20	大由蛇灯	民俗	县级	2014 年 10 月
21	石城喝彩礼俗	民俗	县级	2014 年 10 月
22	石城唱曲	民间音乐	县级	2014 年 10 月
23	石城客家酒酿传统酿造技艺	传统技艺	县级	2014 年 10 月

---

① 资料来自石城县文化馆官方主页，见 http://www.gzscxwhg.com/about.asp？id=10。

续表

序号	项目名称	类别	级别	公布时间
24	石城薯粉水饺制作技艺	传统技艺	县级	2014 年 10 月
25	石城手工腐竹制作技艺	传统技艺	县级	2014 年 10 月
26	石城霉豆腐制作技艺	传统技艺	县级	2014 年 10 月
27	石城积药	传统医药	县级	2014 年 10 月
28	石城民间传说	民间文学	县级	2014 年 10 月
29	石城客家方言	民间文学	县级	2016 年 4 月
30	客家土墙屋筑造技艺	传统技艺	县级	2016 年 4 月
31	石城火灸术	传统医药	县级	2016 年 4 月
32	石城民谣	民间文学	县级	2016 年 4 月
33	石城谚语	民间文学	县级	2016 年 4 月

（二）发挥客家文化的纽带作用，加强城乡文化惠民

石城县地处山区，较为封闭的地理环境为客家文化的保存提供了坚实的屏障。2018 年，石城县推出的文化惠民活动超过了 50 场，送影送戏下乡超过 2700 场。同时，石城县组织民间灯彩团队超过 130 多个。其中，很多与客家文化紧密相关。如石城县通过客家山歌进社区的形式开展扶贫扶志工作。《荷花情》、《客家妹子美名扬》等篇章反响很大。[1] 这样，以调动内生动力为主的文化扶贫与产业扶贫形成了战略叠加之势。2017 年，习近平总书记说，对群众的思想发动、宣传教育、感情沟通非常重要，因为这些工作可以充分调动群众的积极性。[2] 石城县充分发挥客家文化的优势，彰显了群众的主体性。也就是说，石城县通过文化扶贫充分地调动了群众的积极性与主动性。

---

[1] 宋贤霖、魏小霞：《文化扶贫　逐梦小康——江西石城县加强文产融合　激发脱贫内驱力》，2019 年 5 月 21 日，见 http://fc.china.com.cn/2019-05/21/content_40758947.htm。
[2] 参见《习近平关于社会主义经济建设论述摘编》，中央文献出版社 2017 年版，第 240 页。

（三）打出组合拳，以做特做优文化产业提升软实力

让旅游扎根于深厚的文化底蕴之中，让旅游唤醒沉睡的文化。石城县尊重历史，但又不沉浸于过往。该县非常重视通过发展文化产业来巩固精准扶贫的成果。为了提升文化软实力，该县制定了发展文化产业的政策组合拳，以利于彰显战略叠加效应。为了鼓励、引导、支持民营企业、民间资本按照相关规定进入文化领域开展生产经营活动，扩大群众就业机会，该县先后制定了《石城县关于促进文化产业发展的意见》、《鼓励和促进民办博物馆发展意见》等文件。这些组合拳产生了良好效果，有媒体将该县文化旅游概括为"特、精、美"：（1）求特，即将宝福院塔、桂花屋、镇武楼（闽粤通衢）、南庐屋等文物保护单位连成一条"特色"旅游线路；而以灯彩文化为主的地方特色戏进景区演出。（2）求精，即将"一江两岸"夜景文化、灯彩文化、戏剧文化等融入全省声乐大赛等重量级赛事中，好中取优，升级文化品位，让市民和游客的精神文化需求"上档次"。（3）求美，即美化亮化村容村貌，让观光采摘、农耕文化、古民居文化、乡愁文化"面子"光鲜亮丽，"里子"深厚典雅。①

（四）注重政策延续性，充分利用政策叠加效应

石城县善于把握和落实党和国家的政策，主动运用新农村建设政策，贯彻落实《国务院关于支持赣南等原中央苏区振兴发展的若干意见》，贯彻落实《罗霄山片区区域发展与扶贫攻坚规划（2011—2020年）》和土地整治等方面的政策。桐江村正是石城县积极落实党和国家政策的缩影，该村是小松镇贫困村。调查发现，该村原址是一片废砖窑所在地。经过多年努力，桐江村已经成为小松镇率先脱贫的

---

① 石轩、杨北泉：《小县城做文化旅游"大文章"》，2016年11月5日，见 https://www.sohu.com/a/118193387 189668。

典型。从政策层面来看，桐江村之所以能够在精准扶贫中脱颖而出，是因为石城县非常重视政策的延续性。经过努力，政策的叠加效应逐步显现。桐江村是一个移民搬迁村，该村许多住户原来分散在边远山区。石城县充分利用国家政策，逐步搬迁。1999 年，桐江新街新村点开始建设。2008 年，在新农村建设政策支持下，桐江小溪坝新村点开始建设。居住在偏远地区的火甲湾、高坑、大九寨、猫脑、斜下、将军脑、王申尾等 7 个村小组的村民陆陆续续往这两个新村点搬迁。其后，该村运用各种政策加快发展。2016 年以来，桐江村共获得投资项目 88 个，总投资 1415.5 万元。这样，在政策叠加效应影响下，该村不仅实现了脱贫，而且进入了快速发展的轨道。

二、高扬革命文化旗帜，作老区加快发展的标杆

党的十九届四中全会强调，在治理能力现代化的建设进程中要高扬革命文化旗帜。石城县富有革命文化遗址。众所周知，石城是中央苏区核心区域。同时，石城还是中华苏维埃政府国家银行金库旧址所在地，红三军团司令部（含医院）旧址所在地，红四军军部旧址所在地，是长征出发地之一。著名的石城阻击战就在今天的县郊附近。

石城县高扬革命文化旗帜的首要表现就是多渠道整合资源，为红色文化遗址保护、利用奠定基础。经多方争取支持，该县在保护革命文化遗址方面取得了进展。早在 2014 年，该县在城北李腊石森林公园内筹建石城县革命烈士陵园，项目总投资额约 710 万元，占地 35 亩，建设用地 10 亩。2019 年 7 月 2 日，石城阻击战纪念馆中国井冈山干部学院现场教学点揭牌。石城的革命文化获得了良好的传播平台。

在保护革命文化遗址的基础上，石城县从三个方面高扬革命文化旗帜，把革命文化与治理贫困紧密结合起来。

（一）把革命文化与担当精神相结合

如前所述，石城县是中央苏区的核心区域。众所周知，中华苏维埃共和国是中国共产党人的伟大创造。许多伟大的制度探索，许多治国理政的经验与教训，都可以追溯到这一历史阶段。石城县在扶贫进程中高扬革命文化的过程，就是进行探索精准扶贫的可行方案的过程。在这一过程中，需要强烈的担当精神。在座谈会和入乡访谈中，许多石城县干部说，苏区精神不能丢，苏区精神是干部的内生动力源之一。这说明石城县在运用革命文化铸造精准扶贫的担当精神中取得了良好的成效。同时，石城县也是国务院扶贫办的对口支援县，因此该县拥有大量政策先行先试的机会。该县勇于担当，始终把促进老区加快发展、加快脱贫作为自己的使命。

（二）把革命文化与扶贫扶志相结合

石城县委、县政府不仅把发扬苏区干部好作风与精准扶贫的干部管理、组织建设、作风建设紧密结合起来，还从长远角度思考，尤其是从增强内生动力的角度，着力把红色文化与内生动力机制结合起来。在石城社区和乡镇进行调研时，人们发现一些文化下乡、文化惠民的文艺节目往往包含着丰富的红色文化内容。同时，保护革命文化的一项重点工作是对老红军老士兵的保护，因为他们就是鲜活的历史记忆的保存者。因此，该县还十分注重关爱和保护老战士。2015 年，县委书记鲍峰庭、县长尹忠拜访了老红军温玉珍。2019 年，石城县挖掘抗美援朝老兵廖学经的先进事迹，并在全县进行广泛宣传。

（三）把革命文化与红色旅游相结合

近年来，石城县已经探索出一条特色旅游之路。而革命文化在这条特色旅游之路中占据着重要地位。这条特色旅游之路被概括为

"寻赣江源头、探丹霞地貌、唱高山流水、缅红色记忆、品千古遗风"。其中，"缅红色记忆"就是其重要内容之一。2019 年，石城县进一步提出，要加快革命旧址旧居的保护利用和红色旅游策划推广，巧用各项政策策略，共同筑好新时代的红色旅游"长征路"。

三、打造赣江源品牌，走绿色崛起之路有定力

习近平总书记非常重视生态文明建设。2012 年，党的十八大明确把"美丽中国"写进了报告。2013 年，习近平总书记以文明史观的高度看待生态文明建设。5 月 24 日，习近平总书记在十八届中央政治局第六次集体学习时的讲话中指出："生态兴则文明兴，生态衰则文明衰。"[1] 他还说"要正确处理好经济发展同生态环境保护的关系……决不以牺牲环境为代价去换取一时的经济增长"[2]。同理，正确处理精准扶贫与生态文明建设的关系也理应坚持这一原则，即不能以牺牲环境为代价来追求扶贫的短期政绩、短期效益。石城县地处赣江源头。赣江水浩浩荡荡，自南及北，流入浩渺的鄱阳湖。因此，石城县的生态保护具有战略地位，牵一发而动全身。众所周知，鄱阳湖是国家级自然保护区。值得注意的是，石城县并未因为紧迫的精准扶贫任务而放弃生态保护。相反，该县具有战略定力，坚持一手抓精准扶贫，一手抓生态文明建设，两手抓两手硬。换言之，石城县做到了统筹兼顾，主线清晰。2016 年，该县被国务院纳入"国家重点生态功能区"，之后被确定为"江西省生态文明示范县"。之所以能够取得这些成绩与该县的落实战略发展主线的思路有关。

---

[1]　中共中央文献研究室编：《习近平关于全面建成小康社会论述摘编》，中央文献出版社 2016 年版，第 164 页。

[2]　中共中央文献研究室编：《习近平关于全面建成小康社会论述摘编》，中央文献出版社 2016 年版，第 165 页。

（一）从建设美丽中国战略高度看待赣江源保护

石城县很多干部和群众认为赣江源是名片，是品牌，是千秋万代的无形资产。在推进精准扶贫战略的关键阶段，石城县委、县政府仍然坚持通过转变机制来建立赣江源的现代治理体系。尽管精准扶贫任务很重，但是石城县并非为一隅而落棋子。石城对保护赣江源，服务建设美丽中国早有谋划。经过充分酝酿，2018 年 5 月，江西省民政厅对赣州市递交的《关于恳请批准设立石城县赣江源镇的请示》作了批复，同意从横江镇析出赣江源、迳口、洋地、洋别、桃花、石溪、洋和、瑞坑、友联、秋溪、罗云 11 个村设立赣江源镇。新设立的赣江源镇的土地面积 108.24 平方公里，人口在 2.14 万左右。这样，赣江源保护获得了强有力的保障。县委书记鲍峰庭说，石城县必须保护好赣江源这一品牌，保护赣江源是生态立县的战略标志。在接受《江西晨报》记者采访时，他说："生态是石城最大的优势、最大的财富，保护生态环境是石城县经济发展的底线。石城县坚决落实党中央提出的长江经济带'不搞大开发、共抓大保护'的要求，坚持绿色发展、生态立县。"[①] 为了推进生态立县，石城县在精准扶贫的关键阶段仍然拒绝了一些投资项目。可见，石城县精准扶贫的定位充分展现了勇于超越的精神。也就是说，石城县不是从自身的贫困人口来看待战略选择的，而是从更宽阔、更长远的战略视野——把生态立县放置在建设美丽中国的战略背景下来看待自身选择的。

（二）积极落实江西省委提出的绿色崛起发展战略

绿色是江西的底色，更是石城县的原色。因为石城县森林覆盖率高达 75.9%。2013 年 7 月，江西省委第十三届七次全会提出了"发

[①]《石城县是如何保护赣江源的?》，2018 年 5 月 31 日，见 https://www.sohu.com/a/233540641_233951。

展升级、小康提速、绿色崛起、实干兴赣"的动员令。绿色崛起与全面建设小康的相辅相成关系，成为江西人民的共识。2014 年，国家六部委批准江西省全境列入生态文明先行示范区。2015 年，绿色发展成为江西省指导"十三五"建设的基本理念。2016 年，习近平总书记视察江西时强调绿色生态是江西省的最大财富、最大优势、最大品牌，一定要保护好，做好治山理水、显山露水的文章。

可见，绿色崛起备受中央和江西省重视。石城县在政府工作报告中明确把绿色崛起与精准扶贫相结合安排具体工作。2017 年，石城县空气优良率达 98.07%，位江西省第五；县城水源地和主要河流断面水质达标率 100%，为精准扶贫提供了用水安全保障。石城县生态治理、绿色发展的做法产生了广泛影响，被央视新闻联播报道。该县连续四年入选"中国深呼吸小城 100 佳"。2018 年，石城县县长尹忠提出："按照高质量发展要求和稳中求进工作总基调，落实省委'创新引领、绿色崛起、担当实干、兴赣富民'工作方针，解放思想、内外兼修、北上南下，以打好'六大攻坚战'为主抓手，以'攻项目、整环境、提效率'为着力点，坚定不移走全域旅游发展之路，确保当年'脱贫摘帽'。"

（三）积极探索以绿色产业助推精准扶贫的道路

落实生态立县，推进绿色崛起的长远路径在于绿色产业的培育与发展。石城县森林覆盖率高，如何既保护绿色又实现高效发展是石城县要面临的基本问题。一方面，从自然条件来看，该县主要有松、杉等用材林，油茶、竹产业，林下药材，等等。据调查，在林业扶贫、绿色发展中，该县始终咬定培育林业产业不放松。为了着力增强贫困户造血能力，该县制定下发了《石城县精准扶贫工作领导小组关于明确石城县林业产业扶贫政策的通知》，对林业产业项目给予政策倾斜、资金扶持。对贫困户新造高效油茶林每亩补助资金 800 元，新造用材林每亩补助 600 元，新造林下药材每亩补助 600 元，毛竹低产林改造每亩补助 250 元，改造笋竹两用林每亩补助 350 元。从补助范围来看，补助对象主要是适合该县气候条件的经济林。另一方面，石城县绿色农业颇有传统。为了推进绿色高效农业建设，石城县加快了绿色食品业的发展。如江西大由大食品科技有限公司的速冻食品生产项目已经开工；江西迦南农牧业科技发展有限公司的奶山羊养殖及深加工项目得到快速推进；江西省恒鸿食品有限责任公司生产的精致手工米粉则打进了美国市场。绿色农业及其加工业开始走向国际化，绿色脱贫迈向了新起点。

同时，该县还加强工业转型，有破有立，落实绿色崛起。石城县坚持减量化、再利用、资源化大力发展循环经济。2016 年，石城县出台了《工业技术改造专项补助资金暂行管理办法》，鼓励企业加大技术改造力度。石城县还出台了《燃煤锅炉淘汰专项整治行动方案》。石城县是能源稀缺县，在精准扶贫中，该县引进太阳能光伏屋顶、地面光伏发电项目和风能发电项目，大力发展新能源产业项目。2017 年，光伏扶贫战略成功落地。6 月 30 日，光伏发电全部实现并网，132 个村（居）受益于这一战略。可以说，新能源产业项目既落实了绿色崛起发展战略，又照亮了脱贫攻坚路。

四、多渠道整合资源，放眼长远，筑基强业

脱贫攻坚战略的实施是一项系统工程。其系统性就在于该工程牵涉面广，资源整合难，组织和动员难。尽管面临经济下行压力，但是石城县克服重重困难，从一开始就强调发挥社会主义集中力量办大事的制度优势，加强资源整合，从住房、饮水、用电、医疗、教育、安全等多方面考虑扶贫工程的系统性。不仅如此，石城县还充分考虑后精准扶贫时代的发展全局问题，加强筑基强业。所谓筑基强业是指为石城县长远发展奠定基础，尤其是要奠定较好的产业基础。首先，拓展渠道，整合资源。为了确保高质量推进精准扶贫，做革命老区加快

发展的示范区，石城县梳理存量资源，优化渠道，加强整合。

（一）整合资金，集中力量办大事

在资金保障方面，2016 年，石城县提出要整合专项扶贫资金、相关涉农资金和社会帮扶资金捆绑集中使用，确保资金项目安排向贫困村、贫困户倾斜。同年，该县多渠道筹集资金，投入各类资金 15.88 亿元，实施精准扶贫十大项目，有力促进了贫困户增收、贫困村条件改善。2017 年，在整合资源上，石城县基本形成了专项扶贫、行业扶贫、社会扶贫"三位一体"的格局。通过这些渠道，石城县获得的各类扶贫资金 25.18 亿元，比上一年增加了近 10 亿元。在此基础上，"十大工程"得到全面推进。2018 年是脱贫攻坚的关键年，该县在资源上明确提出了"坚持以脱贫攻坚统揽经济社会发展全局"的战略整合思路。为此，该县采取了战役管理的术语进行动员，推出了"春季攻势"、"夏季整改"、"秋冬会战"三大战役，完成了扶贫投入 20.08 亿元，贫困发生率降至 0.81%，剩余 24 个贫困村全部退出。2019 年，石城县完成扶贫投资 12.71 亿元，贫困发生率降至 0.18%；11 个深度贫困村全部退出；4 月 28 日，江西省人民政府批准石城县脱贫退出；9 月，石城县荣获 2019 年全国脱贫攻坚奖组织创新奖。①

（二）加强空间整合，承接搬迁项目

精准扶贫要充分考虑自然空间、社会空间、物理空间、生活空间的整体性，要考虑到既要绿水青山等自然生态空间，又要建设好居住小区、生活空间的便捷性，还要考虑好教育、交通等社会空间的可及性。石城县在精准扶贫中非常重视空间治理的整体性。在易地搬迁中，石城县往往放眼未来发展战略，与土地整治、环境治理、改善交通等工作结合起来。桐江村、许坊村一线的土地平整与环境整治结合

---

① 本段数据来自石城县政府工作报告。

起来使得本就处于交通要道上的移民搬迁村获得了新的发展机会。搬迁的主要承接地是县城，空间整合的重镇在县城。2015 年，石城县委书记鲍峰庭提出，石城县的发展目标为"求特不求全，求精不求大"。为此，要全力提升城市管理水平，建设精致县城。其后，该县在承接搬迁项目时非常重视落实这一战略。石城县铜锣湾易地扶贫搬迁安置区的选址充分体现了空间整合意识，为承接 600 户左右的易地搬迁村民提供了良好的支撑条件。为了进一步提高铜锣湾易地扶贫搬迁安置区生活的便捷度，石城县开始着手安排公共交通。可见，在城市空间治理上，石城并没有采取摊大饼式的扩张，而是因地制宜进行城市空间治理。最重要的空间整合是，石城县充分利用拥山抱江的区位优势，在加强县内交通建设的基础上做好与国家、江西省的铁路、高速公路项目的对接工作，为石城产业面向更加广阔的市场空间做准备。为了巩固脱贫效果，2019 年，该县明确提出要早日构建成型的铁路、公路、机场全方位、立体化交通网络，优化全县发展空间。

（三）敢于担当，先行先试，拓展资源

石城县本身系国务院扶贫办定点帮扶单位，该县因此能够主动贯彻落实党和国家的各项政策。不仅如此，石城县还主动与国家部委、江西省委省政府的有关部门进行对接，勇于担责，先行先试，拓展资源，为精准扶贫提供更为有力的支持。2016 年，石城县主动承担"救急难"试点工作，该县因此被评为"全省社会救助优秀县"。在试点中，石城县加强对有利于解决因老致贫项目的支持，新（改、扩）建敬老院 4 个、社区养老服务中心 2 个、农村幸福院 15 个。2017 年，该县又承担了农村集体产权制度改革、基层农技推广体系建设、支持农民工返乡创业、扶持村级集体经济助推美丽乡村建设等国家级或省级试点工作。同时，该县还勇于拓展各种展示平台，以先进的形象优化资源来源渠道，如该县承担了国务院扶贫办创业致富带头人培训班、全省农村宅基地和集体建设用地使用权确权登记发证工作现场会、赣州市首届旅游产业发展大会等。同年，电子商务进农村综合示范县建设通过商务部绩效评估。整合资源的结果是提升了精准扶贫的效度。"石泉石美石城"这一品牌冲出了赣鄱大地，走向了全国。

（四）为长远发展筑基强业

习近平总书记强调，精准扶贫要解决区域性整体贫困问题。放置在一个县域内来观察，也就是说，精准扶贫是县域整体发展的关键一环。石城县提出以精准扶贫统筹经济社会发展也正是基于这一认识。为了落实这一指示，石城县非常重视把精准扶贫战略熔铸到全县的整体发展、长远发展愿景当中。

1. 强化县城的龙头地位

从石城县辖区的实际来看，只有县城才具有经济社会发展的带动能力。近年来，石城县先后获得"中国最美乡愁旅游城市 30 强"、"全国首届生态宜居城市"等荣誉。石城县采取紧凑型发展策略，在强化县城龙头地位的战略实施进程中非常重视沿江发展，打通两岸交通，优化景观设施。经过几年努力城美如玉的精致县城战略效果显现。① 沿江而行，宋塔古墙，亭台楼阁，小桥流水，绿映江心的景观为旅游扶贫提供了强有力的支持。该县不是仅仅重视强化县城的经济中心地位，而且更为重视包括医疗、教育等在内的民生建设，重视乡村变迁移民、陪读家长的社会融入问题。2019 年，石城县主动在政府工作报告中提出要落实"精心规划、精致建设、精细管理、精美呈现"要求，创建国家卫生县城。

2. 推进基础设施建设

石城县地处山区，长期以来，交通设施、水利设施等基础设施建

---

① 鄢朝辉：《城美如玉——石城打造精致县城掠影》，2015 年 8 月 18 日，见 http://news.youth.cn/jsxw/201508/t20150818_7016725.htm。

设滞后深刻地影响着该县精准扶贫工作。为此，该县非常重视基础设施扶贫的战略地位。由于是山区县，石城县尤其重视交通设施在发展中的关键地位。2017 年，石城县承办了全省国省道干线公路品质工程现场会；发展优质旅游，做强景区设施"加法"，加快构建畅通便达的景区交通网络。同年，在水利、饮水和生态方面，该县的琴江水利风景区也获批国家水利风景区，成功创建"江西省森林城市"。2019 年，该县提出要基本建成"四好（建好、管好、护好、运营好）农村路"，完成 4 条县道升级改造工作、20 公里乡道的双车道拓宽工程、24 公里村道的窄路面拓宽工程，完成农村危桥改造 23 座。同时该县提出，要加快推进祥跃通用机场项目前期工作，努力推动南丰至瑞金城际铁路途经石城并设站通过国家立项。

3. 全面优化三张网建设

饮水管网、互联网、电网的建设问题是影响农村发展的三个基本问题。脱贫攻坚以来，石城县投入资金 1.1 余亿元实施城乡供水一体化工程、农村饮水安全巩固提升工程、农村安全饮水分散型工程等 191 处，农村安全饮水问题彻底解决。近年来，石城县大力完善互联网设施建设。这些设施的建设为扎实推进社会扶贫提供了良好基础。2018 年，全国"互联网+"社会扶贫工作现场推进会在石城县召开，表明该县的互联网设施能够经受住考验。在电网建设方面，该县着力抓光伏发电等新能源项目的并网发电事宜，确保了光伏扶贫的可持续性。

4. 为产业发展抓好人力与人才基础

习近平总书记在论述防止贫穷的代际传递时，非常重视教育的作用。因为教育能够为人力素质的提高提供强有力的支持。同时，如何打造不走的人才队伍也是巩固精准扶贫成果的重大问题。石城县不仅非常重视通过打造良好的基础教育来提升人力资源素质，而且出台专项计划，为产业发展提供人才支持。在基础教育方面，石城县干部在座谈会、访谈中都强调，石城县近年来硬件变化最大的是校园。如

2017 年，石城县教育投入资金 1.08 亿元，新建校舍 2.6 万平方米、运动场 1.92 万平方米。至此，石城中小学校舍维修改造和校园文化建设基本完成。同时，为了提高教学质量，石城县严格实行"划片就近入学"，城区学校"大班额"问题开始得到缓解。学业的状况深刻地影响着个体发展空间。强投入、抓质量的效果十分明显，2017年石城县普通高考一本上线人数首次突破 200 人，增长 22%；本科录取 844 人，增长 20.2%。2018 年，石城县完成校建投资 2.64 亿元，县职校扩容二期、横江中心小学迁建、小松中心小学迁建二期、古樟小学二期、古樟幼儿园等项目基本完工或完成主体建设，石城中学新校区（西城体育中心）开工建设。高考本科上线考生比位居赣州市第三位，重回赣州市第一方阵。县委书记鲍峰庭在访谈中强调，教育快速发展是精准扶贫留下的最长久的资产。值得注意的是，在产业特色人才培养方面，石城县推出了"千人铸造计划"。该计划在全国产生了巨大影响，后文将有专门章节论述。

五、面向未来，以振兴乡村、奔向小康为靶向

2018 年，在精准扶贫成效显著之际，石城县的乡村振兴工作也引起了关注。比如，大畲村被列入第五批中国传统村落，大畲温泉小镇入选江西省省级特色小镇，赣江源村获评"江西省美丽乡村"，小松白莲小镇入选第二批赣州市市级特色小镇培育名单。这些接踵而至的好消息说明石城县坚持"四个意识"，全面、准确地理解了习近平总书记关于乡村振兴与精准扶贫的讲话精神，正确认识了精准扶贫的战略地位，正确处理了精准扶贫与乡村振兴的关系。

从长时段来观察历史与现实可以发现，我国正处于工农关系、城乡关系大转换的关键时期。分析某一区域的精准扶贫成效也需要站在全局与战略的高度来进行思考。比如，在中西部地区支持东部地区快速发展的阶段里，大量农民工来到东部地区，为我国改革开放以来的

经济大发展提供了强有力的支持。但是，经过多年发展，第一代农民工进入了老年阶段，存在返贫的可能性。中国共产党是一个有温度的党，习近平总书记非常重视这部分人的生活状况。2015 年，他在中央扶贫开发工作会议上强调要关注这部分人的脱贫问题。他说："第一代农民工大多进入老龄阶段，其中相当一些人因常年在外打工积劳成疾，回到家乡后社会保障不给力，生活依旧十分困难。"[①] 正如前文所分析的，石城所面对的时空逻辑恰恰就是靠近沿海省份的前沿区域，大量农民工前往广东、福建等省份。因此，看待石城的精准扶贫战略也同样需要放在与全局紧密相关的时空逻辑、政治逻辑与前瞻性视野来分析。而石城县的一个做法正是利用 2008 年以后，沿海地区产业向内地转移的机会，发展本土的鞋服产业，吸引农民工回乡创业、就业。

如果进一步回顾起来，党的十八大以来，习近平总书记亲力亲为，带头站在这一高度来要求各地把握"三农"工作与精准扶贫工作的整体关联性。2013 年，他在海南考察时提出，"小康不小康，关键看老乡"。同年，他在中央农村工作会议上的讲话充分表明，他是从战略全局来看待"三农"工作的。他说："一定要看到，农业还是'四化同步'的短腿，农村还是全面建成小康社会的短板。中国要强，农业必须强；中国要美，农村必须美；中国要富，农民必须富。农业基础稳固，农村和谐稳定，农民安居乐业，整个大局就有保障，各项工作都会比较主动"。[②] 2014 年，习近平总书记在中央全面深化改革领导小组第五次会议上提出要"形成所有权、承包权、经营权三权分置、经营权流转的格局"。2015 年，他在云南考察时强调新农村建设要"注意乡土味道，保留乡村风貌，留得住青山绿水，记得

---

① 中共中央党史和文献研究院编：《习近平扶贫论述摘编》，中央文献出版社 2018 年版，第 15 页。

② 中共中央文献研究室编：《十八大以来重要文献选编》（上），中央文献出版社 2014 年版，第 658 页。

住乡愁"①。石城县在特色小镇建设方面之所以取得引人注目的成绩，就在于落实了习近平总书记的这些讲话精神。2016 年，习近平总书记在农村改革座谈会上强调，检验农村工作实效的一个重要尺度，就是看农民的钱袋子鼓起来没有。也就是说，精准扶贫的最高政治逻辑就是要把党的生命力扎根在群众的满意度当中。作为原中央苏区核心区域，这也是石城县必须要面临的历史逻辑与政治逻辑的共同作用力。2017 年，习近平总书记在中央经济工作会议上提出，要推进农业供给侧结构性改革，"坚持质量兴农、绿色兴农"。石城县在自然与生态方面得天独厚，在种植结构上又有着历史悠久的特色农业。因此，能否充分发挥这些优势，也是分析石城案例的关键。如前所论，石城县的主线定位表明，正是上述优势的充分发挥，才能顺利推进精准扶贫战略的落实。

2018 年，党和国家先后推出了《中共中央　国务院关于实施乡村振兴战略的意见》（以下简称《意见》）、《乡村振兴战略规划（2018—2022 年)》（以下简称《规划》）。在这两份高屋建瓴的文件中，精准扶贫自然是题中之义。《意见》明确提出，摆脱贫困是乡村振兴的前提，为此必须坚持精准扶贫、精准脱贫，把提高脱贫质量放在首位。《规划》也强调，要把打好精准脱贫攻坚战作为实施乡村振兴战略的优先任务。在精准扶贫与乡村振兴的关系上，《规划》明确提出，要推动脱贫攻坚与乡村振兴有机结合相互促进，确保到 2020年我国现行标准下农村贫困人口实现脱贫，贫困县全部摘帽，解决区域性整体贫困。2019 年 5 月，习近平总书记在江西考察时，明确要求"再加把劲，着力解决好'两不愁三保障'突出问题"，为乡村振兴奠定良好基础。

同时，正如《规划》所论，乡村是具有自然、社会、经济特征

---

① 中共中央文献研究室编：《习近平关于社会主义生态文明建设论述摘编》，中央文献出版社 2017 年版，第 61 页。

的地域综合体，兼具生产、生活、生态、文化等多重功能，与城镇互促互进、共生共存，共同构成人类活动的主要空间。对照这些要求，可以看到，石城县的主线定位之所以科学合理，就在于该县始终围绕着这些内容来开展工作。比如，2016 年，石城县政府工作报告对建设秀美乡村进行了部署。石城县在抓秀美乡村工作方面，全力落实中央关于建设美丽中国、健康中国，建设生态文明等精神，全面落实江西省委提出的绿色崛起发展战略，全力展现自身的时空优势与生态特色，凸显千年遗风与清清赣源的战略价值。关于这一点，前文已经进行了论述。后文关于旅游扶贫的论述也将进一步表明石城县把抓秀美乡村、产业扶贫与产业振兴对接起来了。

习近平总书记强调，消除贫困、改善民生、逐步实现共同富裕，是社会主义的本质要求。对照《意见》和《规划》，可以看出中国共产党非常重视民生，重视乡村生产与生活的质量。众所周知，健康是人类开展生产、生活，推进生态文明建设，享受文化愉悦的基础。在这一领域的政策执行情况良好，最能让老百姓充分体会到社会主义的制度优势。除了抓好秀美乡村工作外，石城县非常重视高质量脱贫的一个关键问题——乡村社会的健康问题。围绕这一问题，石城县主动作为。2015 年，石城县主动承担了国家级健康促进试点工作，2017 年，该县通过了评估与验收。在试点中，石城县坚持把这项工作与精准扶贫、乡村振兴相结合。县委组织部的领导在介绍这项工作时强调推动乡村振兴必须考虑建设健康中国、美丽中国的战略要求，必须把健康中国与精准扶贫结合起来，只有这样才能降低因病致贫的概率，才能谈得上高质量脱贫。在小松镇访谈时，回乡就业的农民工对于县里落实健康中国的措施给予了高度评价。

石城是客家民系的发祥之地，历史表明，客家百姓从未放弃追求幸福生活的步伐；为了消除贫困，他们一直坚韧而果决。石城也是原中央苏区的核心区域，石城扶贫既要面向历史，更要面对新时代做答。尤其重要的是，石城县要面向未来，做好乡村振兴这一大文章。

回望历史，面对当下，在县委县政府的领导下，石城社会各界扎根优秀的传统文化、革命文化，勇担责任，创新体制机制，在落实精准扶贫战略上取得了巨大进展。但是，方志敏之问依然有效。习近平总书记的叮嘱声声在耳。正如毛泽东同志所说："雄关漫道真如铁，而今迈步从头越"。石城，乡村振兴之路已经开启。石城人民，正在奔向小康的康庄大道上！

第二章

石城县脱贫攻坚的历程与成就

第一节　石城县脱贫攻坚主要历程

扶贫工作一直是石城县的重点工作。作为千里赣江的源头、赣闽相通的渠道，石城虽在古代有着一定的战略地位与一段自给自足的美好生活，但在近些年的发展过程中，逐渐失去了优势。它曾被列为"老少边穷"县和革命老根据地建设重点扶助县，并先后两次戴上贫困的帽子。终于在搭乘了罗霄山脉集中连片特困区和苏区振兴的东风之后，于 2014 年与全国脱贫攻坚相汇合。在党和国家以及各级政府、石城人民的共同努力之下，最终成功脱贫。2019 年，石城县获得全国脱贫攻坚奖组织创新奖。虽然脱贫攻坚这一历程不是一帆风顺的，但正是在这样一条不断摸索、不断改善的道路上，石城县发展出了属于自己的脱贫模式，走上了属于自己的振兴之路。

一、1980—2011 年：摘帽戴帽历程艰

石城县是千里赣江的源头，地处赣闽两省交界的武夷山脉西麓，东邻福建宁化县，南靠福建长汀县和本省的瑞金市，西近宁都县，北抵广昌县。自古以来就是江西进入闽西粤东的必经之地。然而，千百年来，连绵的山脉虽然给予了石城丰饶的物产，但是频繁的自然灾害与险峻的群山，也导致了这片大山深处的农民群众长年徘徊在温饱线边缘。石城县曾于 1980 年被列为国家"老、少、边、穷"县，同年，石城被省政府列为革命老根据地建设重点扶助县。不仅如此，1985 年，省政府还批准石城县下属的屏山、大由、珠坑、小姑、龙岗 5 个乡（镇）为"特困"乡（镇），全县

减免"特困"乡农业税款 32 万元。① 1986 年石城县又被列为国家贫困县。这些政策的认可与实施帮助石城克服了部分困难，得到了较好发展。

然而 1993 年以后，石城县因为没能列入国家贫困县，享受到的国家扶助大大减少。如"十五"期间，石城仅有 16 个村被列为扶贫开发重点村，"十一五"期间仅有 21 个村被列为扶贫开发重点村，"十二五"期间仅有 29 个村被列为扶贫开发重点村。每年上级下拨的财政扶贫资金仅 200 多万元，每年至少比国家扶贫开发重点县少一个亿以上的资金（包括直接和相关、有偿和无偿的），许多优惠政策也不能享受。因此，石城县政府尽管竭尽全力加快发展步伐，但因底子薄、基础差，还是与市内其他县（市）的差距越拉越大。1992 年，全县的人均生产总值仅比全市平均水平低 39 元，而到了 1999 年，已经比全市平均水平低 80 元，2004 年这一差距拉大到 1514 元。到了 2010 年，石城实现人均国内生产总值 8185 元，人均生产总值只有全市 13253 元的 61.8%，只有全省 21225 元的 38.6%。绝对数和人均数均列全省倒数第一名。2010 年职工人均年工资为 17422 元，位列全省倒数第一位，只有全市 23602 元的 74%，只有全省 29092 元的 60%。② 发展的落后，收入的低微，不仅使得许多儿童难以支付教育费用，许多适龄男女难以婚配，更挑战了许多家庭的基本生计问题，石城县的脱贫任务已经迫在眉睫。

2011 年 3 月，石城县终因实在贫穷落后，又被重新列为"省定贫困县"。伴随着贫困县的再次认定，国家与省市的重视提升，大量资金的援助到位，相关政策的大力支持，以及县政府与人民的共同努力，石城县的发展历史也随即进入新的篇章。

---

① 资料来自《石城县志》1990 年版。
② 资料来自《石城县 2011 年贫困状况汇报》。

二、2011—2012 年：罗霄连片区困难

作为赣鄱源头，江西的"水塔"，省级赣江源自然保护区所在地，石城县的发展功能受到了极大限制。林木禁伐、工业受限等原因，导致石城县不仅财政收入下降，进一步发展也较难进行。党中央、国务院高度重视区域协调发展，就加大扶贫开发力度、促进中部地区崛起作出了一系列战略部署，为加快发展提供了根本保证。2011年7月，石城县列入"罗霄山集中连片特困县"，该县高举中国特色社会主义伟大旗帜，以邓小平理论、"三个代表"重要思想、科学发展观为指导，大力弘扬革命老区精神，按照"区域发展带动扶贫开发、扶贫开发促进区域发展"的基本思路，着力加强交通、能源等基础设施建设和改善农村基本生产生活条件，进一步改善发展环境与条件；着力发展特色优势产业和承接产业转移，进一步壮大综合经济实力；着力促进就业和开发人力资源，进一步提升自我发展能力；着力发展社会事业和推进基本公共服务均等化，进一步保障和改善民生；着力加强生态建设和环境保护，进一步促进人与自然和谐共处；着力推进体制机制创新，进一步增强发展活力，努力开创又好又快的发展新局面。在这一思想指导之下，该县还坚持加快发展与改革开放相结合，坚持市场调节与政府引导相结合，坚持国家支持与自力更生相结合等原则，着力建设成面向全国革命老区扶贫攻坚示范区、我国南方地区重要交通通道、特色农业和全国稀有金属产业及先进制造业基地、红色旅游胜地与生态文化旅游重要目的地和我国南方地区重要生态安全屏障等重要战略定位区，努力将自身发展融入到区域发展之中。

石城县借助先后出台的《中国农村扶贫开发纲要（2011—2020年)》、《国民经济和社会发展第十二个五年规划纲要》、《全国主体功能区规划》、《国务院关于大力实施促进中部地区崛起战略的若干意

见》与《关于下发集中连片特殊困难地区分县名单的通知》等重要文件，加快扶贫区域发展步伐，加大扶贫攻坚力度，促进扶贫对象的脱贫致富。国家也不断在转变经济发展方式、大力推进区域生产力布局调整和产业结构优化升级方面作出努力，为石城县发挥自身优势承接产业转移与促进特色优势产业发展提供了历史机遇。

三、2012—2014 年：苏区振兴东风便

赣南等原中央苏区，是土地革命战争时期中国共产党创建的最大最重要的革命根据地，是中华苏维埃共和国临时中央政府所在地，是人民共和国的摇篮和苏区精神的主要发源地，为中国的革命作出了重大贡献和巨大牺牲。新民主主义革命时期，石城有数万人参军参战，为推动革命事业的不断发展献出了宝贵生命；苏区时期，仅有 13 万人口的石城，在 1930 年 10 月至 1934 年 10 月就有 19976 人参加了红军，参加赤卫队、担架队的有 23000 人，其中参加长征的达 16000 多人，但到达陕北时仅剩下 62 人，长征路上每三公里就有 2 个石城人牺牲。新中国成立后经上级批准的烈士达 4209 名，石城籍被授予将军军衔的就有郑三生、温先星、赖达元、伍生荣四人，可见石城人民之英勇，爱国决心之热切。直至今日，石城县仍然保留 3 个共 19 处中央苏区革命旧居旧址群，其中毛泽东、朱德故居旧址群 8 处，中央苏维埃国家银行秘密金库旧址群 7 处，红三军团司令部旧址群 4 处。这些熠熠生辉的遗产遗迹见证了石城县惊心动魄的抗战历史和作为革命老区的光荣传统。

由于战争创伤的影响，以及自然地理等多种原因，迄今为止，原中央苏区特别是赣南地区，经济发展仍然滞后，民生问题仍然突出，贫困落后面貌仍然没有得到根本改变。2012 年，《国务院关于支持赣南等原中央苏区振兴发展的若干意见》指出，要坚持以邓小平理论和"三个代表"重要思想为指导，深入贯彻落实科学发展观，紧紧

抓住国家支持赣南苏区振兴发展的历史机遇，坚持民生改善与经济发展相结合，"输血"与"造血"相结合，努力实现"一年一变样、三年大变样、五年上台阶、八年大跨越"，与全国同步建成全面小康社会。同时，要推进重大项目建设，落实各项扶贫政策，大胆开展先行先试，提升综合实力和竞争力，努力把赣南等原中央苏区打造成为充满活力的发展新高地，中部地区最具潜力的经济增长极。

石城县乘借《国务院关于支撑赣南等原中央苏区振兴发展的若干意见》的出台，抢抓国务院扶贫办和国家司法部对口支援的历史性机遇，在国家、省、市扶贫部门的倾心支持帮助下，创新了扶贫机制，加大了扶贫开发力度，向贫困群众脱贫致富的道路更近一步。苏区振兴的实施，为石城县打响脱贫攻坚战奠定了有力的基础。准确抓住苏区振兴的机遇，保障石城在脱贫攻坚的过程中始终走在时代前列。在这一时期，石城县着力于土坯房改造和各项基础设施的建设，为后续的精准扶贫的开展打下了重要基础。

四、2014—2019 年：精准扶贫效果优

2013 年 11 月，习近平总书记在湖南湘西土家族苗族自治州花垣县十八洞村考察时首次提出了"精准扶贫"。2015 年 11 月，中共中央、国务院《关于打赢脱贫攻坚战的决定》出台，对脱贫攻坚进行了全面部署。2018 年 6 月，按照党的十九大关于打赢脱贫攻坚战总体部署和各地区各部门贯彻落实打赢脱贫攻坚战的进展及实践中存在突出问题，中共中央、国务院出台了《关于打赢脱贫攻坚战三年行动的指导意见》，进一步完善顶层设计、强化政策措施、加强统筹协调，推动脱贫攻坚工作更加有效开展，也为各地开展精准扶贫精准脱贫提供了总的政策遵循。

石城县作为国务院扶贫办的重点帮扶县，许多做法在实施上既具有前导性又具有可行性。同时，在搭乘之前一系列政策，完成之前一

系列的脱贫准备之后，石城县与全国的脱贫攻坚政策相衔接，取得了更好的发展。扶贫办与精扶办并驾齐驱为打赢脱贫攻坚战站好最好一班岗，做优最后一轮冲锋。石城县的脱贫攻坚工作得到了来自国家、省、市、县各级单位的重视和指导，是中国共产党政治优势、中国特色社会主义集中力量办大事的重要体现，在社会各界与石城人民的共同努力之下，石城县终于不负期望，迎来胜利曙光。

2019 年 4 月，根据《中共中央 国务院关于打赢脱贫攻坚战三年行动的指导意见》、《中共江西省委 江西省人民政府关于打赢脱贫攻坚战三年行动的实施意见》精神，江西省人民政府同意石城县正式退出贫困县。尽管如此，石城县在脱贫的路上并未松懈，还不断地为全面消除贫困、走向小康而努力着。

五、2020 年：脱贫收官稳健佳

2020 年是脱贫攻坚收官之年，面对突如其来的新冠肺炎疫情，石城县深入贯彻习近平总书记重要指示、批示和讲话精神，有序推进疫情防控和脱贫攻坚相结合，在特殊时期依然稳健工作，在疫情防控和脱贫攻坚工作中都取得了明显成效。新冠肺炎疫情发生以来，石城县按照坚定信心、同舟共济、科学防治、精准施策的总要求，成立县委应对疫情工作领导小组与疫情防控应急指挥部，每天及时有序部署全县疫情防控工作，取得了患者（1 例）快速救治，密切接触者无一人感染，无网络舆情的良好成效。在确保疫情防控准确高效的同时，石城县也不忘脱贫攻坚工作的进行。多次召开统筹疫情防控推进脱贫攻坚调度会，下发《2020 年脱贫巩固提升工作实施方案》、《统筹安排专项扶贫资金支持非贫困村贫困人口脱贫的若干措施》等系列文件。其中，重点对剩余 267 户 486 人未脱贫人口全面开展"清零"行动，确保 6 月底剩余贫困人口"两不愁三保障"全面达标，高质量打赢脱贫攻坚战。

为有效应对疫情，石城县出台了稳定经济增长 30 条政策，突出抓好复工复产复业复能，着力援企稳岗。下发《关于有效应对新冠肺炎疫情稳定贫困户收入的若干措施》、《关于打好"组合拳"提振消费的通知》等多条举措，保障疫情期间脱贫攻坚的持续进展，确保脱贫人员有持续应对风险的能力。石城县还在江西省关于中央脱贫攻坚专项巡视"回头看"暨成效考核反馈意见整改工作动员部署会召开后，立即召开整改部署会，对中央第十一巡视组对江西省脱贫攻坚专项巡视"回头看"反馈的问题和 2019 年度省级脱贫攻坚成效考核反馈的问题照单全收，举一反三排查，分类建立整改清单，着力进行整改。此外，石城县聚力防范，双向强化防返贫致贫监测。一方面，出台《防返贫致贫监测预警与帮扶工作机制实施方案》，建立"186"防返贫致贫监测预警与帮扶机制；另一方面，实行每周一梳理、每月一调度，强化经济运行情况分析，及时堵住风险点。全力做好脱贫攻坚普查，确保贫困群众真脱贫、脱真贫。

第二节　石城县贫困原因与状况分析

了解贫困的原因，才能有针对性地开展扶贫；了解贫困的发生状况，才能更好地见到扶贫的成效。为此，针对石城县 2014 年的贫困发生情况，进行了统计与分析。

一、石城县贫困主要原因分析

石城县是罗霄山脉集中连片特困县，导致贫困的原因多样且复杂。2014 年，全县有建档立卡贫困户 13428 户 48519 人，占全县农村人口的 18%。有省定"十三五"贫困村 29 个，占总村数的 22.1%，

深度贫困村 15 个，占总村数的 11.5%。根据 2014 年石城县贫困状况
分析报告可以看出，因病致贫是贫困的主要原因。另外，因缺乏资
金、因残疾、因缺乏劳动力和缺乏技术等也是贫困的主要原因。因
此，石城县脱贫攻坚只有针对性地解决这些问题，才能真正带领贫困
群众远离贫穷。石城县 2014 年主要致贫原因如下。

表 2-1 2014 年石城县主要致贫原因表①

致贫原因	人数	占总人数比例
因病致贫	23693	48.84%
因缺资金致贫	8581	17.69%
因残致贫	5749	11.85%
因缺技术致贫	2765	5.7%
因缺劳动力致贫	2645	5.45%
因学致贫	1992	4.11%
因灾致贫	1155	2.38%
因缺土地致贫	396	0.82%
因自身发展动力不足致贫	344	0.82%
因交通条件落后致贫	73	0.15%
其他	1126	2.32%

二、石城县主要贫困状况分析

石城县致贫原因多样，贫困状况十分突出。通过分析 2014 年石
城县贫困相关数据，可以得出当年脱贫攻坚迫在眉睫的状态，与今日
成就相对比，更见脱贫之时效，攻坚之艰辛，以及我国政府与人民排
除万难，达到目标的决心与毅力。

---

① 资料来自 2014 年石城县贫困状况分析报告。

（一）农民收入水平低，贫困面大

石城是典型的农业县，农业基础设施极为薄弱，农民靠天吃饭的现象普遍存在。由于原来不是国家扶贫开发重点县，上级的扶助十分有限，再加上石城属灾害频发区域，从而农民收入极不稳定，贫困人口较多，贫困覆盖面积较大。2010 年，农民人均纯收入仅为2796 元，为全省均值 5789 元的 48.3%，为全市均值 4182 元的66.9%。全县农民年人均纯收入在 2300 元以下的贫困人口还有95296 人，占全县农民人口总数的 36.4%。全县还有 4543 户 13806人存在不同程度的缺粮、少粮情况，贫困群众的温饱问题尚且不能得到普遍解决。

（二）财政收支矛盾大，债务沉重

石城县的财政收支方面，也存在较大问题，这直接影响了石城县经济的进一步发展与长足保障。一是财政收入规模小。多年以来，由于客观因素的制约，石城县经济发展一直相对滞后，财政收入总量小，2007 年全省最后一个迈上亿元台阶，2010 年也是全省最后一个迈上 2 亿元台阶的县城。虽然实现三年翻番的目标，但收入总量仍居全市、全省倒数第一。2010 年财政总收入为 2.1 亿元，其中地方财政收入 1.5 亿元，人均地方财政收入仅为 488 元，只有全市 935 元的52.2%，全省 1750 元的 27.9%，财政收支矛盾非常突出，保障能力十分薄弱。二是财力依赖性强。财政受本级收入总量和结构等客观因素所限，自身"造血"功能差。2010 年本级地方财政收入仅 1.5 亿元，而全县需财政供养的人数有 10965 人，重点优抚对象有 1738 人，单位人均公用经费仅 300 元，全县总负债达 8.9 亿元，财政债务沉重。石城县财政方面的收支矛盾，使得该县经济水平进一步受到限制。

（三）农村基础设施差，遏制瓶颈

石城县较差的发展水平，导致了其农村基础设施的不完善。但是较差的基础设施，也同样地制约着石城县经济的进一步发展。石城县较差的基础设施，体现在以下六个方面。一是交通基础设施建设落后。历史上，石城曾经享有"闽粤通衢"之美誉，但在近几十年交通大发展、大建设进程中，石城交通基础设施建设逐渐慢了下来，交通优势逐渐变成了交通劣势。截止到 2014 年全县不能通客车的公路有 630 公里，四类、五类的危桥有 35 座。有 846 个村小组、1398 个自然村不通公路，占村落总数的 45%。同时，实施农村公路建设项目以来，由于县财政极为困难，县乡两级地方配套资金缺口达 3000 多万元，导致公路建设后劲严重不足。二是农田水利设施差。县农田水利工程大多建于 20 世纪五六十年代，由于后期投入不足，多年来一直处于带病运行状态，存在着严重的问题，抵御自然灾害的能力差。到 2014 年，有 70% 左右的水利设施需要改造。农村税费改革后，农田基础设施建设资金来源主要靠政府补助和受益群众通过"一事一议"的方式筹资筹劳，而石城县的财力非常有限，因此县以下的投入显得捉襟见肘，群众"一事一议"方面的投入也受到较大局限。因此，县农田水利的建设存在较大不足。三是农村人畜饮水极不安全。石城农村饮用安全卫生水的比例很低。全县不通自来水的有 77 个行政村、1255 个村民小组、1745 个自然村、38847 户村民，占村民总户数的 65.3%。60300 位农民的饮用水基本上是溪水、河水、井水、塘水等不安全用水。遇上洪水期，其饮用水混浊无比。遇上干旱天气，有的农民则要到数公里外挑水喝，因水致病、因病致贫的现象时有发生。这也在很大程度上导致了贫困发生。四是农村住房条件困难。石城农村住房条件很差，有 33163 户农民还住在土坯房中，占 55.7%。全县农民居住危房的还有 2477 户，无房户有 329 户。特别是在横江、小松、高田、龙岗、大由等乡（镇）尤为突出。五是电力供应问题突出。石城只有110kV输变电站，急需改造的电网却达40%以上。由于石城电网基础差，电网建设欠账较多，农网改造未能得到全面彻底的进行，电网的发展难以满足经济和社会发展对电力的需求。到2014年，全县还有9个自然村、135户农户未通电。六是农村通电视工程任重道远。由于资金紧缺，全县农村通电视工程进展缓慢，还有371个村小组、943个自然村、43658户农户未通有线电视，占总民户的73.3%。有64个村小组、223个自然村、2101户农户不通电视。这些都导致了贫困群众与外界联系极为不足，脱贫攻坚迫在眉睫。

第三节　石城县脱贫攻坚政策体系

石城县脱贫攻坚经历了脱帽戴帽，直至今日再度脱帽的过程。虽然过程曲折，却因其不断根据自身当时的政治经济情况调整，不断根据群众的现实需求改善，终于带领人民走向最适合自身发展的脱贫之路。与此相同，石城县的政策体系也不是一蹴而就的，在扶贫工作的不断深入过程中，根据实际情况不断调整，因地制宜地利用政策、开展政策是石城县脱贫攻坚成功的关键。为此，石城县的扶贫工作从一开始的十项项目面面俱到，全方位面向贫困群众开展到将这些项目不断体系化、明确化和精确化，按照石城县贫困群众的具体需求最终分类整合，形成最有利于石城县人民的政策体系组合拳——石城县扶贫群就此诞生。

一、十大项目

精准扶贫攻坚战以来，石城县为尽快帮助贫困群众脱贫致富，全方位解决贫困群众的生产生活问题，根据国家政策与其他各贫困县经验，石城县投入建设农业产业、旅游、电商、光伏、就业、教育、健康、农村信息化、水利、金融等十大重大扶贫项目。这十大项目基本上涵盖了贫困群众想要脱贫致富寻求发展的各个方面，并在脱贫攻坚之初作出了巨大成效。截至 2019 年，帮助贫困户建立农业产业合作社 106 个，与 8700 多户贫困户建立了利益联结机制；建立 33 个电商村级服务站，带动 3000 余户贫困户脱贫增收；建立公益性岗位，安置 1243 人；建设贫困村卫生计生服务室 107 个，实现了行政村全覆盖；实施各类饮水工程 191 处，彻底解决了群众饮水不安全问题；完成基站建设 103 个，实现全县行政村网络信号覆盖；① 发放财政惠农信贷通贷款、金福通贷款和扶贫搬迁贷款等，有效解决部分贫困户有心有力却无钱发展产业的难题；等等。这十大项目涉及贫困群众生活的各个方面，从多个角度保障贫困群众的生活状态的改善和生活水平的提高，可以说在脱贫攻坚之初打响了第一枪，有了一个美好的开端。但随着脱贫攻坚的进一步实施，贫困人口的情况愈加特殊，脱贫攻坚的任务愈加艰巨，返贫人口与自然增加人口的出现，使得十大项目也面临着更大挑战。

二、扶贫群政策体系

石城县经过不断摸索，将国家政策与自身发展情况相结合，逐渐形成了脱贫攻坚石城特色做法——扶贫群。具体来说，就是将最初面面俱到的十大项目明细化、体系化，形成符合自身发展的政策体系组合拳，建立了六大产业就业群和四大保障扶贫群，在激发贫困群众实现自身"造血"功能的同时，保障背后有强大的政策体系托底。扶贫群的建立最大效能地整合了扶贫资源，最大程度上帮助了贫困群

---

① 资料来自石城县精准扶贫十大项目工作进展情况汇报。

众，将各大扶贫政策与贫困人口紧密联系。六大产业就业群和四大保障扶贫群的政策体系组合拳，向脱贫攻坚战发起最后冲击，分别对标"一达标两不愁三保障"标准，力图从根本上保障贫困群众的生产生活问题，从实际中提升贫困群众的生活水平与质量。在这一过程的转变中，石城县政府下足"绣花"功夫，创新扶贫举措，全面提升脱贫攻坚综合实效，真正做到一切为了人民，一切以民为本。

（一）六大产业就业群

习近平总书记指出："扶贫不是慈善救济，而是要引导和支持所有有劳动能力的人，依靠自己的双手开创美好明天。"[①] 为了帮助贫困群众解决自身发展差的问题，石城县政府开创性地打造了六大产业就业群，结合自身的优势资源，引导贫困群众投身到工作中去；利用政策帮扶，走出贫困之列。

1. 烟莲菜扶贫群

石城县政府立足全县农业资源禀赋和产业优势，完善和发展"3+X"农业产业扶贫模式。其中"3"指吸纳贫困户参与"烟、莲、菜"产业增收；"X"指选择参与特色种养产业增收。石城县素有"白莲之乡"、"烟叶之乡"之名，种植白莲、烟叶的历史悠久；得天独厚的自然环境，使得蔬菜可以在此茁壮生长。为了激发群众种植热情，石城县政府还通过推广白莲良种良法栽培、加强贫困户技能培训、建立贫困村产业指导员制度、给予种植补贴等方法鼓励群众参与就业。通过创建自主品牌，发展农产品精加工，延长产业链，提高附加值等为脱贫攻坚提供强有力的支撑。同时鼓励贫困群众通过土地、资金入股与劳务用工等方式参与到产业中去，激发贫困群众自身"造血"功能，实现农业产业扶贫的全覆盖。

---

① 中共中央党史和文献研究院编：《十八大以来重要文献选编》（下），中央文献出版社 2018年版，第40页。

2. 旅游扶贫群

石城县政府依托自身白莲产业、大棚产业等自然优势，借助红色文化等历史遗迹，整合全县旅游资源和产业要素，不断完善旅游基础设施，改善生态人文环境，建设"全域旅游示范县"，带动乡村旅游提档升级，逐渐形成"景区带动型"、"农旅融合型"、"节事民俗游型"等三大乡村旅游扶贫模式，做到乡村旅游与红色旅游、生态旅游、历史文化旅游等融合发展，打造了大畲、旺龙湖、麒麟山庄等乡村旅游点，带动贫困群众通过自主创办农家乐、民俗风情表演、导游等方式为贫困人口创业、就业、增收提供平台。以"寻赣江源头、走闽粤通衢、探丹霞地貌、沐峡谷温泉、蹚高山流水、赏百里荷花、揽万亩杜鹃、缅红色记忆、品千年遗风"为旅游特色品牌，打造全方位立体式的旅游休闲体验区。2019 年，石城县共接待 691 万人次游客，有力带动了贫困群众增收脱贫①。在旅游业发展的同时，餐饮、住宿、旅游产品等产业也随之发展，使旅游产业成为脱贫致富的朝阳产业。

3. 光伏扶贫群

石城县光照条件得天独厚，年太阳辐射量达到每平方米 4736.6 兆焦，年日照小时数为 1920 小时②，适合发展太阳能光伏发电。同时，石城县审时度势，面对自身贫困面广、贫困程度深、经济相对落后的现实情况，借助国家政策鼓励发展和补贴引导的优势，抓住机遇，积极争取，获批 2016 年国家第一批光伏扶贫计划。与苏州协鑫新能源公司合作投资 4.5 亿元建成 60MW 地面集中光伏电站；利用赣江源农业发展有限公司平台投资 3.96 亿元建成 88 个共计 56.54MW 村级联村光伏电站③，为贫困群众进一步谋福利。光伏扶贫收益资金

---

① 资料来自石城县脱贫攻坚工作有关情况材料汇编。
② 肖靓：《荒山变"宝地"！石城光伏发电照亮脱贫致富路》，2018 年 7 月 24 日，见 http://jxgz.jxnews.com.cn/system/2018/07/24/017031238.shtml。
③ 资料来自《石城县光伏扶贫工作总结报告》。

全部划入村集体，由村集体统筹用于公益性岗位人员工资、产业发展奖励、乡风文明奖励、爱心超市运营、深度贫困人群保障等支出，保障扶贫工作的资金运转，推进各项扶贫事业的平稳运行。

4. 电商扶贫群

2016 年以来，石城县高度重视电商扶贫工作，牢牢把握"互联网+"新机遇，紧扣发展电商产业和促进群众脱贫致富"双赢"目标。石城县是典型的贫困县，种植、售卖农特产品是该县贫困群众脱贫致富的一大渠道。为了更好地将互联网与贫困户相结合，一方面，石城县促进农户与公司合作助力销售。针对大部分贫困群众网络操作能力差，部分卖家需要大批量购买的情况，政府分别与赣江源农业发展有限公司、江西圈圈网络科技有限公司等合作，定点收购贫困户产品，通过网络统一售卖，帮带贫困群众通过电商平台销售白莲、翻秋花生等农特产品，有效解决贫困群众产品滞销问题。另一方面，完善物流体系运行。按照"县有物流中心，乡有快递超市，村有电商服务台"模式，引进阿里巴巴、京东、邮政等一线品牌电商企业，打开网络市场大门。建立县至村双向物流体系，引导贫困群众参与到电商产品供应链中去。通过"电商企业+电商服务站+贫困户"、"电商企业+合作社+贫困户"等模式，激发大众创业、万众创新活力，紧跟时代步伐，帮助贫困群众脱贫致富。

5. 车间就业扶贫群

为解决部分贫困群众忙于照顾老人、小孩，难以外出务工的情况，石城县政府创造性地引导全县企业在各乡镇和贫困村就地建立"就业扶贫车间"，通过"企业+扶贫车间+贫困户"的模式，带动有劳动能力的贫困群众兼顾家庭和工作，进一步走向脱贫致富道路。依靠用工相对灵活的鞋服加工这一产业，引导企业将车间分散到乡村一线去，在解决贫困户就业问题的同时，兼顾工厂招工难的问题。妇女、老人甚至是轻度残疾人也可到车间就业，扩大了就业人员的覆盖面，保障扶贫工作的全面落实。

6. 创业致富带头人帮扶群

2017 年，石城县立足培育本土人才的发展理念实施创业致富带头人培育的"千人铸造"计划，根植传统的烟莲菜产业和客家人返乡回报的传统理念，在县委以及县属各单位的大力支持之下，营造良好的创业致富氛围，帮助有能力有想法的贫困群众完成由贫困向小康的转变。总体上来看，石城县计划用三年时间，分三批组织有创业条件、有带动贫困户增收意愿的培育对象，到国务院扶贫办贫困村创业致富带头人（蓉中）培训基地参加创业培训，每人再帮带孵化 6 名创业致富带头人，通过"1+6"的帮带孵化模式，三年共培育 1000 名左右创业致富带头人，锻炼一支基层致富能人团队，同时通过物质和精神双方面的奖励，鼓励带头人带动其他人，支持其他人。这一政策的实施，不仅帮助贫困户"受之以渔"，更激发了他们创业的信心和帮扶他人的信心，如今已成功地打造了"创业致富带头人培育的示范县和样板县"。

（二）四大保障扶贫群

建立在"两不愁"基础之上，为进一步保障贫困群众基本生活需求，让所有贫困群众都能学有所教、病有所医、住有所居，石城县人民政府大力推进四大保障扶贫群，全面落实教育、健康、安居、兜底方面的保障扶贫政策，保障扶贫范围全覆盖，扶贫效果有成效。

1. 教育保障扶贫群

为保障教育扶贫的精准对接，石城县推行教育系统与乡镇系统双线排查、双线管控机制，落实校长（园长）负责制，建立健全建档立卡贫困学生信息台账，构建并完善从学前到大学的资助全覆盖体系，确保不漏一户一人。为了保障贫困家庭子女能够学有所教，石城县政府在实施贫困人口子女助学补助全覆盖的基础上，另有如下三大措施。一是保障义务教育的普遍实行。积极开展全面摸排普查，为

6124 名建档立卡的贫困学生建立信息台账。二是健全教育资助政策。近五年来，共计资助贫困学生 102699 人次，发放资助金 13360.5 万元①。同时设立"石城教育慈善专户平台"，实施特殊困境儿童兜底保学计划，杜绝贫困儿童因贫穷而失学或辍学的现象，保障每一名贫困学生不仅有学上，并有尊严地上学，至今共累计帮助困境儿童 1435 人。三是实施全面推进教育信息化建设，推广"双师型"教育，实现城乡共享优质教育资源。让偏远山区的学生能够在家门口低成本地接受优质教育，保障贫困学生教学资源的多样性。2016—2019 年贫困学生资助情况如下：

表 2-2　2016—2019 年贫困学生资助情况表

资助年份（年）	资助人数（人次）	资助资金（万元）
2016	14739	2723.1
2017	34624	3304.5
2018	27271	3816.3
2019	26065	3516.6

2. 健康保障扶贫群

为保障贫困群众能够病有所医，石城县推行"3+1+X"医疗扶贫模式。其中"3"指县、乡、村三级医生，"1"指 1 名帮扶干部，"X"指若干户贫困户，落实"救治+预防"服务。医生、干部和贫困户三方紧密联系，不仅保证贫困户病能就医，也可保证贫困户病有钱医。建立和完善了"基本医疗保险+大病保险+疾病医疗补充保险+医疗救助+救急难"五道基本保障线，全面落实"一站式"同步结算机制与"先诊疗、后付费"、"三免四减半"等政策，将贫困人口大病医疗自付费用比例控制在 10% 以下，同时加强对贫困户就医的跟踪服务和帮助服务。为进一步解决疾病致贫、疾病返贫的问题发

---

① 资料来自《石城县脱贫攻坚工作总结》。

生，石城县针对 10 种大病实行免费治疗、对 15 种大病实施专项救治。同时重点推进特殊慢性病政策落实，2018 年门诊特殊慢性病报销达 1055.21 万元，有力减轻了群众就医负担。试点还启动了非贫困人口大病医疗商业补充保险，有力防止因病致贫现象发生。

3. 安居保障扶贫群

在住房保障方面，石城县始终严把易地搬迁"四线"要求（严把搬迁对象精准"界线"，严控住房面积"标线"，严守不因搬迁举债的"底线"，严格项目管理"红线"），保障贫困群众基本住房需求。一是大规模改造农村危旧土坯房。利用三年时间大规模推进农村危旧土坯房改造，着力改变农民，特别是贫困群众的居住条件，从根本上解决贫困群众住房安全问题。二是投资 2.5 亿元建设铜锣湾"进城进园"集中搬迁安置点，帮助 546 户 2512 名贫困户实现"进城梦"。为强化后续管理，培养贫困户"造血"功能，杜绝返贫现象，政府确保有培训意愿的搬迁贫困劳动力在落户 1 年内至少接受 1 次职业培训，有劳动能力的搬迁家庭至少实现 1 人就业。鼓励有一技之长的移民户就地创业；支持劳动密集型企业入园并吸收安排移民户就地就近就业，确保移民户"搬得出、稳得住、逐步能致富"。三是积极建设易地搬迁扶贫房。高标准建设移民安置点 5 个，其中县城 1 个、乡镇圩镇 4 个，帮助 2863 人"挪穷窝"，远离自然灾害频发区。四是着力建设农村保障房。通过采取政府兜底、"交钥匙"的办法，由乡村或理事会统一建设产权共有的小户型住房，建设农村保障房 909 套，让特困群众直接"拎包入住新居"。安居保障扶贫群的建设，始终围绕贫困群众住房安全思考。坚守底线思维，突出解决特困群体与特殊人群的住房需求，持续精准发力，下力气解决贫困户的安居问题。

4. 兜底保障扶贫群

兜底保障扶贫群是保障群中最后一道防守线，从最根本上保障老、弱、幼等贫困群众基本生活问题。为着力推进贫困线和低保线"双线合一"，2019 年 12 月，石城县全县农村低保 6935 户 14507 人，其中建档立卡贫困对象 5367 户 12199 人，约占低保人口的 84.09%。户均保障人数 2.09 人，基本实现应保尽保、应扶尽扶。医疗兜底保障也在不断完善中，2016—2019 年，针对全县建档立卡贫困户实施医疗救助 56651 人次，金额 2993.63 万元，具体分布情况如下：

表 2-3　2016—2019 年石城县对建档立卡
贫困户实施医疗救助情况表

救助年份（年）	救助人次（人）	救助金额（万元）
2016	5222	1154.55
2017	16702	639.38
2018	17804	594.42
2019	16923	605.28
合计	56651	2993.63

经过长期实践和不断探索，石城县政府始终秉持从自身实际情况出发，深入学习体会习近平总书记关于扶贫工作的重要论述，认真贯彻落实党中央国务院脱贫攻坚决策部署，将国家政策嵌入当地发展具体情况中去，细化实化政策措施，因地制宜深化精准扶贫精准脱贫，因村因户因人精准施策。逐步将一开始的"十大项目"面面俱到细化到六大产业就业群和四大保障扶贫群，形成政策组合拳，提高扶贫效率与扶贫质量。为解决"两不愁"，石城县政府建设和完善贫困群众的产业、就业机制，在推进"3+X"产业扶贫、旅游扶贫、电商扶贫的道路上创新无数，紧跟时代步伐，帮助贫困群众恢复自身"造血"功能，为其脱贫直到致富的道路上保驾护航。同时，为解决贫困人口后顾之忧，解决老、弱、幼等无劳动能力的贫困群众的生活问题，达到"三保障"要求，大力发展四大保障群，保障贫困群众的教育、医疗和住房需求，满足生存必备条件。真正做到对标"一达标两不愁三保障"，将国家政策嵌入自身发展之中，将扶贫攻坚做到

体系化、明确化、具体化，使扶贫措施具有强基础、促发展的功能，踏踏实实为群众做事，勤勤恳恳为人民服务。

第四节　石城县扶贫攻坚主要成就

自脱贫攻坚以来，在国务院扶贫办的对口支援与省委、省政府和市委、市政府的正确领导下，在社会各界的帮扶与人民群众的不断努力下，石城县坚持"核心是精准、关键是落实、实现高质量、确保可持续"要求，下足"绣花"功夫，创新扶贫举措，狠抓责任落实、政策落实、工作落实，脱贫攻坚取得了决定性进展。这些成就不仅体现在直接的脱贫人口与基础设施建设上，间接的攻坚体系与乡风文明的转变上，更加体现在石城县从落后到先进的信心的加强和全县人民对于社会主义道路的自信和认可之上。脱贫攻坚的成功不仅在中华民族几千年历史发展中首次整体消除绝对贫困现象，更是为社会主义现代化的前进和乡村振兴建设起到了推波助澜的作用。

一、脱贫攻坚的直接影响

（一）脱贫人数显著增加

石城县工作思想始终紧扣"脱贫摘帽"目标，坚持把脱贫攻坚作为最大的政治责任和第一民生工程。始终以脱贫攻坚统揽经济社会发展全局，推动思路向扶贫聚焦，人力向扶贫集中，资金向扶贫倾斜，以"一边倒"的态势打好打赢脱贫攻坚战。截止到 2019 年，石城县实现脱贫户数 12164 户，脱贫人数 49241 人。从 2014 年脱贫户数 2698 户与脱贫人数 9332 人至今，脱贫人数成倍增加。2014—2019

年石城县脱贫情况详见表2-4。

表2-4　2014—2019年石城县脱贫情况表

年度	建档立卡贫困户数（户）	建档立卡贫困人数（人）	未脱贫户数（户）	未脱贫人数（人）	脱贫户数（户）	脱贫人数（人）
2014	13429	48519	10730	39187	2698	9332
2015	13325	48496	7649	26868	5676	21628
2016	13440	48519	6726	23614	6714	24905
2017	12445	49188	5529	18901	4916	30287
2018	12470	49820	1001	2222	11469	47598
2019	12431	49727	267	986	12164	49241

（二）经济发展加速超赶

2013年底以前，石城县各项主要指标绝对值基本位于省市末位。经过五年的努力，全县生产总值、财政总收入、城镇居民人均可支配收入和农村居民人均可支配收入等主要指标绝对值甩掉全省倒数第一的帽子，增速在全市名列前茅。在2013年的基础上接近翻番，经济实力明显增强，经济发展速度大力提升。

截止到2018年，全县生产总值实现60.6亿元，同比增长10.3%，增速排全市第1位，高出全国3.7个百分点、全省1.6个百分点、全市1.0个百分点，总量比2013年末增加25.6亿元，增速前移11位，总量达2013年的1.73倍，年均增长9.8%；财政总收入实现9.35亿元，同比增长18.2%，增速排全市第1位，高出全国12个百分点、全省8.1个百分点、全市5.7个百分点，总量为2013年的1.87倍，年均增长13.3%；城镇居民人均可支配收入25056元，比2013年末增加9006元，增速列全市第3位，年均增长9.3%；农村居民人均可支配收入9573元，比2013年末增加4388元，增速列全市第1位，年均增长13.0%。加速赶超的经济发展水平，离不开石城县各界人士的广泛努力，而脱贫攻坚战的胜利，也将更进一步推动经济的向前发展。

（三）贫困县成功出列

在国务院扶贫办的对口支援下，在坚持"核心是精准"的基本方略下，石城县始终围绕"扶持谁，谁来扶，怎么扶，如何退"等关键问题，严守程序，全面推进精准识别、精准帮扶直到精准退出等工作，坚持工作落到实处，取得成效。经过石城县党委政府与人民不断的努力，截止到 2018 年底，石城县脱贫攻坚取得决定性进展。全县建档立卡贫困人口降至 2222 人，退出贫困村 29 个。2018 年石城县综合贫困发生率为 0.81%，低于中部地区贫困县贫困发生率 2% 以下的退出标准。抽查贫困户未发现错退，非建档立卡农户未发现漏评，错退、漏评率不明显，低于 2% 的评估检查标准，脱贫质量较高。群众满意度 98.43%，对脱贫工作的认可度较高，符合退出标准和条件。2019 年 4 月 28 日，石城县成功退出贫困县之列。2014—2018 年贫困发生率情况详见表 2-5。

表 2-5　2014—2018 年贫困发生率表①

年份	建档立卡		未脱贫		贫困发生率（%）
	户数	人数	户数	人数	
2014	13428	48519	10730	39187	18
2015	13325	48496	7649	26868	9.73
2016	13440	48519	6726	23614	8.55
2017	12445	49188	5529	18901	6.85
2018	12470	49820	1001	2222	0.81

① 参见国扶办系统数据（2019 年 8 月）。

（四）基础设施不断完善

石城县政府坚持补短板、促攻坚，加大投入完善基础设施，健全公共服务，乡村振兴战略基础逐步夯实。按贫困村与深度贫困村1000万元每村的标准，筹集资金5.84亿元推进改路、改水、改厕等村庄整治建设，补齐基础设施短板。2014年以来，先后建成新村点608个，完成村庄整治132个，城乡供水、垃圾处理、污水处理一体化项目快速推进。全县新建、改建农村公路488.7公里，改造危桥51座，25户以上自然村通水泥路实现全覆盖；修建水渠362公里；新建或改造公共活动场所156个，建设卫生室107个并投入使用，实现所有行政村医疗机构全覆盖；全县完成农村饮水安全工程174个，全面解决饮水不安全问题；行政村通动力电100%覆盖，行政村4G信号全覆盖、宽带网络全覆盖；教育信息化保持全省领先，每个乡镇建成1所以上公办幼儿园，高考本科上线率重回全市"第一方阵"；加大投入实施贫困户分户项目，完成改水3564户，改厕3152户，建设公共厕所135个，农村群众居住环境显著改善。同时，新建取水水陂、过滤池、蓄水池、烤房，铺设管网，桥墩及桥面建设等改善人民生活品质的措施不断进行。基础设施的不断完善，使得贫困群众生活幸福指数大幅提升，也对非贫困户与贫困村的生活质量有了较大提升。

二、脱贫攻坚的间接影响

（一）攻坚体系全面夯实

按照打造"全省创一流、全国有特色"的扶贫工作要求，石城县政府全面压责任、破难题，努力激发内外活力，确保实现高质量扶贫。在这一过程中，形成了一整套夯实可靠的攻坚体系。一是推行

"包村指挥长"制度，按照"县处级领导任贫困村或深度贫困村包村指挥长，优秀正科级领导干部任非贫困村包村指挥长"的思路，变挂村为包村，充分调动各级领导干部工作积极性。二是建立"扶贫工作日"制度。每周设立"扶贫工作日"，是日取消一切会议活动安排，由县四套班子领导带头示范，各乡镇、各单位主要领导亲自督战，组织全体帮扶干部下到村组、深入贫困户家中，做实做细结对帮扶工作，并组织参与环境整治、产业发展指导等工作，全面提升群众满意度。三是坚持奖罚分明制度，截至 2019 年，已对 126 名扶贫干部提拔重用、135 名通报表彰，对 11 个乡镇党委书记、乡镇长和 16 个行业扶贫牵头单位、16 个结对帮扶单位主要领导进行约谈；并约谈第一书记 16 人，全面压实工作责任。四是落实"每周一会议调度"制度。坚持每周召开一次以上精准扶贫攻坚领导小组会议，组织各乡镇以及行业扶贫牵头单位、责任单位参会，专项听取工作情况汇报，专题研究问题解决办法，并及时将会议主要精神推送至县脱贫攻坚有关微信群，快速抓好工作落实。五是完善"全覆盖"督导制度。从县委大督查办、县委组织部及优秀的正科级干部中抽调部分工作能力强、积极性高、基层经验丰富的领导干部组成 5 个专项督查组，常态化全覆盖开展脱贫攻坚督查。组织全县 132 名第一书记与驻村工作队，对标"两不愁三保障"要求，开展"全覆盖"式村际交叉核查，全面查缺补漏。督促乡镇做到户户过关，全面提高脱贫攻坚质量。

（二）乡风文明大幅提升

在石城县开展脱贫攻坚战的同时，乡风文明建设也有了大幅提升。一是在专项治理"老人住老房"的问题时，基层工作干部通过思想劝导、电视曝光、提起公益诉讼等形式，倒逼老人子女主动劝老人住新房。下发《关于敦促将赡养老人限期接入安全住房共同生活的通告》，从政策方面引导群众敬老爱老的社会风气，着力营造良好的社会氛围。二是村庄着力营造"勤劳致富光荣、等靠要可耻"的氛围，坚持教育引导与典型宣传多管齐下，同时发力促进乡村文明风气的提升。鼓励贫困群众勤快劳动，用舆论的手段消除"等靠要"等思想的衍生，从思想上解决这类人的贫困问题。在全省率先建立132个"爱心超市"，引导贫困户通过发展产业、开展环境整治等活动赢取积分，并根据积分在"爱心超市"兑换生产生活用品等，调动贫困群众依靠双手勤劳致富的积极性，享受积极劳动带来的幸福感与收获。截至2019年，已有26000余户次贫困户兑换积分，受到了贫困群众的广泛好评。同时，淳朴的乡风使得乡邻和睦，红白喜事大操大办的事情鲜有发生，乡风文明建设取得重大成效。

三、脱贫攻坚的溢出影响

随着石城县脱贫攻坚的逐步见效，石城作为一个正在崛起的新城，它的知名度在不断提升，它的影响力也在日益扩大。自2014年以来，石城先后获得省级以上重要荣誉43项，其中国家级荣誉26项，占所有项目比重的60%以上；承办省级以上工作会议20多个，各项工作在全市常态进入"第一方阵"，被评为省、市科学发展"三项综合考评"先进县，实现荣誉奖励的"大满贯"。经过不断努力，石城县成功被纳入"瑞兴于"经济振兴试验区"3+2"范围，争取瑞金至南丰城际铁路取道石城并设站取得实质性进展，直达泉州港、对接海上丝绸之路的大通道有望尽早打通，不断加大了石城与其他省市直接的联系，为迈向国际走出了关键性的第一步。石城县发展后劲持续增强，一个充满朝气、充满希望的新石城将逐步展现在世人面前。

从过去的落后到今日的成就，石城县的发展充分振奋了石城县人民的信心，更加坚定了中国特色社会主义的道路自信、理论自信、制度自信和文化自信，为党和人民树立了极好的模范榜样。同时，石城县的成功脱贫还体现了中国特色社会主义道路的正确性、社会主义制度的先进性，为全面建成小康社会以及建设社会主义现代化国家起到了推波助澜的作用。

第三章

嵌入式创新：石城县脱贫
攻坚的主要经验

　　脱贫攻坚开展以来，在国务院扶贫办的对口支援与省委、省政府和市委、市政府的正确领导下，石城县坚持按照"核心是精准、关键在落实、实现高质量、确保可持续"要求，下足"绣花"功夫，创新扶贫举措，狠抓责任落实、政策落实、工作落实，脱贫攻坚取得了决定性进展，长效增收机制基本形成，农村基础设施和公共服务配套更加完善，乡村面貌明显改观，群众幸福指数大有提升。全县未脱贫人口由 2014 年的 39187 人下降至 2018 年底的 2222 人，贫困发生率降至 0.81%；29 个"十三五"贫困村全部退出。2018 年，全县农民人均可支配收入达 9573 元，较上年增长 13.5%，高出全国 4.7 个百分点，增幅列江西省第一。全国"互联网+"社会扶贫工作现场推进会、全国贫困村创业致富带头人培训班相继在石城县召开。2019 年 5 月 22 日，国务院扶贫办党组书记、主任刘永富莅临石城县调研指导，对石城县脱贫攻坚工作给予了充分肯定，并高度赞扬了石城县创新推广中国社会扶贫网与创业致富带头人培育工作。

　　回首石城扶贫脱贫攻坚历程，历届县委县政府高度重视扶贫开发工作，一以贯之谋发展，一张蓝图绘到底，尤其是在精准扶贫脱贫攻坚阶段，县委县政府扶贫开发领导小组、脱贫攻坚指挥部的组织架构更加坚强有力、科学清晰优化，组织保障深入到位，人才干部精干能干，资金拨付到位高效，创新组织经验扎实有效。扶贫开发工作责任重大，打赢脱贫攻坚战，全面建成小康社会意义深远。石城县脱贫攻坚主要经验和成效来之不易，离不开国家各项政策的支持，离不开县委县政府坚强领导，更离不开全县干部群众的同心同力同德同向。本章侧重介绍石城县脱贫攻坚治理实践框架梳理，总结其脱贫攻坚以来组织架构、组织保障、政策支持、正负向激励机制等经验做法，以期为其他地区减贫工作及实施乡村振兴战略带来启示，也为以后减贫战略贡献可复制的经验做法。

第一节 统揽全局·内外合力
——嵌入式的扶贫理念

一、统揽全局

贫困的成因是非常复杂的，有历史因素，也有现实因素；有自然因素，也有人为因素。因此，扶贫就像中医看病，号不准脉，就下不准药，治不好病。精准扶贫就是要把好致贫原因的脉，开好治贫的药方。精准规划，精当统筹，精细操作成为石城县扶贫工作的一大亮点，而精准的背后却是基于对地方的详细了解与准确把握，并由此形成嵌入地方传统的扶贫理念。习近平总书记强调，"脱贫攻坚任务重的地区党委和政府要把脱贫攻坚作为'十三五'期间头等大事和第一民生工程来抓，坚持以脱贫攻坚统揽经济社会发展全局"①。

石城县是罗霄山脉集中连片特困县，贫困人口占比大、贫困发生率高、脱贫任务重，为深入贯彻习近平总书记的重要指示精神，全面打赢脱贫攻坚战，确保如期实现脱贫目标，石城县结合县情实际，以脱贫攻坚统揽经济社会发展全局。石城县把脱贫攻坚作为最大的政治责任和第一民生工程，以脱贫攻坚统揽经济社会发展全局，推动思路向扶贫聚焦、人力向扶贫集中、资金向扶贫倾斜，以"一边倒"的

---

① 《习近平谈治国理政》第二卷，外文出版社2017年版，第86页。

态势打好打赢脱贫攻坚战。紧扣"2018 年脱贫摘帽"目标统筹发展，思路始终围绕脱贫转。在充分考虑石城区位优势、产业基础以及经济发展水平等情况的基础上，经深入调查调研、广泛征求意见、多方分析研判，明确提出"2018 年提前脱贫摘帽、2020 年实现全面小康"思路目标，编制了《石城县"十三五"脱贫攻坚规划》，做到思路聚焦、力量聚合、资源聚集，确保想问题、作决定、抓落实始终以是否有利于脱贫攻坚为标准、全县各项工作始终围绕脱贫攻坚转。并将扶贫开发与县域经济发展有机结合起来，这与中央提出的"区域发展带动扶贫开发、扶贫开发促进区域发展"的新要求完全一致。

石城县用"区域发展带动扶贫开发，扶贫开发促进区域发展"的思路，按照精准帮扶建档立卡贫困村、贫困户的要求，将精准扶贫与县域发展有机结合起来，统筹考虑减贫脱贫和县域发展目标、政策的谋划、措施的协调、任务的落实的统一，规划实施一批直接改善贫困地区生产生活条件、提高基本公共服务水平和帮助建档立卡贫困户脱贫致富的重点项目。发展有比较优势和后发优势的特色县域经济。立足市情与资源优势，根据国内外市场需求变化的趋势，制定好扶贫当前、中期及长远规划，并一以贯之地严格执行，努力打造特色县域经济。大力提高县域知名度和影响力，加大对扩大招商引资和加快县域经济发展的直接推动作用。实施大开放与城镇化带动战略。坚持以人为本，为投资者提供优质的服务环境。实施城镇化带动战略，着力加强城镇基础设施建设，提高城镇的品位与内涵。城镇化建设要防止出现盲目圈地、无序发展的状态，要坚持以规划为先导，以烟、莲、菜等产业发展为支撑，通过市场运作与建管相结合推动县域经济快速发展。不断优化县域经济发展环境。加强干部队伍建设，造就一支适应市场经济的高素质干部队伍，坚持一个好思路一抓到底的做法，保持经济发展的持续性。

为此，石城县建立了如下的扶贫举措。如创新利益联结机制，实施烟莲菜扶贫群、旅游扶贫群、光伏扶贫群、电商扶贫群、车间就业扶贫群、创业致富带头人帮扶群等六大产业就业扶贫群，通过发展产业、带动就业，全面提升扶贫实效。创新网络应用技术，扎实开展社会扶贫，构建四大帮扶体系，全国"互联网+"社会扶贫工作现场推进会在石城成功举办。全面落实教育、健康、安居与兜底保障扶贫政策。创新志智双扶机制，充分利用爱心超市作用，激发贫困户脱贫内生动力。同时，石城县高度重视，尽锐出战聚焦精准。因地制宜提升脱贫质量，坚持因类、因户、因贫困原因施策，兼顾脱贫人口，进行分类扶持，以实现高质量脱贫；着眼长远，巩固脱贫成效与乡村振兴有机衔接。

二、内外合力

习近平总书记在中央扶贫开发工作会议上指出，"脱贫致富终究要靠贫困群众用自己的辛勤劳动来实现。没有比人更高的山，没有比脚更长的路。要重视发挥广大基层干部群众的首创精神，让他们的心热起来、行动起来"[1]。十九大报告提出，"要动员全党全国全社会力量，坚持精准扶贫、精准脱贫，坚持中央统筹省负总责市县抓落实的工作机制，强化党政一把手负总责的责任制，坚持大扶贫格局，注重扶贫同扶志、扶智相结合"[2]。贫困村和贫困户是精准扶贫的主体，扶贫规划千万不能离开这个群体。贫困户期盼什么、需要什么，他们最清楚。因此，要想打赢脱贫攻坚战，必须将外力与内力有机结合起来，特别是要发掘、激发群众的内生动力，克服"等靠要"、安于贫困、不思进取和"等人送小康"的消极心态，点燃求富、求荣、求美、求变的致富激情，通过自力更生、艰苦奋斗，最终实现脱贫致富的美好梦想。

---

① 《习近平谈治国理政》第二卷，外文出版社2017年版，第86页。
② 《习近平谈治国理政》第三卷，外文出版社2020年版，第37页。

石城县清醒地认识到，要拔掉穷根保证不再返贫，光靠产业和机制还远远不够，还要培育起贫困地区群众可持续的致富动力。动力包含两个方面，一方面是内因问题，就是"志"、"智"的问题；另一方面是外因，即"帮扶"的动力问题。从某种意义上来说，"志"和"智"也是脱贫致富的最根本问题，是起决定作用的内因。因此石城既积极争取中央到各级各地对石城脱贫攻坚支持和厚爱，又勒紧裤带，挤出财力来扶贫。石城积极争取上级各项支持，积极争取社会各界支持，积极拓宽扶贫渠道。

在具体的项目运作上，鼓励贫困农户参与扶贫项目运行，在扶贫对象确认、扶贫需求评估、扶贫项目选择、扶贫项目实施和扶贫项目监测等各个环节全面提高贫困农户的参与度，使之能够充分表达利益诉求，变被动扶助为主动参与。同时，通过政府购买服务等多种形式，鼓励和引导社会组织参与扶贫开发，带动贫困地区发展。强化城乡要素市场体系建设。全面推进农村产权制度改革，依托有利的土地政策加快推进农村土地流转市场建设。进一步消除城乡要素双向流动的阻碍，激励城市资本、技术与贫困地区的土地要素相结合，形成持续性的贫困地区内生发展动力。探索扶贫资金的专业管理模式。在符合条件的地区试点，政府负责出资、指导和监管，农民组织或民间专业机构进行管理的模式，减少项目选择和运行过程中的行政干预，有效提高扶贫资金使用效率。

三、平衡协调

精准脱贫重视贫困对象的个体性和特殊性，更加强调通过差异化的帮扶政策提高扶贫资源配置效率，让更多资源向贫困群体集中。然而，在当前推进精准扶贫的具体实践中，一些地方由于缺乏对个体与整体关系的清晰认识，在扶贫政策执行过程中出现了过于强调福利"到户"、"到人"的个体化扶持方式和忽视贫困地区区域性整体条件的改善市场的问题，同时也带来新的效率与公平问题。把握整体与个体的辩证关系，是精准扶贫战略有效落实的基础和前提。

石城县在扶贫过程中，吃透精神，预先处理好整体与个体的关系，在保证有限的扶贫资源真正用于帮助贫困农户的同时，建立起有利于解决区域整体性贫困的制度环境，促进实现共同发展和合作脱贫。石城县重视贫困地区整体发展环境的改善，探索建立瞄准到户与整体帮扶相结合的贫困瞄准机制；适当放宽资金到户比例的要求，根据实际情况适度增大乡村基础设施建设项目资金所占比例，并有效吸引社会资本以多种形式参与贫困地区基础设施建设。

对此，石城县建立起农户之间的合作互助机制、利益协调机制，鼓励贫困农户自主合作、资源互补，鼓励先富户、脱贫户与贫困户之间形成合作。例如，在屏山镇新富高标准蔬菜扶贫基地实施贫困户利益联结的方案，试图以外来农业企业培育本地农户，并由此带动贫困户与非贫困户之间的合作，形成发展的整体与个体协调问题。同时建立起覆盖贫困户与非贫困户的医疗保障措施，以此来防范个体因病致贫的风险。

四、先行先试

有了国扶办的指导，石城县在许多做法上既具有前导性又具有可行性。例如，石城县以国务院扶贫办推广中国社会扶贫网石城上线为契机，健全需求对接机制与多方联动机制，用活爱心帮扶、扶贫众筹、电商扶贫、扶贫展示与扶贫评价五大平台，构建完善"一对一"、"一对多"、"多对一"、"多对多"四大体系，凝聚多方合力共同参与扶贫。截至 2019 年，全县贫困户发布需求 57980 个，爱心人士对接 54935 个，对接成功率近 95%。140 余家企业捐赠资金物品 3500 余万元，实现捐赠对接全覆盖。

此外，石城县培养创业致富带头人的"千人铸造计划"在实施过程中不但具有创新性更具有先导性。习近平总书记指出："扶贫不是慈善救济，而是要引导和支持所有有劳动能力的人，依靠自己的双手开创美好明天。"①石城县审时度势、先行先试，出台了《石城县创业致富带头人培育管理办法》，计划从 2017 年开始，3 年培育 1000 名创业致富带头人。通过创业致富带头人的带领作用，以"一对一"、"一对 X"的形式帮带贫困户发展产业，使贫困户在产业发展过程中信心更足、技术更牢、市场更宽，达到脱贫目标。石城县坚持"四强"原则，即政治思想强、创业意愿强、创业基础强、带领能力强，从村"两委"干部、农民专业合作社负责人、农村党员、退伍军人、农村经纪人、种养大户等对象中挑选，经过村、乡（镇）、县三级联审后，优先成为培育对象。截至 2019 年，石城县已培育创业致富带头人 1043 名，其中党员 129 名、村组干部 315 名，这些为石城县的脱贫工作以及未来的乡村振兴工作夯实了人才基础。

第二节　上下一体·层级负责
——嵌入式的工作机制

一、自上而下的高效工作机制

在组织结构层面的体制嵌入。组织结构设计的体制嵌入指的是组织中各单位之间的结构性联系，包括组织中各单位的联结方式、联结所依靠的组织运行制度的安排等。在精准扶贫政策基层执行过程中，中央政策能否顺利通过层层政府组织性过滤到达基层社会，关键在于

---

① 中共中央党史和文献研究院编：《十八大以来重要文献选编》（下），中央文献出版社 2018 年版，第 40 页。

第三章 | 嵌入式创新：石城县脱贫攻坚的主要经验

相应的组织结构保障。为了精准扶贫政策的有效落实，从中央到地方都出台了一系列加强层级、部门之间沟通合作的嵌入机制，通过构建有效的网络联系和过程，以支持信息在群体内部和群体之间的流动，从而提高扶贫政策落实的有效性。

石城县先后出台了《关于全面打赢脱贫攻坚战的实施意见》、《关于深入贯彻习近平总书记扶贫开发战略 以脱贫攻坚统揽经济社会发展全局的实施意见》、《石城县脱贫攻坚成果巩固提升三年行动实施意见》等政策文件以及系列配套文件，把思想和行动统一到习近平总书记关于扶贫工作的重要论述上来，以"1+1+N"的形式完善目标体系、政策体系、责任体系与工作推进体系。在此基础上，紧扣脱贫攻坚制定全县目标管理考评办法，将乡镇脱贫攻坚工作的考核权重提高到60%以上；严格落实干部提拔重用"负面清单"，对脱贫攻坚落实不力的乡镇和部门实行"一票否决"，对未按期完成脱贫攻坚任务、群众不满意的村党组织第一书记和驻村工作队员，及时约谈或召回，三年内不得提拔重用。

坚持脱贫攻坚党政"一把手"负总责制，成立以县委书记为组长的高规格落实中央脱贫攻坚政策的小组，建立健全县委常委会、县政府常务会和县精准扶贫工作领导小组定期研究调度脱贫攻坚工作机制，全面落实脱贫攻坚"书记工程"，形成县、乡、村"三级书记抓扶贫"工作格局。在此基础上，建立建强脱贫攻坚"包村指挥长"队伍、县乡村三级扶贫队伍、驻村帮扶队伍、调研指导队伍、社会扶贫队伍等五支队伍，实现了全员扶贫、尽锐出战。

为了便于平日里扶贫工作的总结，石城县建立县精准扶贫微信群、QQ群工作交流平台。县级管理员通过该平台及时传达上级会议与文件精神，发布最新工作部署与工作动态，以便乡（镇）可及时领会与掌握；乡（镇）分管领导、乡（镇）社会扶贫专干与村级管理员通过该平台及时反馈工作进展以及工作推进过程中遇到的困难和问题，可通过图片、视频等影像资料直观反映；县级管理员收集并梳

·103·

理归类后及时反馈至上级相关部门和系统客服人员，以尽快研究获取解决之法，顺利推进工作。

此外，石城县充分利用"江西社会扶贫网"微信群平台。县级管理员通过该平台及时将日常工作中遇到的困难和问题与线上专家和其他县市沟通探讨，相互借鉴、相互学习，共同提高。比如，为了更简便地掌握社会扶贫 APP 操作程序，石城县专门制作了《社会扶贫 APP 操作流程（简化版）》，尽可能把操作简单化、通俗化，让广大贫困群众和结对帮扶干部一看便知、一用便会，并将该流程发布至群里共同分享，为其他县市推进 APP 操作提供了可学习、借鉴的经验。

石城县还建立各种工作制度强化责任与激励，以形成高效的工作机制。例如，出台了《石城县县派单位精准扶贫驻村工作队管理办法（试行）》，从制度上明确驻村工作队员的职责、驻村时间、请销假流程、队员调整更换流程、考核奖惩办法以及工作保障，驻村工作队管理统一化、规范化、制度化。2017 年，出台了《关于进一步明确村党支部第一书记和常驻工作队工作任务的通知》强调驻村工作队人员选派一定要到位、驻村时间一定要保证、工作任务一定要落实、支持措施一定要兑现、管理考核一定要严格，进一步从政策、制度层面完善了驻村工作队管理细则，确保工作有序进行。

又如建立"扶贫工作日"制度。每周设立"扶贫工作日"，明确工作内容，县委书记、县长带头示范，其他县四套班子领导亲力亲为，各乡镇、各单位主要领导主动督战，组织全体帮扶干部下到村组、深入贫困户家中，做实做细结对帮扶工作，并组织参与农村环境整治、空心房整治以及产业发展调研等工作，全面提升群众满意度。

二、上下一体的联动工作机制

为顺利完成扶贫攻坚任务，国家设立了扶贫小组与日常行政机构互嵌合作的高度动员式组织网络。（1）严格的组织层级扶贫目标任务责任制。从 1996 年开始，中央政府决定各项扶贫资金下达到各省区市，实行扶贫资金、权力、任务、责任"4 个到省区市"。为应对精准扶贫的战略部署要求，2015 年 11 月发布的《中共中央、国务院关于打赢脱贫攻坚战的决定》中指出，扶贫开发任务重的省（自治区、直辖市）党政主要领导要向中央签署脱贫责任书。2016 年 2 月，中共中央办公厅、国务院办公厅颁布《省级党委和政府扶贫开发工作成效考核办法》，进一步加大扶贫工作考核力度。（2）横纵联合的组织嵌套机制。在纵向组织层级看，从中央政府到各级地方政府，建立了一个上下对口、整体联动、人员稳定、职责专属的庞大扶贫机构，即从国务院扶贫办公室到省、市、县扶贫办，乡镇设扶贫专干。从横向组织间协调机制看，从中央到地方各级政府都建立由主要领导带头管理的跨部门扶贫开发领导小组。各层级的扶贫开发领导小组主要负责组织调查研究，拟定扶贫地区经济开发的方针、政策和规划，协调解决开发建设中的重要问题，督促、检查和总结交流经验。这种议事协调机制与科层制相互嵌入合作的组织结构充分保障了精准扶贫政策落实所需的资金、人员、机构等物质基础。在此机制运行下，我国扶贫领域取得了举世瞩目的成就。然而，这种横纵联合的组织嵌套机制也面临一些矛盾和难题。这种以小组机制嵌入日常科层组织的体制常常以运动型治理的方式解决结构性贫困等大难题。

县、乡、村三级联动，各帮扶单位充分发挥单位、行业人才、资金、技术、项目多方面的优势，结合自身特点及挂点村工作实际，科学制定扶贫专项规划，充分发挥部门职能优势，加大扶贫力度，扎实推进全县脱贫攻坚工作。组织全县结对帮扶干部全面摸清贫困户家庭情况，找准致贫原因，掌握劳动力就业与产业发展实际情况。在此基础上，研究制定针对性强的扶贫政策，将帮扶措施细化为产业、搬迁、教育、就业、保障、金融等方面，因户施策制定帮扶规划、年度扶贫计划以及巩固提升计划等，有的放矢开展帮扶，精准到村到户。

例如，针对有意向发展产业的对象，出台产业奖补政策，并通过合作社联系落实技术指导服务，引导发展烟、莲、菜以及其他特色产业等，2016—2019 年共发放产业奖补资金 1865.78 万元，惠及有劳动能力的贫困户 2.63 万户次；针对缺资金致贫的贫困对象，引导贫困户通过金融贷款解决资金难题，截至 2019 年，全县累计发放"产业扶贫信贷通"8.9 亿元，贫困户的有效信贷需求得到较好满足；针对因病致贫的对象，进一步加大健康扶贫力度特别是家庭医生的签约跟踪服务；等等。

石城县始终坚持精准方略，咬定"脱贫摘帽"目标，围绕"扶持谁、谁来扶、怎么扶、如何退"等关键问题，严格标准程序，全面推进精准识别、精准帮扶、精准退出等工作落到实处、取得实效。创新识别程序，严禁国家公职人员、经商办企业人员、好逸恶劳人员等八类人员进入贫困行列，严格按照"农户申请—组级评议—组级公示—村级评议—村级公示—乡镇审核—村级公告"七步程序审议评定对象条件。在此基础上，完善精准识别"回头看"机制，严格按照"七种情况一票否决，四种情况从严甄别"审核标准，先后多次开展"回头看"，全覆盖逐户核查、大数据逐个比对，对不符合贫困户评定条件的及时清除，将因天灾人祸等突发性事件导致家庭贫困的按程序纳入，确保了应纳尽纳、应退尽退。全面推行"五个一"标准（一橱一盒一档一卡一照片），整体提升建档立卡水平。

严格按照"预定退出、精准扶持、调查摸底、民主评议、入户核实、退出公示、批准退出"的"七步法"程序开展脱贫退出工作，特别是印制脱贫攻坚贫困户登记证、帮扶记录本、帮扶干部手册以及《贫困户家庭收入确认公示表》，准确、详细记载贫困户基础条件、享受政策、产业状况、收支情况等，让脱贫攻坚有一本明白账，进入退出有根有据。同时，定期组织开展大调研大督导，并由行业扶贫单位协调乡镇定期排查，一项一项核实，一个一个解决问题，全面解决"两不愁三保障"问题。在此基础上，重点抓好贫困户退出的公告公示，通过县级网站，乡、村两级微信群以及村委会公示栏等平台，公开贫困对象退出名单，全面接受群众监督，确保退得准确、退得真实。

第三节　将军奋勇・三军用命
——嵌入式的扶贫队伍

一、将军奋勇

习近平总书记强调，脱贫攻坚越到最后越要加强和改善党的领导。各级领导干部一定要多到农村去，多到贫困地区去，了解真实情况，带着深厚感情做好扶贫开发工作，把扶贫开发工作抓紧再抓紧、做实再做实，真正使贫困地区群众不断得到真实惠。同时要把夯实农村基层党组织同脱贫攻坚有机结合起来，选好一把手、配强领导班子，特别是要下决心解决软弱涣散基层班子的问题，发挥好村党组织在脱贫攻坚中的战斗堡垒作用。各级党政机关要积极向贫困地区选派干部，向贫困村选派第一书记和驻村工作队，让干部在脱贫攻坚中锻炼成长。坚持党的领导是我国扶贫事业取得实质性突破和历史性跨越的根本保证。石城县切实把握两个关键环节，首先切实加强组织领导，领导干部奋勇当先，积极承担起相应的扶贫责任；其次，选派优秀的干部到基层挂职锻炼，尽锐出战，强化扶贫责任意识与勇敢担当意识。由此，石城县自上而下地形成了层级负责、将军奋勇、三军用命的扶贫队伍机制。

精准扶贫的真正对象是人，是贫困户。扶贫政策精准落实的关键要素不是财政支出的扶贫款项或者与其相对应的一套分配政策或程序，而是其执行主体。精准扶贫的执行主体是各级扶贫办的工作人员、"驻村干部"、贫困村的支部书记、村长等。这些执行主体的素质以及彼此之间的嵌入性关系的处理是扶贫政策落实的关键要素之一。

基层政府与乡村社会互嵌协商机制。协商机制是政府与社会关系互动的重要连接点，通过自上而下、由内而外的组织体系，政府主导公共资源的流向与配置，实现对社会行为的有效干预。虽然乡村社会的"自治"传统和乡土逻辑一定程度上给予了乡村阻碍国家渗入的力量，但在实际公共资源再分配过程中，国家干预的时机与结构环境仍会影响"乡村力量"组织策略与行动偏好的选择，如抵制、合作以及依附等。作为互动的主体，不仅相互嵌入，而且深深地嵌入与其所处的结构环境之中。基层政府精准扶贫的目标实现有赖于嵌入式的互动。基层政府通过改变政策、改变行为和改变规范等一系列适当的制度安排的方式，来影响和左右"乡村力量"的行为。

制度嵌入主要是指将选派驻村干部工作机制从顶层宏观设计层面嵌入基层村庄治理中，为此构建起全面系统的制度体系，确保嵌入式治理的有效性，保障选派驻村工作落到实处。石城县建立起制度性嵌入的领导机构。县委、县政府高度重视，全面落实中央脱贫攻坚政策，定期召开县委常委会、县政府常务会、县四套班子会、县精准扶贫工作领导小组会以及县委理论学习中心组学习会议，及时传达学习习近平总书记关于脱贫攻坚工作的最新批示指示，以及中央第十一巡视组对江西省开展脱贫攻坚专项巡视工作反馈会议精神等，研究部署推进整改工作。例如，2018年2月1日，县委、县政府领导班子分别召开民主生活会暨省委第六巡视组巡视反馈意见专题民主生活会；3月底，县委领导班子、县政府领导班子，以及县精准扶贫工作领导小组成员单位又组织召开巡视整改专题民主生活会，深刻剖析根源，从严对照检查，主动认领问题，提出整改措施，履行整改责任。

挂点县领导牵头组织，调动各方主动性与能动性，每月深入挂点乡镇、村2次以上，每月组织乡镇召开脱贫攻坚调度会，指导开展脱贫攻坚工作。乡镇党委书记、乡（镇）长带头抓好乡镇脱贫攻坚工作，紧盯脱贫攻坚任务清单，建立工作台账，倒排工期，挂图作战，强力推进。压实乡镇包村领导责任，建立完善乡镇包村领导牵头、村第一书记、驻村工作队（含驻村干部）、村"两委"干部组成的村级脱贫攻坚组织体系。乡镇包村领导、驻村干部与村第一书记、驻村工作队同管理、同考核。帮扶单位"一把手"发挥带头作用，每月深入挂点村 2 次以上，监督、管理和指导派驻村第一书记、帮扶干部履行好帮扶责任。帮扶干部帮助贫困户制定符合实际的脱贫规划，协调解决存在的困难，提高群众脱贫致富能力；逐户建立脱贫工作台账，制定工作措施，协调落实政策，确保贫困户可持续、稳定脱贫。

为精准帮扶贫困户脱贫致富，石城县下派驻村工作队 148 支，结对帮扶干部 3257 人，采取"76543"结对帮扶贫困户方式，即：县四套班子主要领导帮扶 7 户贫困户，其他县级领导、县直（驻县）单位、乡镇党政主要领导帮扶 6 户贫困户，科级干部与后备干部帮扶 5 户贫困户，一般干部帮扶 4 户贫困户，单位工勤人员帮扶 3 户贫困户，实现贫困户结对帮扶全覆盖。同时，建立党政"一把手"负总责的扶贫工作责任制，健全县、乡、村三级责任体系，层层签订责任书，层层传导压力，各级干部沉下身心，深入调查走访，号准"穷脉"、找准穷因，因户制宜绘好"路线图"，切实将脱贫计划细化到组到户到人。

在县级层面，石城县实行"一日双调度制"，规定每天的 9:30 和 18:00 为通报时间节点。第一个时间节点，由县级管理员将后台数据导出并排名，形成数据统计"日调度表"报县委、县政府分管领导，并在全县精准扶贫工作群通报，乡（镇）根据通报情况确定当日的工作目标；第二个时间节点，县级管理员再次导出后台数据，结合乡所定工作目标进行排名，并要求未完成任务和排名后 3 位的乡（镇）分管领导在全县精准扶贫工作群内作表态发言，限时完成剩余任务。

在乡镇层面，将指标任务数分解到各驻村工作队，通过定期召开社会扶贫工作调度会，及时掌握各村工作进展情况。强化督促检查力度和督查结果的运用，及时解决工作推进过程中仍然存在的突出问题，对工作推进不力、问题整改不到位的予以全县通报批评，并在精准扶贫工作年终绩效考评中扣除一定的分值，对工作进展有力、表现突出的给予通报表扬，并酌情在精准扶贫工作年终绩效考评中予以一定的加分，使得全县上下形成你追我赶、不甘人后的竞争氛围，确保工作有力推进。

二、三军用命

脱贫攻坚战离不开各级扶贫干部辛苦付出。石城县在脱贫攻坚人才队伍建设上从干部包保队伍、选派帮扶干部队伍、村干部队伍三方面加强队伍建设，为全县脱贫攻坚提供强有力人才保障。

石城县实行"五支队伍"一边倒扶贫，人员始终围绕脱贫干。始终坚持脱贫攻坚党政"一把手"负总责制，建立健全县委常委会、县政府常务会和县精准扶贫工作领导小组定期研究调度脱贫攻坚工作机制，全面落实脱贫攻坚"书记工程"，形成县、乡、村"三级书记抓扶贫"工作格局。在此基础上，建强脱贫攻坚工作五支队伍，做到全员扶贫、尽锐出战，高位推动工作落到实处。

首先，石城县建立"包村指挥长"队伍。县委、县政府主要领导率先垂范，不但每人负责了1个贫困村，每人还负责了1个深度贫困村的脱贫攻坚工作，其中包括贫困程度最深的礼地村与赣江源村；其余贫困村和深度贫困村的指挥长则由其他县四套班子领导担任，县直单位主要负责人、乡镇党政主要领导则担任92个非贫困村的指挥长，牵头揽总负责所包村的脱贫攻坚各项工作。

实行县处级领导任所包贫困村或深度贫困村指挥长，优秀正科级领导任所包非贫困村指挥长，省、市驻县单位主要领导及乡镇挂村领导任副指挥长，全县共设立 132 个指挥长。变挂村为包村，由指挥长牵头揽总，对所包村的精准识别与退出、干部帮扶、项目建设、产业发展、政策落实、环境整治、乡风文明以及群众满意度等工作全过程负责，统一调度村"两委"干部、第一书记与工作队、驻村干部和帮扶干部，凝聚一切力量推动脱贫攻坚工作。

其次，石城县建立县乡村三级扶贫队伍。按照脱贫攻坚是首要政治任务的原则，石城县坚持特事特办，增设县扶贫服务中心，县级扶贫机构队伍达 31 人；设立乡镇扶贫工作站，按乡 3 名、镇 4 名标准配备事业编制；完善村级扶贫工作室建设，按每村 1 人的标准配备 132 名村级扶贫专干，强化县、乡、村三级扶贫攻坚力量。选派工作队驻村是推动精准扶贫的一项重要举措，自实施精准扶贫方略以来，习近平总书记多次强调在驻村干部的选派方面要实现"因村派人精准"。与此同时，中共中央、国务院及相关部门颁布实施的一系列政策措施，也涉及选派驻村工作队到村参与精准扶贫工作的安排与部署。选派驻村工作队，是加强一线扶贫工作力量的有效举措，是打赢脱贫攻坚战的重要保障，是我国政治优势和制度优势的生动体现。

石城县在选派工作队员时，统筹考虑了年龄、学历、特长、知识结构等多种因素，将县城投集团、省金融控股集团等经济部门人员选派至产业发展薄弱村，将县委组织部等组织部门人员选派至党组织软弱涣散村，将县公安局、县法院、县检察院等司法部门人员选派至治安基础薄弱村，将年轻后备干部、农村工作经验丰富的干部、驻村工作热情高昂的干部选派至重点贫困村，将好钢用在真正需要使用的刀刃上，防止出现"在单位里是闲人，下去后是局外人，回来后成为边缘人"的问题。

第三，建强驻村帮扶队伍。将第一书记纳入县后备干部队伍管理，将最优秀、最能战斗的 132 名干部派到扶贫一线担任第一书记；统筹考虑单位职能与村情实际，确保驻村帮扶精准对接、结对帮扶成效显著。从县委组织部及退居二线的正科级干部中抽调农村工作经验丰富、工作积极性高、熟悉脱贫攻坚业务的领导干部组建4个调研指导组，常态化下基层开展脱贫攻坚调研指导，推动工作落到实处。

上述举措在一定意义上实现了所谓的关系型嵌入。关系嵌入是驻村工作队嵌入乡村治理的关键，如果只有宏观层面的制度嵌入，没有微观层面的关系嵌入，则制度性规定的政策就会流于形式，因此，驻村工作队面对情况复杂的农村，开展扶贫工作需要发挥自身的积极能动性。工作队作为一方主体嵌入村庄贫困治理，实质上是驻村干部与村庄各阶层以及村庄内外资源的互动关系，驻村工作队首先应基于村庄权力结构的特性，深入其中寻找国家权力和基层社会的契合点，其次还需要从驻村干部个人的关系网络来挖掘社会资本（社会资本此处指广义上的特殊资本形态，即人们的社会关系网络之中潜在的可以动员和利用的各种资源，包括物质资源、人力资源，甚至是权力资源、信任资源和规范资源等）。

通过关系嵌入的形式培育社会资本，提高村庄内部治理能力，使国家与乡村之间得以实现有效的衔接。

第四节　因地制宜·取材传统
——嵌入式的扶贫举措

一、夯实基础·就地取材——"3+X"产业扶贫模式

产业扶贫是打赢脱贫攻坚战的可靠保障，是完成脱贫目标任务的重要基础和根基。国家在提出精准扶贫战略以来，陆续出台了多项政策来促进贫困地区脱贫，产业扶贫作为"五个一批"促进脱贫的重要举措之一，被认为是促进贫困地区和贫困人口脱贫的根本途径。产

业扶贫主要是指通过扶持产业发展推动地方经济增长方式的转变，并建立起贫困人口参与产业发展的益贫机制，从而形成带动贫困人口摆脱贫困的一种扶贫路径。产业扶贫需要解决的核心问题在于如何从农业生产层面对小农生产逻辑进行全面改造和重塑，即实现从"为生存而生产"向"为市场而生产"转变。自20世纪80年代提出开发式扶贫减贫路径以来，产业扶贫就已经被应用到了各地的扶贫开发工作当中，经过多年的发展，地方政府似乎在扶贫实践中逐渐达成这样一种共识：即发展产业是脱贫致富的关键。尤其是在国家实施精准扶贫战略以来，产业扶贫更是被作为"五个一批"促进脱贫的重要举措被推到了前台。

2019年7月15日，习近平总书记在内蒙古自治区赤峰市喀喇沁旗河南街道马鞍山村调研时强调，产业是发展的根基，产业兴旺，乡亲们收入才能稳定增长。要坚持因地制宜、因村施策，宜种则种、宜养则养、宜林则林，把产业发展落到促进农民增收上来。

为此，石城县不断开展产业扶贫实践，积极探索产业扶贫的新做法、新模式和新路径，力求寻找到一条适合本地区自然地理环境、市场发育环境和人力资本条件的产业发展道路，并涌现出了基于资源传统与产业基础具有可持续性增强"造血"功能的"3+X"模式产业扶贫之路，这为减贫的"中国方案"和"中国经验"提供了丰富的素材。石城县把产业扶贫作为稳定脱贫的根本之策来抓，依托主导产业优势，建立完善"3+X"产业扶贫模式（"3"指吸纳贫困户参与"烟、莲、菜"产业增收；"X"指选择参与特色种养产业增收），带动贫困户发展产业或通过土地、资金入股与劳务用工等方式参与，实现产业扶贫全覆盖。

依托当地资源，石城县大力发展白莲、烟叶、薏仁等特色致富产业，并为每户贫困家庭提供3000元（贫困村贫困户每户4000元）产业扶贫资金，通过"合作社+贫困户"运作模式，让贫困户通过加入合作社获得收益。截至2019年，石城县发展各类农业合作社335个，

1万多户贫困家庭加入合作社。

同时石城县还推行"政策奖补+基地示范+合作社组织+保险兜底"模式，做优烟、莲传统主导产业。2019年，全县种植白莲9万亩、烟叶2.55万亩；大力推广"蔬菜企业+合作社+贫困户""433"产业扶贫模式，即在钢架大棚的经营方面，按照40%基地示范经营、30%返租给种植能手、30%无偿租给贫困户种植模式，全县蔬菜种植已达3.5万亩，带动3000余户贫困户增收。同时，鼓励发展油茶、脐橙、薏仁、翻秋花生等特色产业，面积分别达12.7万亩、3.1万亩、6000亩、2000亩；引导发展山地鸡、水产养殖等特色养殖业，山地鸡养殖已达50万羽。

此外石城县依托建设"全域旅游示范县"，带动乡村旅游提档升级，逐渐形成"景区带动型"、"农旅融合型"、"节事民俗游型"等三大乡村旅游扶贫模式，打造了大畲、旺龙湖、麒麟山庄等乡村旅游点，带动1900余户贫困户通过自主创办农家乐、民俗风情表演、导游等方式增收。

石城县与苏州协鑫新能源公司合作投资4.5亿元建成60MW地面集中光伏电站；利用赣江源农业发展有限公司平台投资3.96亿元建成88个共计56.54MW村级联村光伏电站。光伏扶贫收益资金全部划入村集体，由村集体统筹用于公益性岗位人员工资、产业发展奖励、乡风文明奖励、爱心超市运营、深度贫困人群保障等支出。推进电商扶贫。引进阿里巴巴、京东、邮政等一线品牌电商企业，通过"电商企业+电商服务站+贫困户"、"电商企业+合作社+贫困户"模式，帮带3000余户贫困群众通过电商平台销售白莲、翻秋花生等农特产品增收。

总之，立足当地实际，以合作社为主力军，用产业项目带动扶贫，充分利用资源唱好产业"致富经"，成为石城县扶贫攻坚最有效的利器。例如，琴江镇贫困户黄利宁养殖了100头生猪，在扶贫干部帮扶下，黄利宁加入华丰畜禽专业合作社，从合作社获得3万元免息贷款，同时获得技术培训、饲料供应等配套服务。在石城县，还有1

万多户贫困户像黄利宁一样，也加入了产业脱贫队伍。

二、人才保障·领燕先行——"千人铸造计划"

近年来，针对部分群众特别是贫困群众自我发展能力差问题，石城县做好脱贫攻坚与基层党建结合文章，全面铺开"千人铸造计划"，培育创业致富"带头人"。众所周知，产业是贫困户脱贫的核心力量。如何通过产业发展激发贫困户脱贫内生动力，是当前石城县脱贫攻坚必须解决的问题。经过深入走访调研了解到，贫困户自身产业发展愿望强烈，就是缺技术、怕风险。火车跑得快，还需车头带。石城县审时度势、先行先试，出台了《石城县创业致富带头人培育管理办法》，计划从 2017 年开始，3 年培育 1000 名创业致富带头人。通过创业致富带头人的带领作用，以"一对一""一对 X"形式帮带贫困户发展产业，使贫困户在产业发展过程中信心更足、技术更牢、市场更宽，达到脱贫目标。石城县坚持"四强"原则，即政治思想强、创业意愿强、创业基础强、带领能力强，从村"两委"干部、农民专业合作社负责人、农村党员、退伍军人、农村经纪人、种养大户等对象中挑选，经过村、乡（镇）、县三级联审后，优先成为培育对象。截至 2019 年，石城县已培育创业致富带头人 1043 名，其中党员 129 人、村组干部 315 人。

如何传授好"致富经"，是创业致富带头人培育的关键环节。石城县积极"走出去"，大胆"借外力"，探索形成三种培育模式。教授带学员，实行"1+11"模式，组织培训对象到国务院扶贫办贫困村创业致富带头人培训基地培训 1 个月，培训结束后，由基地安排创业导师继续对学员指导帮扶、跟踪服务 11 个月；师傅带徒弟，聘请18 名福建南安市的外地企业家和 40 名石城本地企业家担任创业导师，与培育对象实行"一对一"结对帮扶培训；组建石城县创业致富带头人协会，分行业分项目组建创业致富带头人互助小组，让创业成功的"大哥"对创业途中的"小弟"给予指导帮助。同时，为了让"领头雁"飞得更高、走得更远，石城县出台《石城县推进创业孵化基地建设工作方案》、《石城县支持农民工等返乡创业实施方案》，为创业者提供土地政策、税收优惠、品牌认证、科技创新等全方位的支持，为创新创业保驾护航。

培育创业致富带头人的根本目的，是要把贫困户绑在产业链上，带动他们增收致富。为此，石城县要求创业致富带头人签订帮带目标责任书，以就地就业、带动产业、引领创业、技术指导等形式，帮带不少于 5 户贫困户脱贫增收，帮带时间不少于 1 年。对评为 A 级以上的创业致富带头人给予经济奖励，优先推荐参与村"两委"换届和各级党代表、人大代表、政协委员选举。育好人后如何用好，关键在于找准切入点。石城县支持创业致富带头人通过租赁返聘帮带、乡村旅游协作、抱团合作帮带、电商代销帮扶、订单收购帮带、代养增收帮带六大模式，促进创业致富带头人与贫困户联动发展、同频共振，实现增收。

三、众人拾柴·集腋成裘——聚力社会扶贫

石城县围绕实现社会帮扶"人人皆愿为、人人皆可为、人人皆能为"的工作目标，一方面，实行"四级培训制"，切实提升干部群众系统操作能力，确保中国社会扶贫网 APP 充分发挥效益。一为县级管理员（县精准办社会扶贫专干）对乡（镇）精准扶贫分管领导进行培训；二为乡（镇）分管领导对村级管理员（村第一书记）进行培训；三为村级管理员对本村所有结对帮扶干部进行培训；四为结对帮扶干部上户对贫困户进行培训，手把手教授贫困户如何操作 APP，耐心细致地向贫困户宣传解释该 APP 功能，确保贫困户知晓率百分百，注册率百分百，使用率百分百。另一方面，推行"四级管理模式"，即县级管理员—乡（镇）分管领导—乡（镇）社会扶贫专干—村级管理员，切实强化责任分工、提升责任意识，确保社会扶

贫工作推进健康有序。县委、县政府认识到中国社会扶贫网是聚合各方力量的重要平台，是扶贫对象与社会爱心企业、爱心人士之间的沟通对接渠道，高度重视，全力推进。县精准办定期召开专题会议研究社会扶贫工作，下发《关于进一步做好社会扶贫工作的通知》，通知中明确推行"四级管理模式"和"四级负责制"，即乡（镇）社会扶贫专干对村级管理员进行管理，村级管理员对乡（镇）社会扶贫专干负责；乡（镇）分管领导对乡（镇）社会扶贫专干进行管理，乡（镇）社会扶贫专干对乡（镇）分管领导负责；县级管理员对乡（镇）分管领导进行管理，乡（镇）分管领导对县级管理员负责。逐步形成一级抓一级、层层抓落实的工作格局，为开展试点工作奠定坚实基础。"中国社会扶贫网"试点工作是社会扶贫的创新之举。石城县为解决在工作推进的过程中遇到的一些困难与问题，着力建好两个平台。通过加强各级管理员之间的沟通协调，共同商讨问题解决之策，确保"中国社会扶贫网"试点工作向前推进。

自 2017 年 3 月下旬中国社会扶贫网试点工作启动以来，石城县充分借助"互联网+扶贫"这个大平台，广泛集聚社会扶贫资源，深度凝聚各方合力，着力做好"四篇文章"，推动社会扶贫见实效。石城县充分利用社会扶贫网平台，动员社会力量广泛参与扶贫，鼓励支持民营企业、社会组织、个人共同参与扶贫开发，推进"百企帮百村"精准扶贫行动，确保社会扶贫资源与贫困户需求精准对接，积极开展社会扶贫网扶贫众筹行动，实现政府、市场、社会互动和专项扶贫、行业扶贫、社会扶贫联动。

第五节　总结与启示

嵌入式扶贫的嵌入主要包括两个方面，一方面是外部资源通过市场和社会机制嵌入贫困村，并内源化为贫困村、贫困户精准脱贫的新动力。随着产业资本"下乡"和社会志愿力量的介入，贫困村公共物品的外部供给主体从上级政府拨款的单一主体转变为上级政府、市场主体和社会公众的多主体联合供给。另一方面是充分发挥党建制度在贫困村公共产品供给中的积极作用，鼓励和引导党建制度在贫困村开展"名誉村长"活动，通过产业带村、项目兴村、招工帮村、资金扶村等形式，带强一批产业，带动一批项目，带活一批市场，带建一批基础设施。充分调动各方面社会资源参与扶贫，鼓励、动员党政机关、企事业单位和社会各界爱心人士捐款捐物资助贫困地区发展社会事业，激发社会慈善力量在贫困村公共产品供给中发挥更大更积极的作用。

通过梳理归纳总结石城经验，石城县脱贫攻坚坚持"嵌入式"创新思路，并在此基础上形成了嵌入式的扶贫机制与嵌入式的扶贫队伍，这种扶贫机制与扶贫做法是极富生命力与创造力的，在具体的设置上做到了因当地具体社会基础进行适度调整。这种扶贫机制与队伍建设充分考虑了本县的具体历史发展脉络与当下的社会现实。

在扶贫理念上，"统揽全局·内外合力"，既没有过度依靠外力也没有单打独斗孤军奋战，而是在强化内部机制的基础上，承接外力。在健全自身的前提下，有力转化外力成为内部发展的有力动力。在工作机制上，"上下一体·层级负责"，不单单是自上而下的科层制政令在维系着整个工作机制，更是下面反馈上面回应的联动一体机制使扶贫工作更具有灵活性。在对各个乡镇把脉的基础上，制定出各个乡镇的具体发展规划。在具体的扶贫工作实施过程中充分照顾到地方的实际情况，给予地方一定的活动空间与政策自由。

在干部队伍上，形成了"将军奋勇·三军用命"的嵌入式扶贫队伍。石城县属客家故里，因而有着较为深厚的客家精神传统，具体体现在与自然环境互动的过程中坚韧不拔、自力更生的顽强拼搏意志。这种精神特质又在近代革命时期以及新中国成立初期形成了独特的石城精神。这种精神又进一步融汇进扶贫队伍和脱贫攻坚的工作思路中。石城县在脱贫攻坚过程中，将帅一马当先，身先士卒，而下面的干部队伍也随之为脱贫工作拼搏奋力。如有的乡镇书记刚生完孩子七天就到现场抓实际的扶贫工作，挨家挨户地做具体情况了解，形成了真抓实干的工作作风。在具体的扶贫举措上更是做到了"因地制宜·取材传统"，既融汇中央的扶贫精神与做法指示，又充分吸纳本地区的新中国成立以来的历届扶贫举措，做到了历史性与现实性的延续，保证了扶贫工作的嵌入性。

石城县最大限度地基于当地产业经济基础和社会文化传统，因地制宜，因村、因户、因人施策，千方百计地探索多种嵌入式的扶贫举措，并在此基础上有所创新，积累了有生命力、可持续性、可复制的石城经验。概括其内在治理逻辑就是：统筹方向，搭建平台，发挥制度与人才功效。其他贫困地区也应结合地方特色，理顺治理运行机制，探索出适宜地方治理的机制，有力打赢脱贫攻坚战并实施乡村振兴战略。因此，在下一步的脱贫攻坚成果巩固与乡村振兴上应进一步发挥这种制度与机制优势，使其更具有能动性。

第四章

托住底线：嵌入民情的"两不愁三保障"扶贫群

2015 年 11 月，中央召开的扶贫开发工作会议明确，到 2020 年要"确保我国现行标准下农村贫困人口实现脱贫，贫困县全部摘帽，解决区域性整体贫困"。党的十八大以来，党中央把脱贫攻坚作为全面建成小康社会的底线任务和标志性指标，作出了一系列的重大部署。党的十九大之后，党中央把打好精准脱贫攻坚战作为全面建成小康社会的三大攻坚战之一。2019 年 4 月 15—17 日，习近平总书记在重庆考察期间主持召开了解决"两不愁三保障"突出问题的座谈会。他在座谈会上强调："着力解决'两不愁三保障'突出问题……各地区各部门要高度重视，统一思想，抓好落实。……我们要一鼓作气、越战越勇，为如期全面打赢脱贫攻坚战、如期全面建成小康社会作出新的更大贡献。"同时他强调："到 2020 年稳定实现农村贫困人口不愁吃、不愁穿，义务教育、基本医疗、住房安全有保障，是贫困人口脱贫的基本要求和核心指标，直接关系攻坚战质量。"[①] 由此可见，"两不愁三保障"是到 2020 年全面解决中国农村绝对贫困问题的核心指标，也是衡量到 2020 年能否全面建成小康社会的重要指标。因此，到 2020 年能否全面实现农村绝对贫困群体"两不愁三保障"的任务，对于全面打赢脱贫攻坚战和全面建成小康社会都有重大意义。

---

① 《习近平谈治国理政》第三卷，外文出版社 2020 年版，第 159 页。

第一节 "两不愁三保障"政策体系

"两不愁三保障"是指：到 2020 年稳定实现农村贫困人口"不愁吃、不愁穿"，"义务教育、基本医疗、住房安全有保障"。这是贫困人口脱贫的基本要求和核心指标，直接关系能否打赢脱贫攻坚战。2011 年，中国政府调整了贫困线标准，确定农村（人均纯收入/年）贫困标准为 2300 元，比 2010 年的 1274 元贫困标准提高了 80.5%。按照 2011 年提高后的贫困标准，党中央提出精准扶贫战略，并确定到 2020 年在现有的标准下实现全国脱贫摘帽，农村贫困人口不愁吃、不愁穿，农村贫困人口义务教育、基本医疗、住房安全有保障。2012 年以来，党中央明确将农村扶贫工作与全面建成小康社会相挂钩，从而将农村扶贫工作的地位提到了前所未有的高度。在农村扶贫开发工作的具体目标中，不仅强调依靠激发贫困群体的内生动力，通过发展产业带动脱贫，提高收入，而且将以"两不愁三保障"及基本公共服务均等化为主要内容的制度供给目标明确为消除农村绝对贫困的重要目标。实践表明，即使达到了脱贫的收入标准，在很多情况下，贫困群体依然会存在获取义务教育、基本医疗和住房安全的实际困难。因此，能否按照党中央的要求到 2020 年不偏不倚地实现消除农村绝对贫困的目标，重点取决于确保"两不愁三保障"目标的实现。

在"两不愁三保障"的目标中，由于收入目标体系已经涵盖了"两不愁"的内容，也就是说，一旦实现收入的增长，即可解决"两不愁"问题。从 2019 年全国脱贫攻坚战的成果来看，"两不愁"的目标已经基本实现，而"三保障"还存在不少薄弱环节。如：在义务教育保障方面，全国有 60 多万义务教育阶段孩子辍学，乡镇寄宿制学校建设薄弱，一部分留守儿童上学困难；在基本医疗保障方面，一些贫困人口没有参加基本医疗保险，一些贫困人口常见病和慢性病得不到及时治疗，贫困县乡村医疗设施薄弱，有的贫困村甚至没有卫生室和合格的村医；在住房安全保障方面，一些地方农房没有进行危房鉴定，或者鉴定不准；在饮水安全方面，全国还有大约104万贫困人口饮水安全问题没有解决。"三保障"和基本公共服务均等化问题成为脱贫攻坚战的重点。

基于此，石城县各部门都高度重视，统一思想，抓好落实。紧扣贫困户脱贫"两不愁三保障"标准，下足"绣花"功夫，创新扶贫举措，因村因户施策。如石城县不愁吃不愁穿的内涵不是吃饱的问题，而是安全饮水覆盖问题。始终聚焦"三保障"核心，坚持中央统筹、省负总责、市县抓落实的体制机制，全面落实教育、健康、安居与兜底保障扶贫政策，始终坚持现行脱贫标准，既不拔高，也不降低，而且在执行时一直都结合地方实情进行把握，没有一刀切。让所有贫困群众都能学有所上、病有所医、住有所居、困有所托。全面落实各项扶贫政策与帮扶举措，提升脱贫攻坚综合实效。下面将分别叙述石城县"两不愁三保障"的具体措施及成效，以及石城县是如何嵌入地方实情进行饮水安全工程项目建设和易地扶贫搬迁的。

第二节　兜底与预防结合：石城县"两不愁" 民政兜底扶贫群

在石城县贫困群众不愁吃、不愁穿应该说普遍做到了，困扰群众的行路难、吃水难、用电难、通信难、上学难、就医难、住危房等问题在大部分地区得到了较好解决，即"两不愁"总体实现。

一、石城县民政兜底扶贫举措和成效

针对"两不愁"，石城县采用了民政兜底扶贫举措，并取得了一系列成效。

（一）建立和完善社会救助制度

1. 建立和完善最低生活保障制度

一是扩大低保覆盖面。积极争取省、市民政部门支持，不断增加石城县农村低保对象人数，扩大低保覆盖面。完善分类施保制度和低保听证评议制度，将符合条件的困难群众及时纳入低保范围。截至2019年底，石城县有农村低保6935户14507人，户均保障人数为2.09人。其中属"建档立卡"贫困对象的有5367户12199人，约占总低保人数的84.09%。二是逐步提高保障标准。按照省市相关规定逐步提高农村低保对象最低生活保障标准。截至2019年底，石城县人均补差327.82元，对扶贫对象家庭按最低生活保障标准实行全额保障。三是实行动态管理。对常补对象一年一审核，对非常补对象半年审核一次，实现"应保尽保、应退尽退"的目标。

2. 建立和完善特困人员供养制度

一是落实特困人员供养政策。对无劳动能力、无生活来源且无法定赡养、抚养、扶养义务人，或者其法定赡养、抚养、扶养义务人无赡养、抚养、扶养能力的老年人、残疾人以及未满16周岁的未成年人，给予特困人员供养。二是逐步提高供养标准。按规定逐年提高五保对象和孤儿的生活保障标准。截至2019年底，石城县有农村特困供养人员1268户1372人，其中分散供养对象796户881人，集中供养对象472户491人（其中失能半失能特困人员进康养福利中心进行集中护理的有75人）。分散供养标准为每人每月400元，集中供养标准为每人每月505元。2020年，石城县在原有扶贫基础上强化综合保障扶贫，对完全或部分丧失劳动能力的特殊贫困人口实行兜底保障政策，实现应保尽保；每村提取一定比例光伏扶贫收益设立深度贫困人群保障扶贫基金，发放 50—200 元/人月特困扶助保障金，进一步提高特困群体的保障水平。

3. 建立和完善医疗救助制度

落实五保户就医救助政策，新农合、大病保险报销后，医疗救助政策范围内个人负担部分由民政部门按 100% 救助。对贫困家庭中患尿毒症、重性精神病等 8 种重大疾病的患者实施免费救治，对患耐多药肺结核、肺癌等 17 种重大疾病的患者实施大病救助。将符合大病医疗救助政策的贫困户，及时纳入大病医疗救助范围，减少因病致贫返贫现象的发生。

4. 建立和完善临时救助制度

一是实施基本生活困难临时救助。县财政按照辖区内人口年人均 1 元的标准，配套临时救助资金，依据贫困程度给予因灾、因病、因残、因学等致贫家庭 200 元至 5000 元不等的临时救助。二是开展"急难"救助。对因遭受意外事件或重大疾病，导致家庭基本生活出现严重困难的贫困家庭，给予"急难"救助。（1）因交通事故（无责任者）、意外伤害等突发事件或不可抗力因素造成家庭主要劳动力死亡或重伤，导致家庭基本生活出现严重困难的家庭，给予 5000—10000 元救助。（2）因家庭成员突发重大疾病或罕见病例，导致家庭基本生活出现严重困难的家庭，在扣除基本医疗保险、大病保险报销、医疗救助和其他社会帮扶资金后，个人自付的医疗费用仍然较大的给予"急难"救助。2019 年，石城县发放临时救助 1929 人共 284.15 万元，其中"急难"救助 398 人共 81.3 万元，特别救助 14 人共 22 万元。2019 年，石城县享受残疾人两项补贴人数共 4802 人。其中，单享受困难残疾人生活补贴人数共 1601 人（即 3—4 级残疾低保对象），单享受重度残疾人护理补贴人数共 1328 人（即 1—2 级残疾非低保对象），同时享受生活补贴和护理补贴两项补贴的共 1873 人

（即1—2级残疾低保对象），共计发放资金409.033万元。2020年，面对脱贫攻坚全面完成的重要任务，石城县进一步加大临时救助力度，及时将符合条件的特困对象列入救助范围。通过公益性岗位、资产收益分红等途径增加弱劳力贫困家庭收入，确保剩余贫困人口全部脱贫。

5. 健全灾害救助制度

石城县积极争取中央、省、市救灾资金，县财政每年按照上年度本级地方财政收入3‰—5‰的比例安排自然灾害生活救助资金。对由于自然灾害而造成生活困难或住房倒塌、损毁严重的保障扶贫家庭，给予应急救助、过渡性安置救助、冬春生活救助和灾后住房恢复重建补助。积极创建全国、全省综合减灾示范社区，重点指导贫困村开展相关创建活动。

6. 健全住房救助制度

保障式扶贫家庭在享受农村危旧土坯房改造或其他住房救助政策后，仍无能力建房的，由政府资助建"解困房"，其中集中建房的每户补助20000元，分散建房的每户补助10000元。

（二）加强农村养老服务设施建设

科学编制石城县"十三五"养老机构建设发展规划，逐步完善全县养老机构基础设施。到2020年，县城区新建2所综合型养老机构，床位数达到1000张；全县新（改、扩）建农村敬老院8所，确保每个乡（镇）有1所以满足农村"五保"对象集中供养需要为主的设施齐全、功能完善的区域性养老服务中心；每个乡（镇）、中心圩镇建设1所居家养老服务中心，为老年人提供日间照料、短期托养、医疗康复等居家养老服务；按照"优先考虑、重点扶持、专门安排、单独解决"的原则，积极扶持贫困村辖区内建设居家养老、农村老年人颐养之家（幸福院）等农村养老服务平台，全县新建农村老年人颐养之家（幸福院）90个以上，覆盖全县100%的乡镇、

60%以上的行政村。"十三五"期间，全县新增养老床位 1500 张以上，养老床位总数超过 2900 张，每千名老年人拥有床位数 50 张以上。通过政府购买服务的方式，对贫困户家庭老年人养老实行资助，对农村五保等贫困人口养老实行兜底保障。鼓励民间资本参与农村居家养老和社区养老服务，重点为农村低保、五保户提供日间照料、短期托养、配餐送餐等服务。2020 年，石城县在原有的农村养老服务设施建设的基础上，出台政策积极探索互助养老、设立孝善基金和孝老食堂等模式，创新家庭养老方式，健全农村养老服务体系。

二、石城县民政兜底政策的特色亮点

（一）精准识别，实现民政兜底的准确覆盖

民政兜底工作的第一步同时也是最重要的一步就是确定民政兜底帮扶的对象，只有做到精确识别帮扶对象，才能实现民政兜底的准确覆盖，避免扶贫资源的浪费和缺失。

石城县在精确识别民政兜底帮扶对象的工作上，制定了扶贫对象精准识别的"十三步"工作法，通过引入普遍调查、规模控制、自主申请、群众评议、村委审查、乡镇审查和县级复审等机制，最大限度地确保帮扶对象的精准识别。在这一过程中，又积极引进不同的主体参与到帮扶对象的精确识别中，一方面有利于更加全面客观地收集帮扶对象的信息；另一方面也使得扶贫帮扶工作所涉及的各个群体都参与到了扶贫工作中，进而逐渐嵌入到了扶贫的工作体系中，形成一套长期有效的扶贫互动机制。

（二）制度衔接，保障民政兜底的实时更新

民政兜底涉及扶贫工作的基础保障领域，同时也是扶贫工作开展的基础。随着扶贫工作的不断推进和深化，确保民政兜底和其他扶贫

工作之间的信息对接以及民政兜底信息的实时更新对于实现扶贫资源的高效利用和扶贫政策、措施的针对性实施都有重要意义。

石城县力推建立了农村低保对象与“建档立卡”贫困对象信息共享制度，实现了信息的有效衔接。县民政局每月将全县农村低保发放对象与建档立卡贫困户进行信息比对，再将比对情况反馈回县扶贫办及乡镇。根据每月的信息比对情况，各乡镇通过调查家庭情况，按照“应保尽保、应扶尽扶”的原则，将符合条件的贫困对象及时全部纳入低保保障范围。对符合条件已享受低保的非建档立卡贫困对象，乡镇对其重新精准识别，将符合条件的低保对象及时整户纳入建档立卡贫困对象范围。对不符合低保或建档立卡贫困户条件的及时给予退出。

2020 年，为了应对脱贫攻坚收官年的实际需求，石城县出台《防返贫致贫监测预警与帮扶工作机制实施方案》，建立“186”防返贫致贫监测预警与帮扶机制。全县共摸排脱贫监测户 367 户 1289 人，贫困边缘户 256 户 1020 人，合计占全县贫困人口的 4.64%。确保民政兜底能够对脱贫监测户和贫困边缘户进行及时覆盖，防止再度返贫。

将不同的制度衔接，以月为单位及时进行信息更新，从而实现民政兜底的实时更新，既使扶贫资源不会因为政策的惯性和信息的滞后而造成过度投入和浪费，又使真正需要得到帮助的帮扶对象能够及时获得帮助，避免扶贫工作的错位和缺失。

（三）多重保险，推动民政兜底的全面保障

在扶贫过程中，贫困户之间存在着一定的差异性，作为基础保障工作的民政兜底需要解决的一大难题，就是面对纷繁复杂的致贫原因和不同的现实情况，如何实现对需要帮扶的贫困对象民政兜底的全面保障，解决这个问题，才能为贫困户创造脱贫的物质基础和基本条件。

为此，石城县构建了五道保障线，即"新农合+新农合大病保险+疾病医疗商业补充保险+医疗救助+救急难"五道医疗保障线，这五道保障线确保每一个需要医疗救助的贫困对象都可以从中获得足够的支持，石城县根据实际情况还取消了大病2万元的起付标准，从而极大降低了他们的医疗成本，减少因病致贫的因素和现象。

石城县积极探索推行了精准防贫保险制度，由县财政出资，为1万名非贫困低收入户和非高标准脱贫户投保，被投保户一旦因病、因灾（含意外事故）、因赔偿责任等致贫或返贫，每人可享受最高20万元的防贫保障金额。实行每周一梳理、每月一调度，强化经济运行情况分析，及时堵住风险点，预防可能出现的返贫现象。

同时，贫困户大多以农业种植生产为主，针对农业生产易受自然灾害影响的特点，石城县还制定了临时救助的机制。在农户遭受不同的自然灾害并导致歉收减产时，通过乡镇民政所对受灾情况和受灾程度进行调查，量化贫困户的生产损失，并通过一卡通直接对受灾贫困户进行救助。这一方面能够确保贫困户的生活生产不会因为自然灾害而受到严重影响；另一方面也极大地调动了贫困户的生产积极性，使得他们在从事农业生产时能够减少顾虑。比如，针对烟叶、白莲等主导产业扶持政策，是按照贫困户种植烟叶300元/亩、白莲种植200元/亩来进行补助。从而为贫困户发展产业，从民政兜底脱贫向产业发展脱贫转变，依靠自己的力量摆脱贫困打下坚实的基础。

（四）干部对接，实现民政兜底的嵌入执行

随着脱贫攻坚工作的不断深入，大量的扶贫干部投身到脱贫攻坚的伟大进程中。在这个过程中，如何更好地使这些干部发挥作用，真正地为脱贫攻坚发挥作用，石城县在民政兜底中坚持的干部对接或许是一个很好的示范。

在贯彻执行民政兜底的过程中，石城县采取一个扶贫干部对接三

至四户贫困户的方法，从而将基数庞大的民政兜底对象分解成了三四户贫困户为一组的小单元。通过扶贫干部负责小单元贫困户的方式，使得针对贫困户的民政兜底政策和资源在执行的末端环节找到一个具体且高效的执行者。驻村扶贫干部在执行民政兜底的过程中，不断地与其负责的几户贫困户接触，对于负责的贫困户的信息和情况越发了解，从而能够更好地针对贫困户的需求进行民政兜底帮扶。这一过程不仅使扶贫政策得到了很好地执行，扶贫资源实现了精准投入，同时使扶贫干部和对接的贫困户之间形成了亲密的关系，贫困户对于帮扶干部十分信任，愿意向帮扶干部寻求帮助；帮扶干部对贫困户有感情，也更加愿意设身处地地帮助贫困户解决问题和困难。这种嵌入式的民政兜底政策执行方式，使得民政兜底不仅准确高效，而且充分地以人为本。

三、石城县民政兜底工作的典型案例

温昌善，是石城县木兰乡杨坊村的一名贫困户，以前一直在外务工，收入马马虎虎，有两个分别在小学和幼儿园读书的孩子，一家人过得乐乐乎乎。2015年，温昌善的哥哥因突发大病去世。对于这个意外，当时温昌善整个家庭都陷入沉痛之中，尤其是将近70岁的父母亲，白发人送黑发人，身体也越来越差。处理完后事，温昌善把两位老人接到自己身边来照顾。然而，仅仅过了不到一个月时间，5月，其本人在外出务工时不幸发生了车祸。那场车祸导致他的左手手臂骨头碎裂，在医院治疗花去3万多元。3万多元对温昌善来说可不是小数，在外务工一年都存不到这么多钱，在家种白莲起码要种上20亩以上。

从那起事故以后温昌善干不了重活，在外面的工作也丢了，只能暂时回家再作打算。2015年6月，温昌善的妻子被查出患有脑瘤，7月，温昌善带着其妻子去赣州和南昌等地大医院治疗，其间奔波不断，家庭没有半点收入，除了花光全家的积蓄外，还向亲戚朋友借了十几万，但妻子的病情仍不见好转。

在得知温昌善的不幸之后，当地党委、政府在关键时刻帮助了他。先是杨坊村里的干部找到温昌善，了解了其家庭实际情况和生活困难，告诉他党和政府正在开展精准扶贫工作。那一年，温昌善被纳入建档立卡贫困户。由木兰乡政府的卢振鑫乡长作为其帮扶干部，这给了温昌善极大的鼓舞和信心。

卢乡长经常上户拜访温昌善，给他介绍扶贫政策，为他提供政策帮助。医疗健康扶贫和教育扶贫政策给予了他极大的帮助，从那以后，其妻子的看病费用大部分都能报销，报销比例控制在95%以内，基本上等于不要钱，极大减轻了温昌善的经济负担。他的两个子女读书也有了各种补助，家庭支出压力减少了不小。

第三节　立足乡土，面向未来：
石城县教育扶贫群

教育扶贫工作是脱贫攻坚工程的基础性工作，同时也是我国扶贫开发的重要组成部分。自党的十八大以来，精准扶贫战略便定下了"治贫先治愚，扶贫先扶智"的基本要求，同时将"发展教育脱贫一批"作为精准减贫脱贫的重要途径。无论是从脱贫攻坚工作的目标和要求出发，还是面向未来国家发展人才需求，都需要扎实做好教育扶贫，保障贫困户子女受教育的权利和机会。而教育扶贫工作面向的多为未成年人，且覆盖从学前教育至高等教育的诸多环节。时间长，内容多，服务对象的特殊性都决定了要做好教育扶贫工作，绝不能仅仅是制定政策，依规行事，而必须真正进入教育发展的每个环节，补充完善整个教育体系，从而实现真正意义上的保障贫困户子女享受高质量教育的权利和机会。石城县在这方面，同样做了许多的努力和尝试，值得我们去分析总结和学习。

一、石城县教育扶贫措施及成效

（一）优先支持贫困村发展教育

1. 加强贫困村学校规划

到 2020 年，优先支持建设贫困村义务教育学校。确保全县贫困村学校同步实现标准化和现代远程教育，让贫困村群众子女能就近享受公平优质教育资源。切实减轻贫困家庭子女寄宿等经济负担，加快建设农村义务教育学校食堂，进一步实施好营养改善计划。

2. 支持贫困村发展学前教育

充分利用闲置校舍改建公办幼儿园，村小增设附属幼儿班，建立学前教育巡回支教点，确保 2020 年前全县贫困村都能依附原有闲置校舍建设一个公办学前教育机构。规划用 6 年时间，利用贫困村闲置校舍改建公办幼儿园、在村小和教学点增设附属幼儿班，预计总投资 1352.6 万元。资金来源：争取中央扶助 1117.4 万元，县财政配套 235.2 万元。计划利用闲置校舍改建公办幼儿园 13 所、利用 16 所村小（含教学点）增设附属幼儿班 73 个班，规划改建校舍 13240 平方米。项目建成后，可解决贫困村 1219 名适龄幼儿在小学随班就读的现状，同时可新增 484 名幼儿入园，有利于贫困村学前教育标准化的推进。

3. 加强贫困村学校师资力量建设

一是推行"巡回课堂"制度。由乡镇中心小学派出英语、音乐、体育、美术等专业教师对贫困村学校进行流动课堂教学，由县乡公办幼儿园派出教师对贫困村幼儿园进行巡回支教，对支教教师发放山区教师津贴或交通补贴。二是利用"常青义教"平台加大对贫困村学校师资的对口培训帮教。

4. 推进贫困村学校数字化校园建设

为每一所贫困村学校配齐"班班通"设备，不断完善教学软件配置，加强技术培训，不断提升农村学校现代化教学水平，让贫困村学校学生享受优质教育资源。

5. 进一步夯实教育扶贫保障

2020 年，石城县持续强化义务教育"双线控辍保学责任制"，全面落实教育扶贫各项资助政策，完善"困境儿童兜底保学计划"，确保贫困家庭学生不因贫失学辍学。继续加强义务教育薄弱学校改造，推进教师交流轮岗和对口帮扶，加强教师队伍建设，打造"乡村温馨校园"。积极引导社会力量参与扶贫助学，资助更多贫困学生完成高等教育学业。

（二）加大贫困生资助力度

落实好国家扶贫助学政策，根据国家政策和县财力状况逐步提高贫困生资助标准并扩大资助范围。

1. 学前教育阶段

2016 年起石城县将学前教育贫困生资助标准提高到每人每年1500 元，以后视财力逐步提高。逐步实现贫困村家庭经济困难学前儿童应助尽助，同时对家庭特别困难的学前儿童酌情减免保教费。

2. 义务教育阶段

落实好义务教育阶段"两免一补"政策，对就读义务教育阶段建档立卡的贫困家庭寄宿生给予生活补助，在原有补助标准的基础上每人每年增加 500 元。按照每生每天 4 元的标准，对在农村义务教育学校就读的贫困村学生提供营养改善计划膳食补助。扶贫部门建档立卡的贫困家庭子女在义务教育阶段就读的，在获得各种补助后仍然无力缴纳各项费用时，由所在学校实施"兜底保学计划"减免其一切代收费用。

3. 普通高中教育阶段

落实普通高中国家助学金政策，对在全日制普通高中学校就读的贫困家庭学生进行资助，资助标准为每生每年2500元。在实现贫困村家庭经济困难高中学生应助尽助的基础上，逐步扩大全县普通高中贫困家庭学生资助面。

4. 中等职业教育阶段

落实中等职业教育免学费和国家助学金政策。对就读中等职业学校全日制正式学籍一、二、三年级在校生中所有农村学生、城市涉农专业学生和家庭经济困难学生免除学费（艺术类相关表演专业学生除外）。对全日制正式学籍一、二年级在校涉农专业学生和非涉农专业家庭经济困难学生给予国家助学金，资助标准为每生每年2000元，在实现贫困村家庭经济困难中职学生应助尽助的基础上，逐步扩大资助面。

5. 高等教育阶段

对贫困村当年考取全日制普通高等学校的符合高考入学政府资助金申请条件的，优先安排高考入学政府资助金，给予每人一次性补助6000元。为在全日制大专以上院校就读的贫困家庭大学生办理国家生源地信用助学贷款，在高校就读期间实行财政全额贴息，贷款限额提高到每生每年8000元。确保所有考入高等院校的贫困大学生都能顺利入学和安心上学。

总之，争取国家倾斜支持，引导社会各界捐资，多渠道筹集贫困生资助资金，积极推动社会力量开展"一对一"帮扶贫困学生，减少因学返贫现象发生。通过信息比对确认建立建档立卡贫困学生台账，各项学生资助政策落实到位。2018年落实学生资助27271人次，资金3816.27万元。为义教学校19300人落实了营养改善计划，完成投资1507万元。

（三）开展贫困生职业学历教育

1. 中专职业教育

根据国家和省市招生政策，通过定向委培特困生等方式，帮助贫困生完成中专以上职业学历教育，实现就业脱贫。

2. 财政补贴政策

落实好农村贫困家庭子女职业学历教育财政补贴政策，从2015年起，实施贫困家庭子女中等职业学历教育财政补贴，每生每年补助1500元，往后根据国家政策和县财力状况逐步提高补助标准。

3. 新型农民培养

依托职业学校开展新型农民培养，对初中、高中毕业未能升学的城乡新增劳动力进行劳动技能培训。积极配合做好面向农村贫困家庭子女定向培养乡（镇）农技人员工作。

石城县教育精准扶贫项目进展顺利。2016—2019年项目计划总投资43490万元，累计完成投资48010万元，完成计划目标任务的110.4%。

二、石城县教育扶贫工作创新亮点

（一）回归乡土，恢复发展村庄基础教育的能力和条件

石城县在进行教育保障的工作中，始终坚持着一个重要的理念，那就是教育的全覆盖，确保贫困家庭学生都能上学。而要想做到这一点，除了要求要给予贫困家庭足够的教育补助和政策照顾，还需要考虑到贫困家庭往往无力将子女送往离家太远的地方学习。一方面是由于自身经济条件等因素的限制，另一方面是贫困家庭无法花费过多的精力照顾子女学习。针对这一问题，石城县明确了全县所有贫困村教育发展的倾斜帮扶工作机制，通过村庄废弃校舍的重新改造，加快推进"巡回课堂"、义务支教、数字化校园的建设工作。让每一个村庄

的基础教育能力和条件都得到了恢复和发展。这种回归乡土，发展村庄自身教育能力和基础的做法，不仅保障了贫困户子女的受教育权力，还为贫困村未来的发展打下了一定的基础，留住了孩子也就在很大程度上留下了孩子的父母。教育扶贫要做到的不仅仅是贫困户子女的教育工作，同时还有贫困村庄的教育资源和教育能力的发展。在这方面，我们看到了石城县回归乡土，发展当地教育的努力和尝试。

（二）立足需要，从学前教育到高等教育的全方位覆盖

教育作为一项体系化的活动，往往涉及时间长，工作内容多。要想保障贫困户子女的受教育权利，就必须要使教育保障工作的覆盖足够全面，在这方面，石城县一方面针对农村尤其是贫困村学前教育贫弱，贫困户照顾学龄前儿童存在精力不足的情况，积极投入资源完善贫困村的学前教育能力，包括旧校舍改造为公办幼儿园，村小增设附属幼儿班，建立学前教育巡回支教点等措施帮助构建村庄的学前教育能力。另一方面，针对不同学习阶段的贫困户学生，石城县出台了众多不同的帮扶政策，覆盖从学前教育到高等教育的每个教育阶段，既保证贫困户子女的义务教育阶段的顺利完成，也使贫困户子女不会因为家庭条件而失去接受中等教育和高等教育的机会。

（三）对接脱贫，通过职业技术学习培养脱贫致富能力

教育扶贫不仅仅是帮助贫困户子女接受教育，同时也承担着借助教育，发展贫困户子女的知识技能水平，从而更好地依靠自身的力量实现脱贫的任务。在这方面，石城县积极投入资源，大力发展职业技术教育。通过各种优惠政策、职校项目，引导石城县的职业技术培训教育的水平不断提高。

同时，针对部分贫困户子女的家庭情况及自身情况并不适合继续进行高等教育的，石城县根据国家和省市招生政策，通过定向委培特困生等方式，帮助贫困生完成中专以上职业学历教育，实现就业脱

贫。积极开展新型职业农民培养，依托职业学校开展新型农民培养，对初中、高中毕业未能升学的城乡新增劳动力进行劳动技能培训。做好面向农村贫困家庭子女定向培养乡（镇）农技人员工作。

（四）面向未来，在基本保障基础上实现现代信息教育

石城县的教育扶贫工作并不只是为了完成最基本的教育保障工作，而是更多地着眼于如何使得教育能够更好地对接发展需求，如何借助教育扶贫的资源支持实现更高层次的教育水平的发展。为此，石城县投入大量的资源和人力实施宽带网络"校校通"工程，按照统一规划，统一标准，统一接口原则，高标准实现宽带网络"校校通"，宽带网络布线到每一个教学班，成功建起石城教育城域网。

在硬件设施上实现信息化的同时，石城县全面启动了教师信息技术应用培训，制定了《石城县中小学教师信息技术应用能力全员培训考试实施方案》，对全县中小学教师信息技术应用能力进行轮训和考核，并与教师职称岗位竞聘挂钩。2017年投资800万元添置信息化设备，2018年又完成投资600多万元，进一步完善了各校（园）的信息化装备。这些做法的目的就在于以扶贫推动石城县教育领域的水平不断提高，面向信息化，面向未来培养能够适应时代发展的人才，从而为石城县脱贫攻坚乃至脱贫结束后的乡村振兴提供足够的人才储备。

第四节　提高水平，降低门槛：
石城县健康扶贫群

健康扶贫是扶贫工作中极为重要的一项内容，也是"两不愁三保障"的重要内容，是脱贫攻坚工作的重要环节，责任重大，意义深远。从全国脱贫攻坚工作开展情况来看，因病致贫是贫困发生最主

要的原因之一，因病返贫则是成功脱贫后面对的主要问题之一。面对健康扶贫的重要任务和繁重工作，石城县坚持以习近平总书记提出的"没有全民健康，就没有全面小康"① 的要求作为健康扶贫工作的"准心"，紧紧围绕着让贫困群众"看得起病、看得上病、看得好病、少生病"的总目标，制定了健康扶贫"一个确保，五个全覆盖"目标。即确保贫困患者住院费用个人自付比例在 10% 左右，县域内住院"先诊疗后付费"、"一站式"结算、慢性病家庭医生签约服务、大病救治和扶贫病床设置五个全覆盖。完善相关医保政策，逐渐消除贫困群体和非贫困群体医疗福利的"悬崖效应"。探索设立医疗扶贫救助基金，将贫困人口全部纳入重特大疾病医疗救助范围。规范家庭医生签约服务，优先为妇幼、65 岁以上老人、残疾人等重点人群开展健康服务和慢性病综合防控，加强对高血压、糖尿病、结核病等慢性病的规范管理。加强乡镇卫生院、村卫生室服务能力建设和医务人员队伍建设，提升基层医疗服务能力和水平。在前期充分调研和论证的基础上，石城县创新出台了《石城县城乡居民非贫困人口大病医疗补充保险实施方案（试行）》（具体内容将在第八章专门详述）。创新非贫困人口大病医疗补充保险，最大程度杜绝了"因病致贫、因病返贫"现象的发生。石城县在健康扶贫工作中，依托中央政策方针，立足石城县自身情况，发展既符合脱贫攻坚大政方针，又契合石城县健康扶贫切身需求的工作方法。

一、石城县健康扶贫工作措施

（一）建立"五道医疗保障线"

根据"到二〇二〇年，稳定实现农村贫困人口不愁吃、不愁穿，

---

① 许宝健、石伟：《没有全民健康，就没有全面小康》，2020 年 5 月 13 日，见 http://theory.people.com.cn/n1/2020/0513/c40531-31706723.html。

义务教育、基本医疗和住房安全有保障"的总体目标，石城县将贫困人口医疗保障线作为健康扶贫的重要内容，建立起"基本医疗保险+城乡居民大病保险+疾病医疗商业补充保险+医疗救助+救急难"的五道医疗保障线。建档立卡贫困人口经"四道医疗保障线"报销后自付费用超过总费用10%的，启动第五道医疗保障线"救急难"，使贫困人口自付比例控制在10%以内。具体做法如下：一是全面落实"先诊疗、后付费"，住院不交押金，"一卡通"即时结算服务模式，大病救治落实到位。如2018年石城县10种大病免费救治1954人，其中贫困人口1578人，2019年救治2085人，其中贫困人口1723人；15种大病专项救治2018年共救治689人，救治总金额452.394万元，个人自付费用39.461万元，自付比例8.72%，2019年共救治648人，救治金额457.14万元，个人自付费用44.31万元，自付比例9.7%。设立扶贫病房（病床），全县共设置扶贫病床106张，对贫困人口实行"三免四减半"政策，2018年全县各医疗机构共减免65.8851万元，2019年全县共减免71.57万元。二是推进30种慢性病审批到位。组建门诊特殊慢性病认定服务团队，开展全覆盖下沉式服务。实行分组分片包干负责制，对符合条件的门诊特殊慢性病的审批录入期限缩短至10天内完成；对责任片区慢性病认定工作开展拉网式筛查和集中上门认定服务，乡镇医保所工作人员协助做好慢性病认定告知工作。开辟门诊特殊慢性病认定绿色通道，提供主动上门服务：（1）门诊特殊慢性病认定服务团队对已患有慢性病且能提供既往诊疗佐证材料的进行现场审查；（2）对无法提供诊疗佐证材料的疑似慢性病患者，村干部或乡村医生动员组织到所在地乡镇卫生院进行集中筛查，由认定服务团队结合既往史、现病史及辅助检查相关资料，给予综合现场评估诊断；（3）对长期在外务工人员患慢性病的贫困人口，以乡镇为单位主动提供认定服务，通过网络、邮寄、邮箱等多种渠道收集慢性病诊疗佐证材料进行集中组织认定；（4）对因病卧床、行动不便或精神病患者，认定服务团队应主动上门认定。三是健康扶贫政策培训、调度落实到位。为提高健康政策知晓度，石城县专门召开健康扶贫政策培训会，各乡镇精准扶贫、健康扶贫工作分管领导及卫计办主任、医保所长、民政所长，各基层卫生院院长、县级公立医院主要负责人及具体业务人员参加。四是健康扶贫督查指导到位，由县卫健委、县扶贫办、县医保局、县民政局联合开展健康扶贫政策落实督查指导，对所有乡镇督查指导实现全覆盖。

（二）建立预防机制

健康扶贫工作永远在路上。石城县通过以下几方面的工作，谨防因病致贫、因病返贫。一是扎实做好健康扶贫整改工作。深入贯彻落实习近平总书记关于扶贫工作的重要论述以及在江西和赣州视察时的重要讲话精神，增强"四个意识"、坚定"四个自信"、坚决做到"两个维护"。聚焦"基本医疗有保障"目标，精准把握贫困人口健康扶贫政策要求，既不脱离实际、拔高标准、吊高胃口，也不虚假脱贫、降低标准、影响成色，落实好各项整改工作，确保脱真贫、真脱贫、稳脱贫。二是继续落实好"五道医疗保障线"政策。确保贫困人口住院医疗自付比例持续控制在10%以内，减轻贫困对象的医疗负担，落实基本医疗有保障。三是全面有效地实施家庭医生签约服务。继续对建档立卡贫困人口实行家庭医生签约服务应签尽签，重点加强对已签约贫困人口中的老年人、儿童、孕产妇、残疾人以及高血压、糖尿病、结核病、严重精神病等慢性病患者的规范化管理与服务，做到签约一人，履约一人，做实一人。实现靶向治疗、精准施策。四是加强对产权公有的卫生健康服务室的规范使用和管理。加大乡村医生的定向委培力度，配备必需的医疗设备，并加强对乡村医生业务技能培训。全面提升乡村医生的医疗技术水平。探索实行乡村卫生一体化管理制度，保证已建成产权共有的卫生健康服务室都有乡村医生规范执业，让所有的群众都能在家门口享受优质的健康教育、康复理疗和医疗救治服务，增强人民群众的获得感。五是完善好非贫困人口大病医疗补充保险政策。总结探索非贫困人口大病医疗补充保险实施的有益经验，不断完善相关政策，有效防止非贫困人口因大病致贫、返贫，确保健康扶贫政策可持续发展。

二、石城县健康扶贫工作创新亮点

（一）保障底线，提高水平，构建更加高水平的健康扶贫

石城县的健康扶贫工作有一个十分清晰明确的主线，那就是首先要守住底线，保障贫困户最基本的医疗需求，实现最基本的医疗保障。为此，石城县构筑了五道医疗保障线，从最基础的层面全面覆盖了贫困户可能存在的医疗问题和医疗需求，从而实现贫困户有看得起病，看得上病的目标。但在这一基础上，石城县并没有满足于最基本的医疗保障，而是秉持着扶贫推动全面发展的思路，积极探索并促进健康扶贫向着更高的水平发展。通过各项探索，石城县逐步提高了贫困户的医疗保障水平，并在此基础上尝试将医疗保险保障预防的制度进一步向全县推广，这一尝试充分体现了石城县以扶贫带动全局发展的思路。从而使得健康扶贫工作最终对接并促进石城县整体健康保障事业的发展。

（二）以人为本，降低门槛，形成方便高效的医疗体系

健康扶贫工作关系贫困户的健康和医疗保障，而贫困户由于自身的知识水平和意识观念上的缺陷，往往无法很好地理解纷繁的健康扶贫政策，也很难树立起较强的医疗健康意识。这时就需要政府以及扶贫干部点对点地帮助贫困户了解扶贫政策，从而为自己争取到需要的帮助。另外，对于多数贫困户来说，就医不仅仅是经济上存在的沉重负担，医疗资源大多集中于城区，就医手续烦琐复杂等都给贫困户看病增加了无形的负担。

石城县针对这些存在的问题，一方面，构建家庭医生签约制度，借助医生、村卫生室和帮扶干部定期定点对贫困户的身体状况进行检查，从而在最大程度上降低贫困户需求扶贫政策帮助的门槛和难度，使得贫困户能够定期得到医疗检查，帮助他们预防医疗疾病。另一方面，在贫困户到医院就诊这一环节上，石城县极力降低和减少贫困户接受治疗的门槛和步骤。先诊疗后付费，不交押金等措施在很大程度上使得缺乏足够能力就医的贫困户敢于去医院就诊，能够去医院就诊，从而切实做到政策惠及贫困户，政策为了贫困户。

（三）扶贫带动，全民普惠，健康扶贫基础上的商业医保尝试

石城县的健康扶贫工作的另一大特色就是在健康扶贫工作的基础上通过扶贫带动全县的发展，向着全民普惠的方向发展。石城县在前期充分调研和论证的基础上，创新出台了《石城县城乡居民非贫困人口大病医疗补充保险实施方案（试行）》，通过政府和个人共同出资的方式将面向贫困户构建的健康保障体系向石城县其他非贫困户居民推广，这种尝试也是石城县立足于脱贫攻坚基础上，力求脱贫带动发展的思路体现。同时也是石城县未来的发展新方向。

三、实践模式：饮水安全工程项目

为了切实解决农村居民饮水安全问题，将全县农村居民生产生活用水纳入《石城县农村饮水安全巩固提升"十三五"规划》中，并携手江西省水务集团有限公司一起逐步建立健全城乡供水一体化的管理体系。通过实施县城乡供水一体化项目、县农村饮水安全巩固提升精准扶贫项目、分散打井项目，全面解决农村居民饮水安全的问题。截至2019年，石城县共安排实施农村饮水安全工程191个，共投入资金1.1亿余元，群众饮水安全问题全面解决。民生水利工程让石城

县的群众获得了实惠，水利扶贫也扶到了群众的心坎里。石城县也因为水利扶贫工作的开展，增强了发展动力，政府在群众心中的威信也有明显提高。

（一）建立机制和落实责任

为了顺利完成农村饮水安全工程建设，确保所有工程通水运行。县农饮办按照倒排工期的方法，制定了项目推进流程表，明确项目建设关键内容的完成时限、责任单位及实际完成时间，并以此作为追责依据。而且要求各项目建设单位将最新进度状况在工作微信群中通报。同时，县级领导也特别重视，每周调度会议上针对项目建设进展情况和存在的问题进行讨论并提出解决方案，并以会议纪要的形式下发，同时下发了一系列的管理责任通知文件和"一对一"帮扶政策，如《关于进一步加强农村饮水安全工程运行管理的通知》、《关于进一步落实农村饮水安全工程建后管护工作的通知》、《关于实行全县农村饮水安全脱贫攻坚督导工作挂点联系乡镇负责制的通知》等，为农村饮水安全项目建设顺利实施提供了坚强后盾和工程建设的技术指导。

（二）保障资金和环境保护

由于贫困地区对水利需求很大，石城县财政优先保障了水利扶贫的项目资金，截至 2019 年，共投入资金 1.1 亿余元，为石城县水利扶贫项目的顺利开展提供了资金保障。同时加强贫困地区水生态系统修复和水生态环境保护工作。比如，加大水资源的保护力度，开展水环境的整治，科学调整并划定饮用水源保护区，对饮用水源地水质进行严格的监测和保护。另外，结合水利经济，打造具有水利特色的水生态旅游项目，构建一个山川秀美的水生态环境。

（三）深化改革和管理培训

石城县明晰产权关系，落实经营主体，探索产权转让，推进了农村小型水利工程产权改革，有效地盘活了农村水利集体资产。同时，鼓励社会和个人参与农村小型水利工程的建设、管理和扩大投入，对水利设施进行更新和改造，提高小型水利工程效益。另外，建立和完善了农村水利发展的长效机制，引导小型水利工程受益农民组建了用水户协会，制定合理的水价，实行有偿用水。最后，还建立了工程管护机制，主要是以农民用水户管护为主，基层水利服务组织指导为辅，目的是为了保障农村小型水利工程管护的良性运行。同时为了进一步加强农村饮水安全工程建后的管护工作，石城县开展了一系列的工程管理培训，如请专家针对如何管理好饮水工程、如何对出厂水进行消毒等常见的问题进行现场把脉问诊，切实解决工程运行过程中所出现的疑难杂症，确保工程发挥最大的效益。

第五节　明确目标，追求实效：
石城县住房保障群

住房保障工作是关系贫困户生产生活的民生工作，同时也是众多扶贫攻坚工作开展的基础。如何做好住房保障工作，让每一个贫困户都能住上安全的房屋，是扶贫攻坚工程的重要任务。石城县将农村住房保障工作作为打赢脱贫攻坚战的着力点和突破口，坚持高位推动，精准施策，有序推进，与改善农村人居环境、秀美乡村建设相结合，努力确保农村困难群众"住有所居、住有所安"，以此为他们带去了看得见的实惠，坚定了群众脱贫致富的信心。住房保障工作除了要帮助贫困户改善住房，还要确保贫困户能够真正入住新房，从而实现住房保障工作真正的实效化。在这些方面，石城县坚持以人为本，以目标为导向，以实际成效做指标，取得了十分显著的成效，也值得我们借鉴学习。

一、石城县住房保障工作措施及成效

（一）咬紧住房改善目标，执行住房保障任务

脱贫攻坚实施以来，石城县大力实施危房改造攻坚行动，累计投入资金9461.75万元，完成了3682户13992人的住房安全保障问题，其中建档立卡贫困户1563户，一般困难农户2119户，共建农村保障房909套，新建改建1788户，维修加固570户，动员搬迁415户。

（二）紧密结合精准扶贫，分类施策解决住房问题

按照中央确定的脱贫攻坚"两不愁三保障"总体目标中住房安全有保障的目标，石城县把建档立卡贫困户的住房问题放在突出位置，全力推进建档立卡贫困户、低保户、农村分散供养特困人员和贫困残疾人家庭等四类重点对象危房改造，对符合农村"一户一宅"且属唯一住房的危旧房，做到应改尽改。另外，对其他对象的住房保障问题也实行分类施策，一是对全县老人住老房问题制定了专项实施方案，下发了《石城县解决老人住老房专项实施方案》；县法院、县检察院、县公安局、县司法局联合发布了《关于督促限期将被赡养人接入安全住房共同生活的通告》；县综治委下发了《关于依法治理农村老人居住危旧房有关事项的通知》，通过综合施策，营造强大的高压态势，充分发挥脱贫帮扶干部、驻村工作队和乡（镇）村干部的帮扶责任作用，老人住房安全问题得到妥善解决。二是对37户符合农村危房改造条件的军队退役人员，全部纳入农村危房改造计划。三是对全县仍居住危旧房的一般群众住房问题的解决，及时建档造册，确保不遗漏一户，并纳入农村危改资金补助范围，每户补助资金5000元。

（三）严格执行各项政策，确保危房改造程序到位

全面对标中央、省、市要求，严格执行落实好农村住房保障政

策，解决农村困难群众的基本住房问题。一是严格落实审批程序。所有符合改造范围的农户，均实行农户个人申请、村级民主评议初审、乡（镇）入户审核、县级复核审批"三联审"程序，精准核实石城县四类重点补助对象身份信息和改造方式，根据不同危房改造对象和危房情况确定改造方式，做到科学安排。二是严格落实改造方式要求。实行C级危房只许采取维修加固改造方式，并达到安全要求；D级危房予以拆除重建。坚决防止大拆大建，严格控制新建房屋建筑面积和层数，避免农户建房致贫、返贫。对于自筹资金和投工投料能力极弱的特困农户，通过建设农村保障房政府兜底解决住房安全问题。三是严格执行资金政策。坚持中央和省级下达县级的补助资金集中用于四类重点对象危房改造工作，严禁将中央和省级补助资金用于扩大农村危房改造计划任务。补助资金必须及时正确拨付到补助对象本人的"一卡通"账户，坚决杜绝和打击套取、冒领、截留补助资金现象。

（四）认真履行好行业职责，确保建设环节安全达标

农村住房保障问题，城建部门作为牵头单位，始终围绕打赢脱贫攻坚这场战役，积极履行好行业职责。一是及时开展农村住房安全鉴定。根据摸排的住房安全保障对象名册，聘请第三方进村入户开展房屋安全鉴定，全面采集危旧房屋基础信息，精准识别房屋安全状况。二是强化质量管理、抓好风貌管控。严格执行建筑工程相关技术规范，抓好农村危房改造项目建设的质量安全监管，不定期组织单位技术力量下到乡镇集中改造建房点进行巡查督导，并现场提供技术服务，同时聘请有资质的监理单位，分片包干落实现场监理。三是组织建筑工匠培训，开展农村危房改造政策、维修加固改造技术辅导培训，对自建住房或维修加固的，必须由培训合格的农村建筑工匠或有资质的施工队伍承建。四是编制体现地方特色的农房设计通用图集，推荐就地取材建房，确保居住功能齐全。同时，农村保障房施工图纸由县危改办聘请经验丰富的设计单位进行统一设计，由乡镇聘请有资

质的施工队伍进行统一建设，确保全县保障房安全、适用、经济、美观。

二、石城县住房保障工作创新亮点

（一）确定目标，高效执行，短时间快速度实现住房保障

石城县在进行住房保障工作过程中，从一开始就明确了住房保障工作的时间目标，从而针对目标积极地执行住房保障的众多工作，在这个过程中，众多的扶贫干部和村两委干部一同投入贫困户住房保障工作，使得大部分贫困户都在极短的时间内住上了安全的新房。在这个过程中，存在着诸多的问题，诸如贫困户自身的资金问题、贫困户对于易地搬迁的顾虑等，都是扶贫干部在明确的目标导向下克服万难解决的。住房保障工作不同于其他基础保障工作，它自身时间短、见效快的特点决定了扶贫工作要想顺利开展，就需要从住房入手，让贫困户真切地感受到扶贫工作给予他们的帮助，使他们信任扶贫政策，愿意主动参与脱贫。石城县高效率短时间完成住房保障工作由此意义重大。2020 年，为了进一步健全铜锣湾搬迁安置点社区管理服务机制以及乡镇集中安置点管理服务机制，石城县完善就业培训、扶持创业、公益性岗位安置等措施，帮助贫困搬迁户稳定脱贫增收。完善农村保障房动态管理制度，强化保障房管理使用和后续维护，引导群众按"五净一规范"要求改善居住环境，让群众住上整洁房、干净房。

（二）精确摸底，细致分类，实现住房保障工作精准实施

住房保障工作涉及大量贫困户的住房改造或重建工作。有多少住房需要被改造或重建，依据怎样的标准进行改造和重建，都是关系住房保障工作实施效果乃至成败的关键。在这方面，石城县出台了精准

摸底的政策文件和工作手册，同时又根据国家的政策方针，对贫困户的住房实行了精准分类，为住房保障工作的精准实施提供了基础。住房保障工作并不是盲目地将贫困户的房屋改造成统一的样式或者盲目地拉高贫困户的住房水平，这是对扶贫资源的浪费，同时也容易引起非贫困户的意见。精准实施住房保障工作具有重要的意义。能够在帮助贫困户改善居住环境的前提下，避免扶贫资源的过度投入和浪费，也更贴近扶贫工作的初衷。

（三）追求实效，创新保障，最大程度实现贫困户住新房

石城县的住房保障工作一大亮点就是追求实效，在住房保障工作开展的过程中，难免会遇到一些农村常见的家庭问题，诸如父母与已经成年的子女相处不融洽，从而使得住房保障获得的新房子被子女占据，父母仍然居住在老房子里。或者是由于生活习惯等原因，贫困户不愿意住进新房子的现象。这些问题和现象的存在使得住房保障工作的实效性受到了影响。针对这些问题，石城县坚持创新保障，追求实效的原则，实施了不少保障措施。诸如针对家庭问题，石城县利用电视媒体对不孝顺老人的子女进行曝光，从而使得老人们能够顺利住进新房。针对不适应新房的贫困户，通过扶贫干部进行疏导和教育，对于其合理的诉求加以解决，从而使得贫困户都能够切实入住新房。

三、实践模式：扎根乡土的易地扶贫搬迁

自 2016 年以来，石城县坚持"政府主导、群众自愿、应搬尽搬、规划先行"的原则，紧紧围绕"搬得出、稳得住、能致富"总体目标，牢牢抓住对象精准识别的"界线"、人均住房面积的"标线"、搬迁不举债的"底线"、项目规范管理的"红线"的标准，以县城、工业园区和乡镇安置为主，中心村安置为辅，将搬迁对象一次性安置

到县城、工业园区和乡镇。同时整合各方资源全面统筹项目资金，联合部门的力量实施项目倾斜，完善安置点及其周边的基础设施和公共服务配套建设，强化搬迁后续扶持，基于此，易地扶贫搬迁工作取得了明显成效，真正实现了搬迁群众"安居乐业"。

（一）基本情况

石城县在"十三五"期间计划搬迁建档立卡贫困人口 635 户 2889 人，其中 2016 年计划 1100 人、2017 年计划 1558 人、2018 年计划 231 人。搬迁对象主要是居住在深山区、地质灾害区、生态保护区的群众。集中建设 5 个集中安置点，如：县古樟工业园铜锣湾、小松镇莲香苑、高田镇新街、横江镇开发区以及大由乡街上等。共集中安置 618 户 2814 人，分散安置 17 户 75 人，集中安置率达 97.4%。

其中 2016 年完成搬迁 250 户 1100 人、2017 年完成搬迁 329 户 1558 人、2018 年完成搬迁 56 户 231 人，任务完成率 100%。原计划的 635 户 2889 人已全部搬迁入住，入住率为 100%。已拆除旧房 583 户，拆除率为 92%。

（二）主要做法和成效

1. 强化责任落实，解决旧房拆除

石城县进一步强化措施，落实责任，切实做到政策执行精准、管理措施规范、工作落实到位，确保圆满完成易地扶贫搬迁工作。主要是强化组织领导，成立了易地扶贫搬迁工作领导小组，切实履行好脱贫攻坚党政主体责任；制定工作方案，如《石城县"十三五"易地扶贫搬迁实施办法》、《石城县 2016—2018 年易地扶贫搬迁实施规划》及各年度实施方案，明确了各部门的工作职责和责任追究办法；完善督查考核，成立县委、县政府大督查组和易地扶贫搬迁工作组，不定期地开展专项督查，倒逼相关单位采取超常规措施加快推进易地扶贫搬迁工作。在一系列体制机制的保障之下，所有实施搬迁的移民

户都签订了《旧房产权移交确认书》与《旧房拆除协议》，做实"两把钥匙"（安置房钥匙交付给移民户的同时，移民户把旧房钥匙交给村委会）的移交工作，旧房拆除主体由移民户转变为村委会，有效解决了移民户搬迁后不愿拆除旧房，容易导致返迁问题。

2. 确保就业保障，拓宽增收渠道

石城县充分考虑移民户搬迁后的后续脱贫问题，将集中安置点安排在紧靠县古樟工业园旁，园区内有近百家企业，用工总规模达 1 万人左右，交通非常便利；小区内有幼儿园、小学、综合商业体等配套设施，贫困群众搬迁入住后的一系列生活问题，如就业、就学、就医、出行、购物等可以得到很好解决。同时，县里与园区企业合作，举办各种就业技能培训班，培训易地搬迁贫困户 300 人次，提供了就业信息，并支持自主创业。截至 2019 年，通过农业产业发展扶持 160 人，乡镇或工业园企业就业 295 人，公益性岗位就业 66 人，自主创业 62 人，劳动力转移外出务工 707 人，社会保障兜底 223 人，教育扶贫 866 人，享受金融扶贫小额信贷通贷款 241 户，即让有劳动能力的移民户有"工资收入"，让有经营能力的移民户在家门口有"创业门路"。通过生态扶贫和公益性岗位等方式多渠道来实现移民户就近就业创业，为移民户拓宽了增收渠道，让每一户移民户都有稳定可持续的收入来源，达到搬迁脱贫的目的，确保移民户"搬得出、稳得住、能致富"。

3. 严守搬迁标准，改善居住环境

石城县根据政策标准，严守搬迁"四线"要求，即易地搬迁对象精准"界线"，严控住房面积"标线"，严守不因搬迁举债"底线"，严格项目管理"红线"等。全县 5 个集中安置点全部实行统规统建。根据移民户家庭的人口结构，按照人均不超过 25 平方米的要求合理规划设计户型，并对安置房全部进行简单装修，移民贫困户每户只需自筹不超过 1 万元及配备简单家具就可搬迁入住，既充分满足了不同人口的家庭需求，又确保了人均面积不超过 25 平方米、户均自筹不超过1万元的标准。同时还为他们解决了住房难、用电难、饮水难、出行难及就医就学等问题，规避了自然灾害风险，从根本上改善了群众的生产居住环境。另外，石城县加大对移民户搬迁后的危旧土坯房拆除力度，共拆除危旧房24000余平方米，进行土地整治和生态修复37亩。这一举措促进了迁出地生态恢复、建设和保护，实现了生态搬迁与生态保护的良性发展，保护了原居住地的生态环境。

第六节　总结与启示

大力度地开展精准脱贫攻坚战，主要是因为现有的贫困群体与以往任何贫困群体的贫困特征不一样。这些群体因为无法参与市场竞争增加自身的收入以及大多都处于边远地区、落后地区、山区和少数民族地区，使这些群体陷入就学、医疗、住房等方面的贫困。基于此，如果想从根本上解决这些群体的贫困问题，不能仅仅只是依靠一般性的扶贫开发，必须将重点放在"三保障"的目标上。精准脱贫攻坚战实施以来，党中央通过易地搬迁，解决贫困户的住房、教育和医疗等问题，已经从根本上改变了贫困地区在"三保障"方面的状况。石城县认真研究解决措施，通过县、乡、村共同发力进行"嵌入式共治"，以"立即改"和"钉钉子"的精神，高质量完成问题整改工作的任务，也取得了很大的成效，但是"三保障"目标的实现依然存在比较大的困难。如一些深度贫困群体的地理位置、交通设施等方面的资源问题而导致的义务教育的集中教学与分散居住之间的矛盾，即使国家政策已经解决贫困地区学生上学的主要困难，但是由于存在着交通和食宿的困难，很多边远贫困山区的孩子上学难问题依旧存在，实现义务教育保障目标仍存在难题。而医疗保障同样存在这一问题。从某种意义上讲，在脱贫攻坚战即将步入尾声的阶段，教育和医疗保障正成为脱贫攻坚战的难点以及后续政策保障的重点，把持住正确的杠杆至关重要。基于此，建议采取制度嵌入、平台嵌入、规则嵌入、行动嵌入等措施。

一、加强制度考核：制度嵌入

一是加强制度衔接，即"制度嵌入"需要在民政、卫生、教育、农工、建设、人保、残联等各部门之间建立联动机制，促进各相关政策措施在保障对象、保障政策、保障标准、保障资金、服务管理网络等环节的互联、互动、互补，增强整体救助功能，提升对贫困对象的综合施救水平。各乡镇要设立统一的"社会救助受理窗口"，建立"一门受理、协同办理"和转介机制，确保困难群众求助有门，受助及时。比如，在坚持和完善最严格的耕地保护制度的前提下，赋予农民对承包地占有、使用、收益、流转以及承包经营权抵押和担保权能。依法保障搬迁移民对原居住地的集体资产股份占有、收益及抵押、担保继承权。搬迁移民户原宅基地可通过增减挂方式，依法、自愿、有偿退出，切实维护移民合法权益。二是强化考核考评，即"制度嵌入"需要加强对保障扶贫工作的督导检查力度，采取随机抽查、明察暗访、专项督查等方式，推动保障扶贫工作取得实效。要发挥考核"指挥棒"作用，将保障扶贫工作纳入年度精准扶贫工作考核的重要内容。对在保障扶贫工作中有实招、干实事、见实效的单位和个人给予通报表扬；对工作不力、进展缓慢的单位和个人，要求限期整改，整改不到位的通报批评。

二、加大宣传力度：平台嵌入

加强宣传力度，即"平台嵌入"需要民政部门充分利用各类宣传载体，对现行的社会救助政策进行广泛宣传，做到家喻户晓。要宣传好政策与标准，统一思想认识，引导社会各方面准确理解，不能各说各的。要发挥基层民政服务窗口作用，积极为群众讲解政策，答疑释惑。要利用政府信息门户网站、民政网等信息平台，传递社会救助最新资讯，与公众实时互动，及时回答公众咨询的事项。对网上信访、来信来函等形式的信访，经调查核实符合政策规定的给予及时办理，对不符合政策规定的，做好耐心细致的解释工作，确保群众知晓政策规定，让保障扶贫工作落到实处。

三、夯实工作基础：规则嵌入

夯实工作基础，即"规则嵌入"需要各乡镇、民政、扶贫部门建立农村低保、五保对象精准识别台账，根据致贫原因和对象自身情况，科学划分"常补低保户、非常补低保户、五保户"三种贫困户类型。抓好落实就要加大工作力度，聚焦突出问题逐村逐户逐个查漏补缺，补齐短板。要加强对集中供养机构的业务指导，督促集中供养机构认真履职，提高供养服务水平。对分散供养的，各乡（镇）政府或各村委会、受委托的抚养人和五保对象要签订五保供养三方协议，明确权利和责任，确保分散供养对象合法权益不受侵害。比如，在符合政策的前提下，城镇、工业园区集中安置的搬迁移民可参加城乡居民基本养老保险，符合条件的困难搬迁移民户在取得城镇户籍后可申请城镇低保。允许搬迁对象自愿选择参加新型农村合作医疗或城镇居民基本医疗保险，在省市统筹时予以认可并接续，已进入企业务工的可随企业参加城镇职工基本养老保险和基本医疗保险。

四、拓展实践渠道：行动嵌入

拓展实践渠道，即"行动嵌入"需要通过实施一系列方案，如"雨露计划"、"阳光工程"、"金蓝领工程"等，加强对易地搬迁移民的技能培训，提升转移就业能力。同时加大与以园区企业为主体的各类企业的岗位对接力度，提供免费职业介绍服务。如果是自主创业和组织起来创业的，可享受创业贷款贴息政策。积极开发迁出地可用资源，发展集体经济。迁入地要帮助移民发展产业，既可发展光伏产业，也可扶持符合当地实际的种、养、加产业，促进搬迁移民就近就地就业，多渠道确保有就业需求的移民家庭至少有一人实现就业。

综上所述，石城县在解决"两不愁三保障"的突出问题时，托住底线，依据地方实情，立足乡土，坚持"嵌入式"组织制度，通过市场和社会机制，把外部资源嵌入贫困村，并转化为贫困户精准脱贫的内动力。同时基于石城县地方产业经济基础和社会文化传统，通过"两不愁"民政兜底扶贫群、教育扶贫群、健康扶贫群、住房保障群，因地制宜、因村、因户、因人具体实施措施，进行嵌入式的扶贫举措，并在此基础上有所创新，如石城县依据地方实情进行饮水安全工程项目和易地扶贫搬迁的实践模式等，取得了一系列的成效。

2020 年是脱贫攻坚的收官年，又突遇新冠肺炎疫情的冲击，给全面实现贫困人口"两不愁三保障"全覆盖目标带来了一定的困难。石城县就此迅速召开动员部署会，号召全县上下把思想和行动统一到习近平总书记重要讲话精神上来，坚定扛起脱贫攻坚政治责任，多次召开了统筹疫情防控推进脱贫攻坚调度会，出台《2020 年脱贫巩固提升工作实施方案》、《统筹安排专项扶贫资金支持非贫困村贫困人口脱贫的若干措施》等系列攻坚文件，全面部署决战决胜脱贫攻坚工作。重点对剩余 267 户 486 人未脱贫人口全面开展"清零"行动，确保 2020 年 6 月底剩余贫困人口"两不愁三保障"全面达标，高质量打赢脱贫攻坚战。

习近平总书记指出："摘帽不是脱贫攻坚的终点，而是美好生活的新起点。"① 石城县一直按照"核心是精准、关键在落实、实现高

① 习近平：《在决战决胜脱贫攻坚座谈会上的讲话》，人民出版社 2020 年版，第 12 页。

质量、确保可持续"的要求，突出产业、就业扶贫主攻方向，夯实教育、医疗、住房保障基础，构建脱贫长效机制，农村生产生活条件全面改善，为乡村振兴迈出坚实步伐。

第五章

助推发展：依托地方资源优势的产业就业扶贫群

石城县的产业就业扶贫通过嵌入乡土的生计网络，积极发掘地方优势资源，努力破解区位瓶颈，连接起政府政策扶贫行动与市场竞争机制，带动了本土产业的发展，使贫困户能够在乡在土实现脱贫增收。作为罗霄山脉集中连片特困县，截至 2018 年，石城县下辖 11 个乡镇、131 个行政村，总人口 33.46 万人，建档立卡贫困户 12470 户 49820 人，"十三五"贫困村 29 个，深度贫困村 15 个。石城县从 2015 年开始实行产业扶贫，依托当地自然、物质、人力、社会、金融五大资源禀赋，在全县域内实行创新性的产业扶贫工作，贫困发生率从 2015 年精准扶贫开始时的 9.73% 下降到 2019 年的 0.18%，在短短几年时间内，全县累计减贫 12614 户 49241 人，最终于 2019 年 4 月完成脱贫摘帽的艰巨任务。

第一节　延承地方种植传统，构建
"3+X" 特色产业扶贫群

江西省石城县自 2016 年开始，依托地区资源优势相继出台一系列政策支持当地农业扶贫产业发展，现已形成了以"白莲、烟叶、蔬菜"三大农业产业为主，以脐橙、油茶、薏仁、山地鸡等多项区域特色产业为辅的农业产业扶贫群。即多方力量聚合促生出三大主导产业与多项特色农业产业，共同助力石城县脱贫攻坚的"3+X"农业产业扶贫群。同时，石城县在"政策奖补+基地示范/合作社/创业致富带头人+保险兜底"扶贫模式推动下，有力地带动了贫困户发展特色种养殖产业。据有关数据统计显示，截至 2019 年上半年，"3+X"特色产业扶贫累计覆盖带动全县 9889 户贫困户、39076 贫困人口增收，实现了贫困户户均年增收 3000 元以上。石城县的特色产业扶贫模式日渐走出了石城特色的嵌入式产业扶贫之路，成为国内产业就业扶贫的一个样板。

一、稳步增收的"黄金叶" ——烟产业

（一）"黄金叶"扶贫之路的缘起

江西省石城县烟叶种植至今已有约 400 年的历史。2019 年，石城县种植烟叶总计约 2.31 万亩，并按照村镇面积划分到 11 个乡镇。由于烟叶种植需要高强度的劳动力投入，石城县 2019 年仅有 6000 多户种植烟叶。烟叶成熟后村民经过烤烟棚烘烤加工送到烟草收购站，之后统一运到烟厂。2018 年，石城县政府制定种植烟叶 2.55 万亩的计划，并为种植烟叶的农户提供种植、栽培等方面的技术培训，在种植面积一定的情况下提高烟叶的产量。2015 年，在赣南等原中央苏区振兴和国家烟草局的支持下，石城县开始将发展烟叶种植产业纳入贫困户脱贫政策中，进行全面的产业脱贫发展规划。

（二）"黄金叶"助力脱贫攻坚的典型举措

1. 差异化的扶贫识别

石城县政府在烤烟产业扶贫中的一大特色在于通过对贫困户的摸底调查将贫困户进行分类，针对不同贫困群体实行"有差别"的扶贫政策。贫困群体按照是否种植烤烟分为两类：一类是已经在种或者日后想种植烤烟的贫困户，政府通过政策支持、资金奖补、技术保

障、保险兜底等一系列政策行动员有种植意愿的贫困户参与烤烟种植，确保每户贫困户种植烟叶达到 5 亩以上，每亩补助 300 元，实现贫困户依托烤烟产业脱贫增收。一类是不想种植烤烟的贫困户，政府采用通过其他贫困户或者非贫困户的烤烟产业带动，鼓励不想自己种烤烟的贫困户以土地入股的形式加入烟农合作社，由合作社为贫困户提供劳务岗位，贫困户通过为烤烟种植户提供劳动，获得工资性收入。[①]

2. 资金补助为始，技术支持为终

为积极调动有意愿发展烤烟种植产业的贫困户不受资金限制参与产业发展，石城县为贫困户种植烤烟设计并提供了一条龙的资金预期服务，从烟叶秧苗到收购烤烟，县烟草局负责做好与上级烟草部门的沟通协调工作，积极争取烟叶种植收购计划，以及上级部门对烟叶生产的投入补贴，2019 年，规定为种植烤烟的建档立卡贫困户每亩提供补助 300 元。此外石城通过多部门协调确保密集烤房、烟水、烟路等基础设施建设资金到位，同时为流转土地、烟苗、农资、农机等烟叶生产投入提供补贴，为贫困户小额贷款提供担保，解决贫困户开展烟叶生产的资金及贷款难题，为烟叶合作社和专业化服务队伍建设贷款提供担保和拨付启动资金，为合作社和专业化服务队提供服务补贴。技术援助层面，政府为外出参加种植烤烟培训的贫困户提供一天80 元的技术学习补贴，[②] 鼓励贫困户“走出去”学习种植技术。同时也通过“引进来”农技站技术员，以及通过技术下乡入户、农技大讲堂等活动，加强贫困户在烤烟种植、病虫害预防、烤棚技术控制等方面的专业能力。

烤烟种植产业扶贫处于政府帮扶与市场推动两者的张力之间，石

---

① 资料来自石城县精准扶贫工作领导小组关于印发《石城县发展烟叶产业推进精准扶贫专项实施方案》的通知。

② 资料来自石城县精准扶贫工作领导小组关于印发《石城县发展烟叶产业推进精准扶贫专项实施方案》的通知。

城县政府较好地处理了政府担保与市场风险之间的关系，一方面为了推动贫困户积极从事配合各项产业就业政策，政府为贫困户提供限量的启动资金，为贫困户寻求村集体以及合作社等共同体层面的帮扶。另一方面通过鼓励贫困户积极参与市场竞争，在依托石城县特色产业的基础上充分调动贫困户个体发展的积极性，例如，政府对于贫困户农产品提供的产业补助并非无限制地补给，而是在一定限度上帮扶，石城县有明确的政策规定，即包括白莲 200 元/亩的补助标准在内，以及其他种养殖产业总计补助不超过 1500 元。综上所述，石城县政府在产业奖补为基础的前提下，通过借助合作社、创业致富带头人、产业发展示范基地等模式的力量，为产业扶贫打好模型框架，再通过农业技术"引进来"与农户"走出去"增强贫困户自身的产业发展动力，切断贫困的外源性因素，增强内源性发展能力，为农户提供了一条长久的产业发展之策。

3. 产业扶贫保险兜底

涉及烤烟种植保险方面，政府多方筹集资金为烟农投保烟叶自然灾害保险，以县级烟叶发展基金为主为全县烟农种植进行投保，保险费由县级烟叶发展基金支付 30 元/亩，烟农支付 10 元/亩。县财政统一为参与农业发展的贫困户开通保费 48 元/亩的烟草种植保险，免除贫困户种植的后顾之忧，实现了贫困户种植烟叶从资金补助到种植风险，政府责任全担的政策保障机制。

（三）典型案例：烤烟大户的崛起——"黄金叶"助力脱贫致富

石城县木兰乡村民温循亮和其妻子均患有残疾。在 2017 年初，57 岁的妻子因意外臀股粉碎性骨折，花光了家庭的全部积蓄。木兰乡领导获悉后，将其纳入因残致贫的建档立卡户管理中。根据健康扶贫"3+1+X"家庭医生签约服务以及建档立卡贫困人口医疗服务，帮扶干部每 15 天对温循亮夫妇的健康状况进行跟踪记录。2018 年初，其妻子恢复到可以下地从事简单农活。2017 年开春，温循亮种起了烟叶，不仅得到政府给予的烟草种植每亩奖补 300 元，而且还获得免费参加烟叶种植技术培训的机会，也有专业人员进村入户进行一对一培训指导，有了种植技术的温循亮当年的烟叶收入就达到了 1 万余元。2018 年，有了种植经验与技术的他，将种植面积扩大到了 5 亩，烟叶收入达到近 2 万元，加上残疾补贴 1800 元，耕地地力补贴 504 元，低保金 7920 元，家庭总收入达 3 万多元。如今，温循亮家房子得到了翻修，收入和医疗得到保障，已退出贫困。

二、发掘传统产业——"白莲之乡" 特色扶贫路

（一）白莲产业扶贫的缘起

石城县的白莲种植至今已有 100 多年的历史。20 世纪 80 年代起，石城县调整农产品种植结构，白莲种植逐年扩大到 3 万多亩。1996 年，国务院农业发展研究中心将石城县认定为 "中国白莲之乡"。石城县的白莲产业绝大多数是作为一家一户必备的经济作物来种植的，每逢收获时节一家男女老少齐上阵是最常见的场景。2000 年以来，受农业产业结构调整及白莲市场的综合影响，白莲种植规模日益扩大，面积稳定在 5 万—6 万亩。2010 年石城县全县白莲及其系列产品的年产值已经超过 3 亿元，农民人均从白莲产业获得的纯收入近 1200 元，占人均总收入的 40% 以上。[①] 石城县自 2015 年将白莲作为产业扶贫的三大基础农业产业之一，旨在通过发展家庭式白莲产业实现一人脱贫，全家脱贫的目标。

---

① 程飞虎、温小碧、温祖明：《江西石城白莲产业发展的思考》，《中国蔬菜》2011 年第 15 期。

（二）白莲产业扶贫的典型举措

1. 产业奖补打基础，扩面提质保增长

石城县加大投入并积极改造、建设高标准农田、水利项目，不断夯实农业生产基础，保证有序、高效推动白莲产业蓬勃发展。2019年石城县全县种植白莲达到9万余亩，占全县33.74万亩总耕地面积的近三分之一，年产值达到8亿元。在夯实白莲农田种植的基础上，石城县白莲产业扶贫采用"产业奖补+示范基地/合作社+贫困户"等多种方式进行。具体来说，对直接参与种植白莲的贫困户，按200元/亩给予产业奖补。同时考虑到非贫困户的利益，石城县对全县域内种植白莲的农户，实行由财政出资60元/亩投保白莲种植，实现白莲产业发展保险全覆盖。

在白莲产业发展技术支持方面，石城县政府一方面积极推广白莲良种良法栽培，引进白莲良种，推广莲藕腐败病综合防控、花期放蜂以及测土配方施肥等良法，注重提升白莲产量和品质。另一方面，石城县积极寻求与高校进行技术合作。江西农业大学师生把蜜蜂扶贫点建在石城县，按每5亩配置1箱蜂的标准配置蜂群为白莲授粉，鼓励贫困户养蜂脱贫，石城县也因此被列入了国家蜂产业体系示范县行列。此外，石城县关于白莲产业扶贫已经构建县、乡两级白莲技术推广网络，按照乡1名、镇2名的标准配备白莲技术人员，形成了一支专业化较强的白莲产业发展队伍，实现了白莲亩产从过去的50—60公斤提高到现在的80—85公斤。2019年，已有7790户贫困户种植，面积从2017年的1.5万亩增长至如今的2.3万亩，且白莲收购价格稳定在65—70元/公斤，2019年更是高达80元/公斤。白莲不仅保证了每户贫困户的种植纯效益稳定在4000元以上，同时白莲扶贫产业也已稳定成为石城县脱贫致富的主导产业之一。

2. 探索基地示范，促推产业扶贫

石城县已形成了两个白莲种植示范基地，小松镇迳里村白莲种植示范基地以及大由乡兰田村、水南村白莲示范基地。小松镇迳里村白莲种植示范基地采取"合作社+基地+贫困户"模式，向贫困户推广白莲良种良法栽培技术，通过"技术培训提效、资金帮扶减压、订单回收增收、土地租赁"，达到白莲增产、贫困户增收、合作社受益的目标。同时，种植基地实行"技术专家+莲子技术员+生产小组+社员户"四级品质监控执行体系，并与江西农业大学专家和县农业农村局进行技术合作，为白莲选种、种植、病虫害防护提供技术指导。

3. 发展合作经营，延展白莲产业

石城县积极利用合作社的力量为白莲种植贫困户谋求福利。截至2019年，石城县有大由中力种养专业合作社、小松白莲种植合作社、南莲种养专业合作社等多家白莲种植专业合作社。石城县通过组建白莲种植专业合作社，全方位开展白莲种植技术业务培训，提高种莲贫困户的科学种植水平，助推白莲产业扶贫发展。合作社现已建立了与贫困户之间的利益联结机制，针对不同类型的白莲种植贫困户采取有差别的完善帮扶政策。对于有土地资源而无劳动能力的贫困户，合作社优先流转土地或代管代种，贫困户获得收益分成。对于自主发展白莲的贫困户，合作社采取按"市场价+一定比例上浮"方式回收白莲，按"低于市场价5%"的价格供应农资，促进了贫困户产业增收。同时，石城县积极利用合作社等经营主体提升白莲品质与品牌发展，加快干莲向鲜莲销售模式转变，努力提升白莲的附加值，并积极推进莲子粉、莲子露、莲子羹等白莲深加工工艺与技术，延长白莲产业链，从白莲原材料产地向白莲品牌产区方向发展。

（三）典型案例：白莲产业引领致富路

珠坑乡坳背村的张瑞和一家5口人，2015年7月因缺乏技术被纳入建档立卡贫困户，在此之前，全家人仅靠张瑞和一个人在赣州打零工获得生计来源。纳入贫困户后，张瑞和积极参加帮扶干部帮忙安排的技术培训，学习种植白莲技术，经过多次的技术培训基本掌握了白莲加工和种植的技术。2017 年，张瑞和申请了产业扶贫信贷通，贷款 8 万元，购置了白莲剥壳机、白莲烘焙机等一套白莲加工设备，做起了白莲生意。通过收购周边农户的白莲及代加工白莲等方式，昔日贫困户不仅 2018 年就实现纯收入近 3 万元顺利脱贫，还帮助周边群众增加了收入。2019 年，张瑞和扩大自家白莲种植面积，承包了 10 亩地，通过白莲技术与资金保险的保障，2020 年白莲再次实现丰收，加之自己加工、销售白莲，预计今年将实现 6 万元的纯收入。

三、打造新型产业扶贫群——蔬菜产业的崛起

（一）蔬菜产业扶贫的缘起

石城县 2017 年开始实施蔬菜扶贫基地项目建设，到 2019 年，石城县全县蔬菜种植面积达到 3.5 万亩。2019 年蔬菜基地面积 0.92 万亩，其中设施蔬菜种植面积 0.7 万亩。石城县之所以实行蔬菜基地产业扶贫主要出于以下几个原因，首先，从宏观层面来看，蔬菜产业扶贫与中国整个农业消费体系有关，有学者认为我国农产品消费结构正在从粮食：蔬菜：鱼肉的 8：1：1 向 4：3：3 方向发展，国民农产品消费结构的转型对于一个县域内农产品生产基地的种植结构来说是一个不可忽视的关键因素，因此，在 2016 年政府产业扶贫政策文件中，石城县首先将三大产业中的第三个产业直接定位为蔬菜而非水稻，实现了石城县由之前的"烟莲稻"产业结构转向"烟莲菜"方向发展。其次，种植蔬菜主要是解决农民就业问题，以及满足石城县域内部蔬菜的供应需求。再者，蔬菜种植收益较之于水稻价格要高至百分之七八十，加上石城县地处"赣闽两省四地市"（江西省赣州市、抚州市，福建省三明市、龙岩市）交汇处，是素有"闽粤通衢"之称的交通要道，因而，蔬菜生产成为地区脱贫产业的必要选择。

（二）蔬菜产业扶贫的典型举措

截至 2019 年，石城县共建立蔬菜基地 26 个，其中大棚蔬菜基地 17 个，露地生产基地 9 个，通过推广"蔬菜企业+合作社+贫困户"以及"433"产业扶贫模式，已经带动 3000 余户贫困户顺利脱贫，走出了一条依托市场规律而创新发展方式的石城蔬菜脱贫之路。

1. 多样化经营的产业定位

石城县在瞄准国内农产品消费结构转型的基础上，利用县内便捷的水利灌溉、光照、土壤等自然条件优势，大力推广蔬菜产业扶贫。在品种选取上按照当地市场常规菜品，例如辣椒、番茄、地瓜等蔬菜，以及高附加值的高效益食用菌竹荪、抗癌之王芦笋等不同的蔬菜品种，进行分类种植经营，避免单一种植，带来市场供给过剩导致的价格低廉、销售困难等风险。同时石城县通过推广"蔬菜企业+合作社+贫困户"的模式，在 26 个蔬菜基地种植上尽可能地减少同质化种植，且不同基地的生产模式有所差别，例如，小松镇耸岗村蔬菜基地主要种植竹荪、芦笋、秋葵及其他蔬菜，珠坑乡坳背村大棚蔬菜基地，则以种植茄子、辣椒、西红柿、韭菜、杏瓜、羊角蜜等时令果蔬为主。由此观之，石城县蔬菜各个基地各有分工，相互协作，共推蔬菜产业脱贫。此外，石城县在蔬菜产业经营方面也有所创新，采用"433"产业扶贫模式，即在钢架大棚的经营方面，按照 40%基地示范经营、30%返租给种植能手、30%无偿租给贫困户种植的方式以蔬菜种植带动贫困户增产增收。

2. 多位一体的产业发展

石城县蔬菜产业主要通过建设产业基地的方式发展蔬菜产业扶贫，例如，石城县屏山镇高标准蔬菜产业扶贫基地通过"公司+基地+农户"的方式发展蔬菜产业，鼓励贫困户创业以及就业，并致力打造高产高效蔬菜种植示范基地、休闲农业观光基地、特色精准扶贫基地三位一体的现代农业示范园，将蔬菜种植、观光与扶贫合为一体，打造蔬菜产业扶贫的长效机制。再如，琴江镇长乐大数据农旅一体化扶贫产业园，集有机循环农业、农产品深加工、物流配送、生态休闲及产、供、销、研为一体，建设智能育苗工厂、农耕文化展示、农业大数据展示应用中心等多个核心基地。

3. 立足长远的产业规划

根据就业务工基地日常打理等工作需求，蔬菜基地一般需要劳力100人左右，当地政府与企业共同协议规定，男工每天工资100元，女工每天工资70元以上。同时政府通过免费租赁30%的大棚给贫困户发展蔬菜产业，并且免费发放秧苗，免费提供技术，并提供保底收购服务，实现贫困户每亩收入达1.3万元，真正帮助贫困户通过自己的双手实现致富，以戒除贫困户的"等靠要"思想。同时石城县把蔬菜产业扶贫作为一个培育当地新型职业农民的孵化园，为脱贫之后乡村振兴的产业兴旺打下基础。截至2019年，蔬菜基地已经联结带动了300户以上农户参与蔬菜种植管理，农户通过直接学习新技术、接受新观念，掌握蔬菜产业的生产、发展态势与管理方法，据当地政府预计，蔬菜基地到2020年可培养孵化500名以上懂技术、擅经营、会管理的新型职业农民。

（三）典型案例：蔬菜产业下的"新富速度"

2018年初，屏山镇引进蔬菜大棚种植技术，屏山镇新富高标准蔬菜基地依托该村2016年完成的集中连片高标准农田，借助紧临县城、高速、356国道穿境而过的区位与交通优势，该项目规划总面积2000亩。目前，新富村已经建成蔬菜大棚800多亩，当地村干部仅用短短3个月时间就完成土地流转1000余亩，涉及3个村380个农户，实现了新富发展速度的第一步。

按照扶贫政策，每户贫困户可以免租金申请1亩，并且有专门的种子公司免费提供技术、种子、肥料、大棚等帮扶，实现了从蔬菜的产前、产中到产后的一条龙服务。据统计，该基地年均带动120名以上固定工人长期就业，使得人均月收入不低于 2300 元，高峰期每天吸纳 300 名临时工。例如，石城县屏山镇新富村 40 岁的陈汉口，2016 年 7 月因缺技术评入建档立卡贫困户，刚开始陈汉口领取 1 亩大棚种植辣椒，一边悉心培育，一边通过基地技术人员、农家书屋、县镇级农业技术培训等多种方式提高自身技术，使得 1 亩大棚辣椒产量达到 3500 斤左右，平均亩产值居全村最前列，2017 年顺利实现脱贫。次年，陈汉口继续以烤烟种植为主，以大棚蔬菜种植为辅，不断学习种植技术、积累大棚种植经验，有把握和条件后稳步转向大棚蔬菜种植，进一步实现家庭增产增收。

四、特色种养殖业助力产业扶贫

（一）特色种养产业扶贫的缘起

石城县的特色种养殖业主要依托当地气候、地形等自然条件，主要大力发展白莲、烟叶、蔬菜、脐橙、油茶、红薯等特色高效经济作物，重点发展牛羊、家禽、生猪等优势畜禽产业，大力发展青鱼、草鱼等常规水产养殖，积极发展鳗鱼、鲟鱼等特色水产养殖，引导有条件的贫困村、贫困户挖掘民俗风情、自然风光，积极创办农家乐等休闲农业业态，引导有能力的贫困户直接从事农产品经销、电子商务和种养相关配套产业，走出了一条独特的特色种养殖业脱贫之路。

（二）特色种养产业扶贫的典型举措

1. 一村一特色，定位产业发展

在统筹兼顾县域内的各个行业部门在村庄脱贫工作落实到位的情况下，以及在政策支持、资金保障、保险兜底、技术扶持的帮扶下，石城县产业扶贫坚持一村一特色的发展方式，致力于打造各乡、镇、村区域内的特色农业产业品牌。例如，木兰乡以"一鸡一树"打造地区特色，"山地鸡"在 2017 年销售量达 40 万羽，力争到 2020 年达 100 万羽，"观音树"种植面积 2017 年达 500 亩，力争到 2020 年达 万亩以上，同时政府免费为有种养意向的贫困户提供 100 羽"山地鸡"苗、1 亩"观音树"苗，保证种植观音树与山地鸡养殖农户每户每年可增收 5000 元以上收入。此外，高山镇依托区域特色在巩固烟莲传统产业发展的基础上，因地制宜培育了稻花鱼、梅花鹿、茶树菇等特色产业，深入挖掘和打响宗祠、彩灯等文化品牌，形成"景秀高田·梦里故乡"的高田品牌。龙岗乡距县城 30 公里，是石城县的"南大门"，为远近闻名的白莲集散中心。近年来，龙岗乡以脱贫攻坚引领经济社会发展，紧扣建设"乡村旅游名乡、白莲集散重地、靓丽秀美新龙岗"目标，推动白莲产业与旅游产业深度结合，打造了旺龙湖 AAA 级乡村旅游示范点与水庙水岸人家等新农村精品示范点。

2."三化一体"的发展方式

产业化、绿色化、网络化种养是石城县特色种养的一大亮点。具体而言，石城县种养产业坚持不断延伸产业链的发展方向，根据作物属性与市场衔接发展出一种作物的整体产业，例如，木兰乡的山地鸡产业在整体中求发展，在饲养山地鸡获得收入的同时，对鸡肉、鸡毛、鸡粪等山地鸡的附属品进行加工，形成一整套的关于山地鸡的产业发展战略。

在重视种养殖业扶贫的同时，石城县加大对种养业环境污染的综合治理，对种养区域进行科学规划，合理布局，大力推行生态、循环经济种养模式，加强饲养管理和动物疫病防控，注重清洁消毒，解决畜禽粪便污染，净化养殖环境，确保畜牧业持续健康快速发展，形成绿色化种养。

网络化种养是另一大优势特色，石城县木兰乡通过建立健全"一鸡一树"疾病预防控制诊断信息网络平台、销售信息网络平台和科技研发平台等三大网络信息平台，充分利用现有资源、不断整合新的资源，实现网络化、现代化种养、营销和疾病预防机制，在不断的竞争优化中壮大产业。依托不断发展壮大的"一鸡一树"产业，有针对性地发展鸡饲料生产加工，统一用玉米、米糠等主食，杜绝用配方饲料的事件发生，覆盖养殖户的生产需求。在此基础上，石城县产业扶贫政策为贫困户提供了另一大政策支持，即对种养殖产业实行保价回收，确保贫困户利益。木兰乡"一鸡一树"加工厂要按与乡政府签订的框架协议书执行，加工厂与种养户、合作社签订收购合同，保证贫困户的利益。

五、"3+X"特色产业扶贫的成效

2016—2019 年石城县共发放产业奖补资金 1865.78 万元，惠及有劳动能力的贫困户 2.63 万户。截至 2019 年底，全县累计覆盖带动 9830 户 38337 人贫困人口增收，占建档立卡贫困户的 77.8%。其中，引导直接发展农业产业涉及贫困户 5492 户。烟莲菜以及茶树菇、油茶等产业扶贫之所以作为农业产业扶贫项目并取得产业扶贫的重大成效，关键在于将扶贫工作嵌入百姓的日常生计中，发挥农业产业与特色产业种养殖的家计式经济优势，同时一方面巩固分散的家庭生产，为贫困户提供资金与技术扶持，另一方面提供合作社、种植示范基地使得农业产业种植在村庄共同体内形成种植优势。

综上所述，石城县"3+X"产业扶贫寄于乡土，立足贫困村、贫困户的资源禀赋和生产条件，坚持因地制宜，在产业选择上坚持本乡本土的主导产业与特色产业相结合，长效项目与短平快项目相结合，发展特色种养殖业与流通、加工、电商销售相结合的举措。产业扶贫政策尊重了农民与贫困户的生产意愿，在生产发展上给予农户充分的发展生产自主选择权，因人、因户、因村实行不同的产业扶贫政策，农户既可以自家经营发展生产，也可以以合作的形式入股参与分红，还可以作为雇工获得农业生产的工资性收入，充分发挥了农户主体作用，此外，扶贫政策与扶贫工作队还从资金扶持、技术支持、后续保障方面为贫困户打好产业生产的道路。

第二节　善用本土旅游资源，创建多位一体旅游扶贫群

一、旅游扶贫的缘起

石城县不仅拥有红色革命历史，以及青山绿水、万亩白莲等绿色与生态旅游资源，同时还拥有浓厚多彩的客家乡土文化。石城县各旅游项目和企业把旅游扶贫作为第一要务，在资源利用、企业用工安排上，优先考虑扶贫对象利益，充分发挥旅游项目的扶贫带动作用。始终坚持"规划引领"理念，从规划编制入手抓旅游扶贫开发。先后完成《石城县旅游总体规划》、《通天寨创 5A 景区专项规划》、《八卦脑（含金华山）旅游景区总体规划》、《闽粤通衢创 4A 旅游景区专项规划》等系列大型规划，以及《石城旺龙湖旅游项目规划》、《石城县大畲村创建 5A 级乡村旅游点提升规划》、《石城县木兰乡陈联村旅游概念性规划》等乡村旅游规划。旅游业有效带动了当地餐饮、住宿、旅游商品等服务业发展，促进当地贫困户脱贫增收，逐渐成为贫困户脱贫致富的重要渠道之一。

二、旅游扶贫的典型举措

（一）建设美丽乡村，发展乡村旅游

旅游产业在经济上使百姓的腰包鼓起来了，同时也使得村容村貌

美起来了。乡村旅游不仅仅是一项经济建设工作，更是一项整合实施的综合项目，2018 年以来，石城县小松镇桐江村将脱贫攻坚和秀美乡村 EPC 项目结合起来，一直致力于推进村庄自然与人文环境整治，并努力提升农村生产生活条件，将旅游产业发展与村容村貌整治美化工作同步推进。例如，截至 2019 年底，桐江村完成新增绿化面积约 1000 平方米，修建了老屋下游步道、赏荷栈道、凉亭等观赏设施，并改造了新屋下庭院，使得村容村貌得到极大改变。同时旅游产业扶贫之所以能迅速在石城县发展开来，除了石城县本土的自然环境以及旅游地基础设施建设之外，更与当地的社会环境尤其是乡风文明的建设工作密不可分。例如，小松镇旅游产业发展就积极发挥了理事会的作用，利用以农村老教师、老干部、老党员、老模范、老复员军人为主的"五老"人员，组建了红白理事会，结合宗族、宗祠文化，结合起客家家言家训宣传社会主义核心价值观，打造新屋下乡风文明示范点，并绘制了与乡村文化、民俗相关的画面图案，从物质文明到精神文明从外而内建设美丽乡村，为旅游产业发展打下了坚实的基础。

（二）多元主体参与，构建旅游扶贫共同体

石城县旅游产业扶贫之所以取得重大成果的另一个重要原因在于石城县采取了多项措施动员贫困户参与产业扶贫，扶贫工作不仅仅是政府的积极动员与政策、机制的制定实施，更加重要的是贫困户作为主体的参与，而石城县旅游产业扶贫正是抓住了这一贫困户的核心力量，采取了"旅游企业+贫困户"、"旅游示范点+贫困户"、"旅游技能培训+贫困户"、"旅游产品开发+贫困户"以及"旅游协会+贫困户"等多种方式积极动员贫困户，使得旅游产业扶贫中贫困户成为产业发展的主角。具体来看，其一，"旅游企业+贫困户"的做法中，旅游企业动员贫困户以入股方式加入旅游企业，贫困户获得每年旅游企业的分红，或者贫困户到旅游企业就业，诸如县内景区（点）、乡

村旅游点、三星级以上酒店、大型观光农林业、旅游购物公司等旅游企业以保洁、服务员、导购员等职业参与到旅游企业中获得稳定的工资性收入。石城县政府为推动旅游企业吸纳贫困户就业也出台了一系列措施进行推动，例如，要求新评为 3A 级以上的乡村旅游点、三星级以上宾馆（酒店）、旅游产品生产加工等企业，安排吸纳贫困人员的就业比例不得低于企业总员工的 15%，同时，企业可享受国家规定的奖补及县级配套补助。2018 年以来，全县旅游企业共计吸收贫困户就业 1000 余人次。

其二，"旅游示范点+贫困户"的做法是石城县的一个创新之举，石城县旅游扶贫项目从综合规范地方资源、调动地方人力的基础上入手，以旅游示范点先行先试带动贫困户参与。石城县制订了县级旅游扶贫行动计划，明确每年抓好 1 个示范乡镇、2 个示范点建设，包括重点扶持琴江镇大畲村、小松镇罗源村、横江镇洋地村、屏山镇河东村、龙岗乡水庙村、木兰乡杨坊村 6 个全国乡村旅游扶贫重点村发展，打造大畲荷花园、小松古松、高田新坪、屏山红石寨、龙岗水庙、珠坑良溪等 10 个以上重点乡村旅游扶贫示范点。在统一规划基础上，使得旅游企业有条不紊地进行旅游开发，贫困户也能在临近村庄从事旅游相关职业。

其三，"旅游技能培训+贫困户"定期举办培训班，切实加强了旅游技能培训和实践。扶贫对象子女就读旅游学校或旅游专业的，优先享受扶贫部门的"雨露计划"。县内景区景点免费为扶贫对象子女提供导游岗位培训，并提供有偿实习岗位。每年重大节假日期间，通天寨景区为贫困户子女免费提供培训导游业务，并提供 150 元/天的导游岗位。2017 年以来，全县共计免费培训导游 200 余人次，为扶贫对象子女提供导游方面岗位 60 余人次。

其四，"旅游产品开发+贫困户"鼓励贫困户加强旅游商品生产与开发，充分利用本地区的自然环境与资源，诸如：积极发展万亩白莲观赏，完善青山绿水环境保护与建设等的农家乐项目开发，以及全力以赴打造中国温泉之城品牌的建设。以发展石城县全域旅游为目标，在此基础上积极动员当地贫困户有效参与。不仅要求县市场和质量监管部门帮助贫困户制定生产标准、联系市场销售，涉旅企业优先选购扶贫对象生产的旅游商品，确保贫困户旅游商品应销尽销；同时，还鼓励县内工业企业在村组设立生产代销加工点，吸纳扶贫对象参与生产，延伸了乡村旅游产业的内涵，直接为贫困户带来收入。

其五，"旅游协会+贫困户"鼓励扶贫对象以村为单位，组建旅游扶贫协会，乡（镇）、村及扶贫帮扶干部帮助办理证照，制定章程，指导运作。旅游扶贫协会依托本村旅游资源，开设若干小组，创办经济实体，从事旅游行业、旅游项目、旅游商品等生产经营活动，实现脱贫致富，直接为贫困户提供了一个关于旅游产业的共同体。

此外，在五项措施动员贫困户加入旅游产业扶贫的过程中，发挥贫困户的自主性也同样重要，石城县政府积极鼓励贫困户自主创办旅游项目，对贫困户自主创办的农家乐、休闲农庄、民俗风情表演队伍等旅游项目，以及利用荒山、荒坡、荒滩等进行乡村旅游开发的项目，政府会在新增建设用地计划中予以优先考虑用地指标，在农户不改变土地用途前提下，可以依法有偿流转农用地，并办理相关证照。除兑现省、市奖励外，县财政再对省 5A 级、省 4A 级、省 3A 级乡村旅游点经营业主分别给予一次性 30 万元、20 万元、10 万元的奖励。截至 2019 年，全县贫困村有大小农家旅馆 30 余家。

三、典型案例：从不敢旅游到每天都在旅游的路上

据了解，几年前大畲村的道路基本上只有两条能够通车的泥路，其他的乡间道路几乎每逢下雨天都变成坑坑洼洼的泥水路，平时只能够供村民穿着胶底雨鞋通行，整个村庄与外界的联系都被这条条的泥路限制住了。此外，农村的住房也是苦不堪言，大部分村民都居住在危旧土坯房内，每逢南方的梅雨季节，房屋问题就成为很多百姓心中

最担忧的问题。农村的环境卫生也困扰着该村村民，厕所、畜栏杂乱无章，污水与污浊的空气包围着一户户农家院，生活垃圾更是随处可见。整个村庄有 17 个村小组不通水、不通路。如今，农村"四好"农村路的建设使该村的交通状况得到了全面改善，平坦的水泥道路延伸到每家每户。2001 年，农村水厕的建设也使得之前的环境问题得到极大的改善，农村的空气质量明显提高，村庄规划建设使得村庄变得井然有序，一排排灰顶白墙的徽派建筑呈现在人们眼前，山村变得更加美丽，更有活力了。

大畲村自被确定为石城县扶持贫困村后，把发展旅游产业作为扶贫主导产业，该村依托旅游景区优势，以打造旅游新村为目标，实施农村危旧土坯房改造，加强各项基础设施建设。聘请了江西嘉景旅游规划设计有限公司编制了《石城县大畲村乡村旅游开发控制性详细规划》，明确了大畲村乡村旅游点发展目标、发展思路和发展方向，又委托浙江麟德旅游规划有限公司编制了《通天寨旅游度假区总体策划及重点地块修建性详细规划》，对全村道路交通、旅游服务设施（旅游服务中心、餐饮、住宿服务）、环境保护与卫生系统等进行统一规划。

石城县整合深山移民、扶贫、新农村建设及乡村旅游各种资金3000 多万元，先后建成古戏台、占地 1100 平方米的莲文化馆、35 亩白莲物种园、260 亩赏莲采莲体验区，修缮南庐屋、紫气腾光等古民居；实施乡村公路改造 7 公里，铺筑环保型停车场，完善各类旅游标识牌、观景亭、旅游厕所、登山道、景区道路等；对大畲村核心区域内住户分区域分年度分步进行外迁和集中重建，建成旅游商品一条街，现已完成两期 124 户，2020 年将新安置 52 户深山移民。全村基础设施迅速得到改善，农业产业结构不断优化，村民的知识和技能水平得到提高。

对于贫困户来说，之前出门旅游是想都不敢想的事情，但是近几年来，江西省石城县越来越多的贫困户走上了旅游这项工作，旅游产业扶贫使得百姓们梦寐以求的旅游转眼间成为了自己的谋生手段。贫困户可从每年的旅游产业扶贫中领取 1000 多元旅游产业发展的分红，农民摇身一变成为旅游景区的工作人员，贫困户的子女成为旅游景区的导游，更有在外打工的农民回到家乡开始创办农家乐。还有的农民认为自从村子里有了旅游业，不仅使得原本落后贫穷的村庄变成了旅游景区，就连种田也变成了一种有人观赏的风景。旅游产业扶贫开启了石城百姓的另一条生计之路，更为贫困户脱贫提供了一条可持续的谋生之路。

四、旅游扶贫的成效

江西省石城县从 2015 年开始旅游扶贫计划，截至 2019 年，旅游扶贫覆盖贫困村 20 多个，辐射贫困人口 1900 余人。纵观石城县旅游扶贫产业的发展，发现石城县通过"旅游示范点、旅游企业、旅游协会、旅游创业、旅游商品、旅游技能"实现了与贫困户在此六个方面的结合，使得乡村旅游的扶贫效益逐步凸显，形成了"景区带动型"、"农旅融合型"、"节事民俗型"等三大乡村旅游扶贫模式。据统计，通过引导农民到旅游企业务工、销售农特产品、加入旅游协会、土地山林参股、旅游企业分红等方式，石城县 1300 余户贫困户进入旅游产业链，当地农家乐、农家民宿、农业采摘园遍地开花，仅白莲产业在旅游业的带动下就为农民年人均增收 500 元以上。

第三节　发掘自然光照资源，建好
绿色高效光伏扶贫群

一、光伏扶贫的缘起

2014 年 10 月 11 日，国家能源局、国务院扶贫开发领导小组办公室联合印发《关于实施光伏扶贫工程工作方案》，方案决定用 6 年时间在全国有条件的贫困地区开展光伏发电产业扶贫工程，并规定了两种模式的光伏扶贫：其一为贫困县与片区县内建档立卡贫困户安装分布式光伏发电系统；其二为利用贫困地区荒山荒坡、农业大棚或农业设施建设光伏电站，开展光伏产业扶贫。政策规定光伏产业发展还要在制度层面做好其他方面的帮扶工作，诸如在技术层面上，光伏发电产业扶贫受到电网、检测认证机构、主要光伏相关设备制造企业等提供的技术支撑。在资金层面上实行国家统筹、地方配套、银行支持、用户出资等多渠道筹资。在项目支持方面，统筹建设光伏电站与分布式光伏发电系统。从而使光伏扶贫工程有了来自制度层面的系统性支持，同时光伏产业扶贫的实施还需要通过对扶贫地区的自然、社会条件考察的基础上进行综合斟酌考量。

从石城县自然地理情况来看，石城县属丘陵地区，境内群山环抱，海拔一般在 400—800 米左右，光照充足，年日照小时数为 1920 小时，太阳能资源非常丰富，年太阳辐射量达到 4736.6 兆焦/平方米。加上石城县作为罗霄山脉集中连片特困山区，使其在自然地理层面获得了光伏发电产业扶贫项目实施的基础条件。在石城县开展光伏扶贫项目之前，石城县的电力输送也经过了长期的探索发展，从 1985 年主要由境内的水电供电给 11 个乡（镇）58 个村，到 1990 年水电站的增建，农网进一步完善，到 2000 年，全县拥有较大型的水电站 12 座，装机 22 台，容量 3134 千瓦，年发电量 1861 万千瓦时，基本形成了以 35 千伏线路为主网架，10 千伏线路覆盖境内 14 个乡（镇）140 个行政村的全县供电电网结构。光伏发电在 2014 年国家能源局、国务院扶贫开发领导小组办公室出台相关政策之后，才正式成为石城农网建设的一环。

二、光伏扶贫的典型举措

（一）开启荒地"种太阳"

光伏发电充分利用了农村的荒地，发电电路板一般建设在多山地丘陵、废弃土地、荒山荒坡、滩涂、农业大棚、屋顶等，农户只需要日常护理电路板，就可以连续 20 年，每年获得 3000 元的稳定收入。光伏扶贫使一片片荒山闲地，正逐渐变成"金山银山"，贫困户在家就能享受来自光伏发电的"阳光收入"，有效实现了产业发展与农民增收的良性循环。为解决光伏扶贫的资金难题，该县和赣州银行合作向每户贫困户发放贷款 3.5 万元，采取"政府+公司+银行+农户"方式，委托县内赣江源开发有限公司统一经营，由公司负责归还贷款本息。对具备安装条件的贫困户，在其房顶或空地安装 5 千瓦的分布式光伏发电系统，对自有房屋不具备安装条件的贫困户，由村委会牵头另行选择适宜场所，建设屋顶或地面分布式电站。贫困户自身不用负担本金和利息，只需对名下的光伏设备进行日常监管、清洗，保证光伏板清洁、完整，确保年发电量，因此，贫困户在家即可享受光伏发电带来的收益。

（二）通力合作，壮大集体经济

光伏扶贫之所以取得成功首先在于各行业部门的通力合作，县扶贫和移民办、县发改委、县财政局、县国土资源局、县林业局、县供电公司等部门明确职责分工，县移民办主要处理好移民安置问题，县财政局为光伏扶贫拨付产业发展资金，县林业局与国土资源局、县供电公司共同配合处理好光伏电站的选址问题，供电局将光伏发电与国家电网相衔接，免费提供介入国家电网的计量表，把握好光伏发电的最后一环。最终各行业部门围绕光伏产业扶贫构建起了以发展光伏产业为基础的壮大村集体经济的整套体系，通过光伏扶贫建立起贫困户与政府各个行业部门之间的衔接，以及各行业部门之间的通力合作。

石城县光伏扶贫发展集体经济的另一个鲜明优势还在于对光伏产业收益资金的分配上，光伏扶贫收益资金划归县光伏扶贫基金专账，由县财政按贫困户户数分配至各村，并将收益分配结果进行公示，确保分配结果公平、公正、公开、公认，再由村"两委"分配，具体来看，光伏扶贫项目资金主要用于支付乡村道路保洁员、森林防火员、安全饮水工程员等公益性岗位雇佣的贫困户的工资，鼓励"一村一品"产业发展、创立合作社、奖励技能培训等壮大村庄经济特色的举措，引导爱老敬老、见义勇为等多种形式的乡风文明奖励补助，创办乡村文明兑换积分的爱心超市，以及深度贫困人群贫困补助五方面的补助资金的分配。另外，从光伏扶贫的成果维护方面来看，石城县做了 20 年光伏扶贫的发展规划，打好了光伏扶贫的基础，做好了脱贫攻坚长期战的准备，而不是短期突击。从光伏扶贫的运营管理中可以看出，石城县不仅有一套长远的规划，还有一套精细的管理方案，石城县光伏产业扶贫实行"谁建设，谁维护"、"谁受益，谁监管"的原则，安排电站附近的贫困户进行管理监督电站的日常维护工作，并定期报告运营情况。①

三、典型案例：光伏发电照亮脱贫路

"感谢政府帮我们安装了光伏发电设备，现在我家每年能增收 3000 多元。"石城县大由乡濯龙村贫困户张外方喜滋滋地说。近年来，石城县依托贫困户的屋顶、荒地荒山等空地资源，帮助贫困户建立光伏并网发电，贫困户借助于维修或者看管工作，以及通过光伏发

---

① 资料来自石城县精准扶贫工作领导小组关于印发《石城县村级光伏扶贫收益资金使用管理办法》的通知。

电供自家使用之后并网发电实现增收。一位农民打趣地说自己每天都会在自家电表上看看指针走了多少，因为这对于他来说就相当于每日光伏发电的收入。

四、光伏扶贫的成效

石城县光伏扶贫起始于 2016 年 10 月，并于 2016 年底开始建设，2017 年 6 月 30 日前全部并网发电。光伏扶贫项目主要包括地面集中式光伏电站与村级光伏电站两个项目，建立了 1 个集中式光伏扶贫电站和 88 个村级（联村）光伏电站，投入资金 8.46 亿元，现已全面建成并网发电，实现了 132 个村（居）光伏扶贫受益全覆盖，其中包括 29 个贫困村，102 个非贫困村，实现了县域范围内建档立卡贫困户全覆盖。

第四节　破解地理区位瓶颈，建设
移动互联电商扶贫群

一、电商扶贫缘起

江西省石城县地处"赣闽两省四地市"（江西省赣州市、抚州市，福建省三明市、龙岩市）交汇处，古时候是交通要道，素有"闽粤通衢"之称。石城县土地面积 1851.53 平方公里，人口 33.46 万人（2018 年），作为一个典型的山区县，"八山半水一分亩，半分道路和庄园"是对石城的真实写照。特殊的地理位置和山区的地理状况，决定了物流是石城县发展农村电子商务的瓶颈因素。石城县是中国白莲之乡、中国温泉之乡，有丰富的农产品资源和旅游资源，但资源效益发挥不明显。石城县是客家发祥地，国家罗霄山脉集中连片贫困区，石城人"实诚"，有强烈的创业意识和创新精神，在全省乃至更大范围得到认可，但缺乏知名品牌电商企业的引领，创业脱贫效果不理想。基于这些基本县情，2015 年，石城县以实施全国电子商务进农村综合示范工作为契机，着力破解瓶颈，致力推进电商与本地农业产业融合，走出了一条电子商务进农村发展的特色之路。

二、电商扶贫的典型举措

（一）四轮驱动下的电商扶贫

石城县自 2015 年以来，以创建全国电子商务进农村综合示范县为契机，开启"建好平台拉动、打通物流推动、精准模式促动、培植龙头带动"的"四轮驱动"模式，走出了一条电商扶贫新路子。石城县相继引进了阿里巴巴、京东、邮政、易田电商等四大涉农电商平台，并向下延伸建立村级电商脱贫服务站 71 个，实现了 29 个"十三五"贫困村全覆盖。同时，坚持一村一站一品的发展理念，将各村特色产品通过电商脱贫站点进行网上销售，打造石城白莲、脐橙、蜂蜜、山地鸡、手工米粉、山茶油等农特产品品牌，并对农特产品进行整体品牌包装、营销推广。组织农村经纪人、种植大户、农业团体依托平台开展产业化经营，加大农产品网络销售平台建设，拓展农产品网络零售市场。鼓励培训机构开展电商知识培训，对电子商务特殊人才引进采取"一事一议"办法给予鼓励。

石城县电商扶贫主要依靠发展龙头产业，重点培育中国鞋材网、中国白莲产业网、石城特色产品 O2O 馆三大龙头，带动贫困户连片脱贫。鞋服产业是石城县的首位工业产业，通过中国鞋材网全国总部落户石城，促进鞋服产业的快速发展，吸纳了 1000 多户贫困户到鞋服企业就业，人均年收入超过 1.5 万元，真正达到"一人就业，全家脱贫"。白莲产业是石城县的农业支柱产业，通过引进中国网库集团公司投资建设了"中国白莲产业集群电子商务基地"，以"白莲产业网+赣江源公司+白莲合作社+贫困户"的模式，让县内贫困户通过白莲种植实现增收。

（二）最后一公里的配送

石城县通过健全电商进农村网络，夯实了电商扶贫硬件基础，石城县形成了由县邮政公司建立电子商务进农村物流体系，涵盖县级集散中心、乡镇快递超市、村级电商服务站的农村物流三级架构。县邮政公司与包括"三通一达"在内的13家社会快递企业签订了合作协议，将县至村、村至县的所有快递整合起来由邮政统一配送。政府通过购买县邮政快递服务，为贫困户提供免费完善销售、配送农产品的服务。各社会快递企业需要配送到乡镇的货物，统一先运送到县电子商务进农村物流集散中心，重新录入县邮政公司开发的电子商务进农村物流信息系统，由邮政公司每天两频次配送到乡镇快递超市，乡镇快递超市进行二次分拣，每天一频次配送到村电商服务站。反之，从村到城镇按照相反的流程进行，探索解决了农村物流配送"最后一公里"的问题。

三、典型案例：流动的电商网络

位于丰山乡的绿丰薏仁专业合作社早在成立之初，就面临着薏仁销售难的问题。随着电商进农村工作的推进，合作社与电商服务站紧密结合，扩大网上销售，通过"线上推广+线下销售"的运作模式，一下子打开了薏仁销路，贫困户通过土地流转及土地入股等形式，保底分红12%，同时享受二次分配，户均年分得红利1500元以上。屏山镇山下村通过"电商服务站+合作社+贫困户"的模式，创造了20天时间里销售土鸡蛋20万枚的奇迹。全村90%的贫困户加入了合作社，带动了贫困户200余人脱贫。截至2019年，石城县按照"一村一品"思路，建立"电商服务站+合作社+贫困户"模式，已经打造出年均网上销售额500万元以上的电商示范村3个。同时，石城传统的白莲、紫薯、米粉、山茶油等特色农副产品纷纷搭上电商销售的快车道。

四、电商扶贫的成效

通过打造以"赣农宝"、"社会扶贫网"、"邮乐购"、"农村淘宝"等为代表的涉农电商平台，全县所有乡镇和行政村快递覆盖率实现100%，县至村快递配送实现24小时到达，县至村物流费用实现全民免费。农民得到了实惠，享受和城里一样的生活质量和售后服务，真正实现了"买全国、卖全国"。

第五节　开发本土人力资源，建好家门口的车间扶贫群

一、扶贫车间缘起

精准扶贫要在精准识别的基础上进行，对于有劳动能力的贫困户通过一人就业达成全家脱贫的目标，因而增加就业成为脱贫工作中最直接有效的方式。此外，就业扶贫还在一定程度上阻断了贫困的代际传递问题。江西省由于紧邻福建省、广东省等省份，改革开放后人口大量外流，成为东部省份的劳动力供应大省，因而导致当地农村留守老人、留守妇女、留守儿童的三留守问题突出。2016年，江西石城通过一系列优惠政策吸引外来电子厂、衣服加工厂、鞋厂等劳动密集

型制造业企业进驻石城，使得昔日在外从事同样劳动密集型的工作而今在家门口就可以实现，并且就业的低门槛直接为当地贫困户就业增收创造了良好的就业市场环境。

二、扶贫车间的典型举措

（一）引进外来企业

为了鼓励更多企业发展"扶贫车间"，石城县出台一系列扶持政策：新建就业扶贫车间产权归乡（镇）政府所有的，吸纳安置 10 人以上建档立卡贫困人口就业，面积达 576 平方米的补助资金 50 万元，面积达 360 平方米的补助资金 30 万元；[①] 新建就业扶贫车间产权归企业所有的，吸纳安置 10 人以上建档立卡贫困人口就业的以 200 元/平方米标准给予补助；对入驻扶贫车间的企业，前三年免交房租，带动一个建档立卡贫困人口年收入达 1.8 万元以上的奖励 0.5 万元，年收入达 1 万—1.8 万元的奖励 0.3 万元，带动劳动能力弱且年收入达到脱贫标准的给予适当奖励；对吸纳安置贫困劳动力就业人数达到 10 人以上且稳定就业达半年以上的，给予就业扶贫车间 1 万元的水电费补助，每增加 10 人，再增加 0.5 万元水电费奖补，依次递增，每个就业扶贫车间每年累计补助总额最高不超过 3 万元。

（二）留住青年人

政府为留住本地青年劳动力，根据吸纳安置贫困劳动力就业实际人数，以 200 元/人/月的标准给予企业、个人各 50%且最长不超过 3 年的岗位补贴。此外，石城县政府还积极组织贫困劳动力参加集中培训，为以师带徒等形式开展技能岗前培训的企业提供 600 元/人的培

---

① 参见石城县《关于进一步明确和调整就业扶贫项目实施方案中奖补政策及办理程序的通知》。

训补贴，培训合格后在企业就业并与之签订 6 个月以上劳动合同的，给予 500 元/人的一次性求职补贴。这样大力度的扶持，让石城一批有志青年纷纷返乡创业，截至 2019 年，已有 8 位返乡创业青年开办起了"扶贫车间"。例如，桐江村的主要做法是，通过支部牵线搭桥，成功引进鞋面加工厂一个，解决了农村剩余劳动力的就业问题，为贫困户拓宽了增收途径。其中，该扶贫车间还有一个"人性化"设置，在车间一角设置了儿童活动的区域，解决了来工作的村民孩子无人照看的问题，在距离与心里上留住青年人。

三、典型案例：在家门口解决"扶贫与招工" 两难问题

"既可以照顾小孩，工作就在家门口，还能增加收入"是绝大部分人想要的工作状态，针对大部分贫困户就业难以及沿海招工难问题，近年来江西省石城县实行"企业+扶贫车间+贫困户"的扶贫模式，将扶贫车间搬到贫困户的家门口，一举攻克这个两难问题。在石城县，被困在家中无法外出工作的贫困户还有不少，据调查，有外出务工经历和一定务工技能但因照顾小孩或老人而放弃务工的贫困户有几千人。位于石城县工业园区的艺丰工艺品有限公司以前就存在招工难的问题，启动"扶贫车间"后，该公司分别在 6 个乡镇签订了协议，把一些初加工产品和简单的工序放到乡村车间，降低就业门槛，使妇女、老人甚至是轻度残疾人也可到车间就业，扩大了就业人员的覆盖面，缓解了招工难题。

此外，也有贫困户通过在扶贫车间学习技术，回家创办劳动密集型加工制造业生产车间带动其他人脱贫的经典案例。例如，珠坑乡高玑村的曾德柱双腿残疾，外出找工作多次应聘都因为身体残疾被拒绝。他认为自己姓曾不姓贫，不能只等着政府的救济。在与村第一书记和帮扶干部商议之后，决定利用金融扶贫政策贷款创办自己的制衣厂，到 2015 年底，曾德柱的制衣厂步入正轨，在自己努力和干部帮

扶下，日渐壮大。2017 年，曾德柱一家可支配收入达 3.2 万元，真正实现了脱贫摘帽。已脱贫的他先后通过师傅带徒弟的方式，帮带 3 名有需求的贫困户人员学习并掌握制衣技能，并通过社会扶贫网为有需要的贫困户送出了一批批自己制作的童装。

四、扶贫成效

2016 年以来，石城县紧紧围绕"六大项目"政策，积极引导贫困劳动力就业创业，做实就业扶贫工作。截至 2019 年，全县共创建 74 个就业扶贫车间（基地），同时当地以"技能培训、就业帮扶"为手段，开展了数百场就业技能培训，累计参与人员达到 8050 人次，成功帮助 18364 名贫困劳动力实现就业，为贫困户脱贫增收提供了积极指导，[①] 贫困户真正通过扶贫车间实现了在家门口就业的理想。

第六节　总结与启示

纵观石城县从 2015 年精准扶贫开始到 2019 年完成脱贫摘帽，石城县的产业就业扶贫立足地方经济与社会文化实际，尊重农户既有生计状况，积极发掘地方资源优势进行开拓创新，努力破解地理区位瓶颈，主动连接政府扶贫行动与市场竞争机制，不断推动本土产业发展，使贫困户能够在乡在土实现脱贫增收，摸索走出了具有石城特色的产业就业扶贫的嵌入式创新之路，取得了良好的经济与社会成效。石城县产业就业扶贫的嵌入式创新之所以能够成功，源自石城县将扶

---

① 资料来自石城县人民政府办公室关于印发《石城县"就业扶贫车间"建设工作实施方案》的通知。

贫工作嵌入百姓的日常生计与社会生活中，尊重地方自然与社会生态及农户意愿，在生产发展上给予农户发展生产的自主选择权，因地制宜实行了不同的产业就业扶贫政策，农户既可以自家经营发展生产，也可以合作的形式入股参与分红，还可作为雇工获得工资性收入，充分发挥了农户的主体作用。

总体看，围绕助推贫困户脱贫增收这一核心目标，石城县形成了产业就业扶贫的几大模式。其一，从贫困户生计资本利用层面看，形成了鼓励贫困户通过土地转包、出租、互换、转让及入股等方式流转承包耕地的"土地流转帮扶模式"，以及将土地、山地按现行市场价格作价入股，由承包人经营管理，按股分红或按固定红利分红给贫困户的"股份经营帮扶模式"。其二，从贫困户经营产业方式层面看，石城县采用"公司（龙头企业、家庭农场、合作社）+基地+农户（贫困户）"的"合作经营帮扶模式"。形成了"返租倒包模式"，即将龙头企业、合作社的农业产业返租给贫困户，使贫困户获得产业就业机会与收入。其三，从产业就业扶贫内容上看，石城县产业就业扶贫已发展为包括了以"烟莲菜+特色种养"为主的"3+X"农业产业扶贫，依托本土旅游资源的综合乡村旅游、生态旅游、历史旅游为一体的旅游扶贫，以光伏发电收入为主的光伏扶贫，以当地特色农产品网络销售为主的电商扶贫以及带动贫困户在家门口就业的扶贫车间。

具体看，石城产业就业扶贫坚持落实"五个一机制"。其一，选准一个产业，石城以烟莲菜为主导产业，坚持持续壮大特色产业，鼓励贫困户发展油茶、脐橙、薏仁、翻秋花生、山地鸡等特色种植业。其二，培育壮大龙头企业、农民合作社、家庭农场等新型农业经营主体，努力打造龙头产业。其三，根据当前农村贫困户生计方式，探索建立了一套利益联结的帮扶模式，包括自主发展创业、务工就业、返租倒包、要素入股或租赁、集体经济反哺、代种代养、技术技能培训等。其四，坚持产业奖补和产业项目奖补，政府积极发展产业扶贫，从 2015 年开始为贫困户发展产业开通了"金福通"、"信贷通"等专项扶贫贴息信贷，为贫困户提供三年 5 万元无息贷款发展种养殖业，在产业扶贫中建立起了一套长效的扶持机制。其五，创新了一套"一对一"技术服务体系。总之，石城县形成了不同利益主体间的联结，努力实现了贫困户增收、造血功能增强、内生动力激发、增收渠道拓宽及农业设施改善的"五方面成效"。

总之，通过扎根乡土的摸索与创新，石城县产业就业扶贫形成了自己的特点。首先，石城产业就业扶贫坚持扶贫先扶志，通过积极开展扶德扶志、感恩奋进、自强自立的先进典型宣传，激发全县广大群众脱贫奔小康的思想自觉和行动自觉。其次，从产业就业扶贫之前的选择工作方面，石城坚持最大程度依托当地的自然、经济、社会、文化等多方面资源，坚持因地制宜，因村、因户、因人施行不同的产业就业扶贫举措，石城县各乡镇党委政府、结对帮扶单位及驻村工作队在深入调查研究基础上，根据贫困家庭人口、资源、技能、意愿，选择能带动覆盖多数贫困户的主导产业，同时在了解尊重一家一户产业发展意愿的基础上，动员贫困户自主选择发展农业扶贫产业。最后，石城坚持全县一盘棋，注重多部门的沟通协调，积极推进技术、资金、政策等多方资源协同助力贫困户进行产业就业脱贫，全面推进落实产业就业扶贫过程中的问题整改，时时总结产业就业扶贫中的问题，对扶贫项目采取有效的监督机制，同时制定了产业发展的长效机制，以巩固提升产业就业扶贫的成效，助推可持续的内涵式发展。

第六章

"千人铸造计划"

——打造一支"不走的扶贫工作队"

第一节　培育内生带动力量："千人
铸造计划" 的缘起

习近平总书记指出，"扶贫不是慈善救济，而是要引导和支持所有有劳动能力的人，依靠自己的双手开创美好明天"①。只有激发贫困地区和贫困群众脱贫致富的内在活力，让贫困群众学会一技之长、学会自力更生，才能从根本上改变贫穷的现状，实现可持续发展。2017 年，石城县立足培育本土人才的发展理念，立足本土实际，切实贯彻习近平总书记"要培养农村致富带头人，促进乡村本土人才回流，打造一支'不走的扶贫工作队'"指示精神，着眼"产业引领、人才回流、带贫益贫、建强组织"，实施创业致富带头人培育的"千人铸造计划"，打造了一支"不走的扶贫工作队"，成效斐然。

一、实施"千人铸造计划" 是石城脱贫与发展的内在需求

一是帮助贫困群众增收脱贫的需要。石城县民风淳朴，群众热情好客、勤劳质朴，绝大多数贫困人群参与产业发展，通过自身努力脱贫致富意愿强烈，但受文化水平、身体状况、贫困程度等影响，独立发展能力差，即使有发展意愿，也多由于技术、资金等生产要素的缺乏或者风险畏惧心理，导致参与产业发展程度不高，产

---

① 中共中央党史和文献研究院编：《十八大以来重要文献选编》（下），中央文献出版社 2018 年版，第 40 页。

业扶贫难以达到理想的效果。贫困群众迫切希望有本土能人来带领他们增收致富。

二是建强农村基层党组织的需要。通过培育创业致富带头人，能够引导一批石城籍的外出务工创业青年返乡创业，培养和储备一批乡土人才，建强基层人才队伍；也可以把村组干部和后备干部培育成为创业增收、带贫致富的"火车头"，实现"两个带头人"有机融合。村干部致富能力的增强，不仅可以带来村"两委"班子活力的增强，还可以带来基层组织政治领导力、群众凝聚力和发展推动力的增强，助推建强基层党组织。

三是促进农村经济与社会发展的需要。农村留不住人，关键在于农村经济社会发展落后，农业产业发展不起来。要促进农村经济社会发展，单靠政府"输血"显然不可能，归根结底，要有一大批的创业致富带头人，领办合作社、企业、产业种养基地，在政府的扶持和自身的努力下，发展壮大，形成"龙头企业为核心、专业合作社为纽带、广大农户为基础"的产业格局。

二、石城推进"千人铸造计划"的独特条件和优势

一是客家文化的凝聚有利于吸引人才返流。外出打拼、返乡回报的客家文化对石城人民有着潜移默化的影响。很多石城青年崇尚外出闯荡，自主创业。有了一定社会资源和经济基础后，便会返乡帮助邻里。这种文化氛围对石城县吸引在外创业人才返乡有重要作用。互帮互助的宗族意识也有利于本土能人更便捷地开展工作。

二是特殊历史和定位引发党政部门重视。作为原中央苏区的核心区域和罗霄山脉集中连片特困地区，石城县的发展受到各级党政部门的高度重视。石城县是国务院扶贫办定点帮扶的贫困县，在政策、资源、人才等方面有"先天优势"。

三是发展传统特色产业为振兴特色产业奠定基础。石城县有烤

烟、白莲、水稻三大传统特色产业。石城县的农业种植传统历史悠久，石城男女老少几乎人人都参与白莲生产。振兴特色产业的同时，推陈出新，延长产业链，提高附加值的发展思路，在石城县有深厚的历史与社会根基。

四是区位条件优势有利于资源流动聚集。石城县位于江西省东南部、赣州市东北部，地处江西赣州、吉安、抚州和福建三明、龙岩五地市交汇处。自古以来，石城都是江西进入闽西粤东必经之地，206国道直通南北，石（城）宁（化）公路在境内汇合，自古有"客家摇篮""闽粤通衢"之称。石城距离福建宁化、南安等地很近，有利于承接产业转移和区域人员、信息、资本交流。

第二节　选好人才：挖掘本土人才与促进人才回流并行推进

2017年3月，石城县提出"千人铸造计划"，计划用三年时间，分三批组织有创业条件、有带动贫困户增收意愿的培育对象到国务院扶贫办贫困村创业致富带头人（蓉中）培训基地参加创业培训，每人再帮带孵化6名创业致富带头人，通过"1+6"的帮带孵化模式，三年共培育1000名左右创业致富带头人，锻炼一支基层致富能人团队，打造"创业致富带头人培育示范县、样板县"。① 如何选人用人是石城县必须考虑的问题。为了保障这一政策顺利实施，石城县专门出台《石城县创业致富带头人培育管理办法（试行）》，从制度层面打通县、乡、村三级，形成培育创业致富带头人的政策合力。

---

① 资料来自中共石城县委办公室、石城县人民政府办公室关于印发《石城县创业致富带头人培育管理办法（试行）》的通知。

　　在选择人才方面，石城县设定严格的制度标准，致力于选出真正具有带动作用又有带动意愿的致富带头人。石城县坚持把握条件与注重程序双管齐下，着力选好培育对象。在人才选择条件上，石城县突出"四强"标准，即政治思想强、创业意愿强、创业基础强、带领能力强。要求培育对象政治上忠诚可靠，坚决拥护中国共产党的领导，爱国、爱民，有社会责任感，无不良信用记录，无违法违规行为；热爱家乡，渴望创业致富，能为家乡的事业发展作贡献；年龄在25—45周岁之间，有一定文化基础，有生产经营管理能力和产业开发能力，有一定的资金和技术，重点是合作社领办人和村组干部；具备较强的组织管理能力，愿意帮助当地贫困户改善生产生活条件，善于激发群众尤其是贫困户的内生动力，积极支持参与健全基层组织和乡村治理。在人才选择程序上，石城县注重"三级"联审，按照"个人报名、村级推荐、乡镇初审、县级确定"的程序择优选拔确定，确保培育对象政治合格、基础较好、群众认可。尤其是，坚持优先从村"两委"干部、村干部后备人选、农民专业合作社负责人、农村党员等中间挑选培育对象。截至2019年，1043名致富带头人中，有合作社领办人或骨干119人，村组干部315人，产业大户或新型职业农民171人，返乡创业人员306人，建档立卡贫困户89人。

　　除在家的本土人才外，石城县还通过"人才回归"工程，对本县在外的优秀人才实行"返乡召回"机制，将其择优推荐为致富带头人培育对象。选拔时，申请人填写《创业致富带头人培育对象申报表》，并向村"两委"做出带动扶贫承诺。村党组织召开由驻村第一书记、村"两委"干部、乡（镇）挂村干部等人员参加的村"两委"扩大会议研究确定推荐人选。乡（镇）党委、政府对推荐人选基本情况进行审核后，上报县创业致富带头人培育工作领导小组确定并公布。

第三节　产业引领：为致富带头人
培育搭建地方产业平台

　　一个地方彻底摆脱贫困，关键靠发展，根本在产业。产业扶贫是农村脱贫的主要依托，具有基础作用、优先地位和持续效果。发展产业有助于地方找到持续发展的"摇钱树"，能通过吸收就业和延长产业链将发展成果惠及民众。

　　石城县立足地方实际，因地制宜，紧紧围绕培植优势产业抓创业致富带头人培育工作，使铸造工程有根基、有后劲、可持续，实现了"嵌入式创新"。根据石城县"3+X"产业扶贫模式规划，"千人铸造计划"所培育的特色产业基地既符合石城县不同地区实际情况，又构成对现有"烟、莲、稻"三大产业的有效补充。针对区位边际、人气不旺状况，石城县确立了"精致县城，秀美乡村，特色景区，集群产业"全域旅游发展路径，期望通过发展旅游业，扩影响，旺人气，成市场，兴产业，脱贫困，形成"旅游兴旺引领，生态农业、低碳工业、现代服务业齐振兴"的泛旅游产业发展格局。同时，石城县人少山多、水源好，适合野外养殖。以木兰乡为例，以往，当地农民会在自家养上少量山地鸡，很受市场青睐，需求旺盛，可卖很高价格。但山地鸡养殖对技术、销售各方面要求较高，农户自发养殖，风险较大，很多农户望而却步，只是少量散养，形不成规模效应。该乡通过资金、信息等帮扶措施，扶持民间养殖大户，引导养殖大户成立山地鸡养殖专业合作社。木兰乡山地多的特点为山地鸡养殖提供了良好的条件。木兰乡遴选并培育谢火生、温昌善等本土能人为创业致富带头人，发挥他们的示范带动作用，挖掘农村内生脱贫力量。

典型案例1：依托民间养殖传统发展养鸡产业的谢火生

石城县木兰乡有句俗语："吃的是谷，喝的是露，若能用它补一补，冬到大寒不用布。"石城县木兰乡是一个典型的丘陵地带，境内群山连绵，林木葱郁，环境优美。在当地，以前有农民散养土鸡，让土鸡在山林里自由觅食，饮的是山泉水，吃的是山间野草、虫蚁，这样养出来的鸡肉味鲜美，营养价值高，有很多市民特意开车前往购买。

2008年起，木兰乡东坑村的谢火生开始尝试规模养殖。平时家里散养数量少，管理起来非常容易，但规模养殖就没那么轻松，稍有一个环节不小心，就有可能全军覆没、不盈反亏。2008年初，谢火生引进了1500余只山地鸡，由于当时只用了200瓦保暖灯泡，没有做足保温措施，又恰逢低温天气，造成了这批鸡苗全部被冻死，造成了近万元的损失。2009年，一批2000羽山地鸡因食用了一批不合格的雏鸡专用饲料，造成了大面积患病，经济损失也上万元。

谢火生意识到"蛮干"难以出成果，便转而出门考察学习。他先后到崇仁县、宁都县等地的养殖基地，蹲点学习专业养殖技术。学成归来后，谢火生深刻吸取了以往失败的经验教训，逐渐扩大养殖规模，流转了500亩山林，新建育雏室和鸡舍，创办山地鸡养殖基地，基地年出栏山地鸡近3万羽，带动全乡年出栏山地鸡达30万羽。

谢火生带头成立了石城县山地鸡养殖专业合作社，采取统一种苗、统一技术、统一防疫、统一品牌、统一销售，分散种养的"五统一分"发展模式，组织养殖户团结在一起，共享产业发展红利。谢火生致力打造一条完整的产业链。木兰乡党委、政府也非常支持这一产业，把山地鸡作为当地支柱产业全力支持、集中打造。先后在杨坊村投资50多万元，新建含种鸡场、育雏基地、孵化基地、综合办公楼等于一体的山地鸡专业孵化基地，解决山地鸡种苗问题。同时在田江村新建全自动标准化深加工厂，进行宰杀、真空包装、保鲜冷冻等，为把山地鸡销往大城市奠定了基础。

谢火生还组织养殖户前往福建三明，广东广州、东莞等地，广泛开拓销售市场，与当地农贸市场、超市、酒店等签订销售协议。先后在本县县城设立了三个销售点，在赣州市区、三明市区、宁化县、广昌县分别设立了定点销售点，不断向外拓展木兰山地鸡市场。同时采用线上线下合一模式，借用福建金稻田有限公司网络平台，打造电商服务体系，扩大山地鸡的销售渠道。

随着销售的火爆，木兰山地鸡品牌在市场上有了一定名气。要做大做优就要乘势而为，再上更高更大的平台，打造更响更亮的品牌。这时，谢火生抢抓机会，积极与县有关部门联系，邀请CCTV7《食尚大转盘》栏目组走进木兰乡，对木兰山地鸡进行专题拍摄，制作成专题宣传片播出，节目播出后引起强烈反响。2018年6月，央视《科技苑》栏目专题播出木兰山地鸡，木兰山地鸡由此名声大噪，央视把它称为"滑翔鸡"。

2017年，谢火生参加了石城县第一批创业致富带头人培训，成为了第一批创业导师。谢火生与当地政府合作，为贫困户提供鸡苗，全程指导养殖技术，与贫困户签订收购合同，保底回收山地鸡，确保贫困户的养殖利润。石城县山地鸡养殖专业合作社成立以来，带动木兰、高田、丰山等乡镇群众发展养殖产业，累计带动200多户贫困户参与山地鸡养殖脱贫。

2015年，木兰乡杨坊村贫困户温昌善加入了山地鸡养殖队伍。但刚开始没有经验，导致第一批2000多羽山地鸡冻死了大部分。看到心灰意冷的温昌善，谢火生主动邀请他到自己的基地参观学习，精心传授养殖技术，手把手教他管理经验。在谢火生的鼓励和帮助下，温昌善坚定信心，扩大山地鸡养殖规模到

5000 羽,并且加入山地鸡专业合作社。在吸取了前一年的经验教训基础上,温昌善严格把控疾病预防,精心管理。当年,他靠养鸡赢利 10 万元。逐渐走上养殖路的温昌善,也顺利成为了创业致富带头人,还带动了 6 名贫困户养殖山地鸡,顺利实现脱贫致富。

典型案例 2:依托地方旅游资源发展生态旅游的赖景传

石城县龙岗乡创业致富带头人赖景传从小就头脑活络。20世纪 90 年代,当大多数同龄人南下福建及广东务工时,他选择了加入第一批创业者队伍,在石城县跑运输。心怀到更广阔舞台创业致富的梦想,赖景传揣着跑运输赚来的 3000 多元钱,只身来到福州打拼。20 多年的时间,赖景传瞄准了以汽车轮胎销售为主的商贸物流业,创立了福建龙传商贸有限公司和福州百驰顺商贸有限公司。在他的悉心经营下,两家商贸公司逐渐发展壮大,慢慢积累了一定财富。

2015 年下半年,赖景传返回老家龙岗乡水庙村,准备再次创业。经过深入考察调研,赖景传依托家乡良好的生态环境,利用当地青山、绿水、茂林资源优势,以及结合周边的区位优势,准备开发乡村生态休闲旅游。为此,他成立了石城旺龙湖旅游发展有限公司,并于 2015 年底开始开发建设集避暑度假、乡村休闲、生态体验、水上娱乐于一体的乡村旅游景点——旺龙湖景区。经过 10 个多月快马加鞭施工,一个具有江南风韵、融山水林田湖为一体的生态旅游度假景区竣工亮相。2016 年 10 月 1 日开始试营业,短短七天时间,共接待县内外游客 16100 余人次,带动旅游综合消费 120 余万元。

2016 年,赖景传当选为赣州市第五届人大代表;2017 年 12月,旺龙湖景区被评为江西省 AAA 级乡村旅游点;石城第三届户外嘉年华暨旺龙湖定向越野邀请赛也圆满举行。赖景传想着,自己应该为家乡作出贡献，回馈乡里。他主动与县、乡有关领导干部沟通对接，打算借助旺龙湖乡村旅游点这个平台，与当前的脱贫攻坚形势任务紧密结合起来。经过多方努力，一个脱贫攻坚创业致富带头人培训基地在旺龙湖景区正式成立了。培训基地揭牌那天，赖景传郑重承诺：2017—2021 年脱贫攻坚期间，每年提供不少于 1000 人次的免费参观培训机会；与贫困户构建良好的利益联结机制，每年安排贫困户就业岗位不少于 10 个，人均工资不低于每月 2000 元；并且，在旺龙湖景区二期项目建设过程中，优先雇用当地的贫困户参与，以此增加贫困户的收入。旺龙湖景区共吸纳建档立卡贫困户 30 余名，户均就业增收达到每月 2000 多元。

自 2017 年开始，旺龙湖旅游发展有限公司每年向水庙村捐赠 3 万元作为村集体经济收入，用于贫困户发展生产等。听说龙岗乡党委拟成立旅游党支部，赖景传主动与乡党委汇报沟通，争取将旅游支部建立在旺龙湖景区，表示可以提供专门的场所场地和支部活动平台。

2017 年 5 月，龙岗乡旺龙湖乡村旅游党支部批复成立，有中共党员 5 名。借助建立的党支部，赖景传主动向党组织靠拢，向党支部提交了志愿入党申请书，表示要在党组织的关怀下把"旅游+扶贫"做得更深更实更有成效，还要示范和带动更多的人参与扶贫、助力扶贫。水庙村党支部党员赖有万、赖东北等人抓住旺龙湖景区蓬勃发展的机遇，积极在当地开办起了多家农家乐，并且带动附近 6 名贫困户实现在家门口就业。

村民赖东连是建档立卡贫困户，常年的生活重担压得他喘不过气来。2017 年，通过"产业扶贫信贷通"贷款 5 万元，赖东连在家里开了一家小餐馆。搭乘旺龙湖景区的东风，小餐馆生意红红火火，赖东连家的生活越来越好。2019 年，旺龙湖景区再一次扩建，即将建设的 200 余亩生态种养、采摘等农家乐项目，将为更多贫困户提供就业增收机会。

典型案例3：依托本地特色茶油产业创办合作社的谢林

谢林1989年出生，是家里两个儿子中的老二，大哥现在石城县工作。小时候，父母在横江镇做生意，积累了一些钱，也让谢林有机会接触社会。谢林至今还能记得儿时兄弟二人和父亲一起坐在油茶树下乘凉，父亲说："这个东西肯定是好东西。"茶油是石城特色，而石城最好的茶油就在三和村。谢林说这是他见过的农产品中唯一不用施肥不用打药的作物。除了浇水，油茶树最需要的是充足的阳光。每年秋分，油茶果成熟，放假回家的人们刚好有时间采摘、榨油。谢林听爷爷说，以前满山都是老乡们的油茶树。后来出去打工的人多了，油茶树疏于管理，杂草遍地，透光性不好，品质也有所下降。

小时候的谢林学习很好，但上了石城中学后开始松懈，高考考到九江职业技术学院机械工程学院，学习机械自动化，不承想到这成为日后他重返茶油行业时的门路。2012年，谢林毕业后进入昆山机械厂工作，实习时有三四千元工资，转正后七八千。工厂生活对谢林来说太枯燥乏味，想创业的他从父母那里获得第一笔投资，开始在城里创业。谢林谈起自己的创业经历笑称"男孩子想创业，先要成家"。刚创业时，谢林的店"三天打鱼两天晒网"，经常和在医院工作的女朋友一起出去玩，不到一年店面就黄了。结婚后，谢林才开始意识到创业的艰辛和自己对家庭的责任，浪子回头重操旧业。

2014年7月，谢林和父亲一起在三和村成立了"石城县大柏地生态种养专业合作社"，累计入社137人，含109名建档立卡贫困户。一开始，谢林发现老乡们还是用人工方式管理、收获，这在年轻人外出打工的情况下是不利的。谢林想到可以用机械代替人工，但山区如何用机械呢？

谢林找到几家年龄大的村民说："你们要是信得过我，就把油茶林托管给我，我来干，你们领钱。"谢林平时帮助邻里，在村里口碑很好，村民愿意把油茶林托给他管理。这些工作原本就是农民该做的，老茶山清理时地方政府还有200元一亩的林业补助。第一年没政策、没资金、没渠道、没技术，2015年和2016年开始稳定下来，逐渐成熟。谢林自己购进一些机械设备，成为村里少有的拥有压榨、灌装一体化设备的生产者。

合作社共发展油茶林1895亩，带动104户贫困户发展1311亩油茶。谢林采用了五种带农增收脱贫模式。一是土地流转，对没有种植意愿的村民，从其手里流转土地。二是入股分红，贫困户出资或以固定资产加入，每年按股分红。三是签约销售，由合作社托管土地和油茶林，收获后贫困户可以以低于市价0.3元/斤的价格在合作社里榨油，合作社再以市价保底收购。四是吸引贫困户在合作社里就业务工。五是技能培训，对有技术提高需求的农户进行技能培训。

2017年5月，县里第一批"千人铸造计划"启动，村里推荐谢林赴福建培训。赖宝林是谢林的班长，班上每名同学都有一位创业导师。在谢林看来，培训班提供给学员的不止是参观学习先进经验，更是一种平台格局，一些社会资源。创业致富带头人可以优先享受创业贴息贷款。谢林在吸引贫困户时也说："你们想来我这里，我可以教你们技术，你们之后再干。不想种油茶的，想做其他的，我都能给你联系到人，需要什么我都能帮你安排。"

谢蕴金是谢林帮扶的贫困户。他在合作社里工作过一段时间，想单干，却又不知道怎么办。谢林得知后找到谢蕴金，提出可以试试谢蕴金妻子老家的核桃。试种后发现长势不错，谢林就帮助联系技术、贷款和销售。如今脱贫后的谢蕴金也成为创业致富带头人，继续帮扶其他贫困户脱贫。

第四节　人才回流：为致富带头人
培育蓄积本土人力资源

改革开放以来，石城县青壮年外出务工，不少人事业有成。他们能回乡创业，是致富带头人的重要生力军。石城县作为全国第三批结合新型城镇化开展支持农民工等人员返乡创业试点地区，非常重视吸引外流人才返乡创业工作，为致富带头人的培育蓄积本土人力资源。石城县是劳务输出大县，长年外出务工人员达 10 万人以上。为深入开展精准扶贫工作，石城县出台了《关于支持农民工等人员返乡创业实施方案》，采取多项措施，优化农民工返乡创业环境。

一是建立返乡创业园。依托现有工业园区，抓好小微创业园区孵化基地建设，对入驻的企业、个人给予三年的物管费、卫生费、房租费、水电费等财政补贴，并对返乡创业园评估为省级创业创新带动就业示范基地的给予 100 万元的奖补。二是落实减税降费政策。至 2017 年，对按月纳税的销售额或营业额不超过 3 万元以及按季不超过 9 万元的缴纳义务人，免征增值税、营业税、教育附加、文化事业建设等费；对符合小型微利企业应纳税所得额低于 30 万元的，其所得税按 50% 计入应纳税所得额，按 20% 的纳税缴纳企业所得税。三是健全职业补贴制度。针对农民工等人员返乡创办的企业，招用就业困难人员的给予社会保险、职业介绍、职业培训、技能鉴定、公益性岗位、就业创业服务等财政补贴。四是加强创业担保贷款扶持。设立财政创业风险基金，为返乡农民工等提供创业贷款担保，符合条件的企业、个人可一次申请最高 10 万元、二次扶持最高 30 万元的贷款，针对合伙经营并经注册登记的，可贷 50 万—400 万元，以上贷款期限均为两年，并按规定享受财政贴息。

石城县建立 3000 人的外出创业人才库，在发达城市和乡镇双向成立商会，推行 33 条"返乡召回"新政，实施 1000 套人才安居工程，建设 72 处扶贫车间，提供"一站式"创业服务，"回家乡，再创业"成为他们新的发展方向。

典型案例1：放弃百万年薪返乡创业的黄小勇

黄小勇出生在石城县珠坑乡坳背村这个偏僻小山村。坳背村是"十三五"贫困村，人多地少，土地贫瘠，村民收入低。从小发誓要走出贫穷的他，学习非常努力，克服种种困难，终于考上了南昌大学法学专业本科。大学毕业后，他在石城县一家事业单位上班。虽然过着体面的生活，拿着稳定的工资，但面对生活的拮据，誓要改变贫穷命运的他，大胆下海创业。2006 年，他来到广东东莞，承包了一家企业员工食堂，积累起了第一桶金。此后，黄小勇四处打拼，在云南采钨锡矿，在深圳创办外贸公司。创业稳定后，年纯收入突破一百万元。

2014 年，黄小勇放弃百万收入返乡创业，流转了坳背村、良溪村和竹溪村三村交界的 6000 亩杂化地，成立江西铭鸿达生态农业开发有限公司，组建了普丰果蔬专业合作社，准备把坳背村建设成麒麟山现代农业观光园。

正当建设红红火火推进时，2015 年 5 月，石城县遭遇特大洪灾，黄小勇刚刚完工的路网设施基本被冲毁，新开的经济果林区也出现了大面积塌方，这无疑给他带来沉重的打击，一些股东开始要求撤资，一些朋友也劝他见好就收。

面对这突如其来的灾害，黄小勇顶住来自各方的压力，珠坑乡也积极行动，一方面帮助他重塑信心，鼓励他坚持干下去；另一方面组织县水保、交通等部门实地踏勘，核实受灾情况。结合横江河竹溪小流域治理，整合水土保持资金，用于园区林相改造和水土保持建设。

在相关部门的专业指导和大力支持下，黄小勇克服资金、技术等种种困难，园区建设快马加鞭。黄小勇将产业发展、园区开发与乡村旅游、水土整治紧密结合起来，探索出一条"生态改良+乡村旅游"的发展路子。截至2019年，园区已经建成700亩综合果园（葡萄园、杨梅园、金桔园、脐橙园、蜜桔园等）、亲水休闲区、经济植物区和水保监测等多个功能区，预计年产值1200万元。麒麟山现代农业观光园也被评为省级3A乡村旅游点、省级水土保持示范园。2019年，通过了国家水土保持示范园的评审，年底挂牌。

2017年，黄小勇参加了石城县创业致富带头人"千人铸造计划"，先后到县内创业示范基地和福建蓉中培训基地接受培训。学习期间，黄小勇接触到创新创业、运营管理技能以及和自己一样的创业人。学成归来后，黄小勇第一时间签订了帮带贫困户协议，想方设法带领贫困户增收。除了流转贫困户土地外，还在更大范围向贫困户提供就业岗位。坳背村贫困户黄发坤的儿子、儿媳都是残疾人，他成为家中唯一的顶梁柱。他通过土地流转获得租金1.2万元，同时又在黄小勇的园区做果树管护工作，月收入2000元以上。黄发坤说："真心感谢小勇，让我既可以照看家庭，又有稳定的收入。"

黄小勇了解到村里一些残疾贫困户有一定劳动能力，但又没有合适的就业岗位后，主动在园区设置残疾人油茶抚育和环境保洁公益岗位，专门为残疾贫困户提供就业。良溪村贫困户程南金夫妻二人均为残疾人，程南金今年已经60岁了，全家生活靠低保维持。由于他年纪大，身体又有残疾，没人愿意请他做工。黄小勇主动邀请程南金到园区从事油茶管护，工资实行日结日清，2017年他拿到了6000多元工资。程南金说："这是我第一次靠自己赚到了这么多钱，这钱用得特别开心，特别踏实。"

在黄小勇的园区，像程南金这样的残疾贫困户有12名，年人均增收 4000 元以上。2017 年以来，黄小勇累计帮带贫困户 136 户 200 余人实现就业增收，通过"栽富树"项目为坳背村 92 户贫困户每户每年增加 2000 元收益。黄小勇在扩大就业的同时，从广西聘请专业葡萄种植技师，除了正常果树管护外，还办起了葡萄种植技术培训课，免费向贫困户推广现代葡萄种植技术。在他的带动下，良溪村、坳背村 40 多户贫困户种植葡萄 530 多株，预计户均增收 1900 元。

自身稳定下来后的黄小勇申请成为全县首批创业导师，积极承接全县创业致富带头人培训观摩工作，通过经验座谈、现场交流，与有创业意向、遭遇创业困境的学员们交流思想、分享经验，为他们答疑解惑。两年间，黄小勇先后 7 批次承接县创业致富带头人培训观摩，与 700 多名学员分享创业经历，直接孵化创业致富带头人 4 名，辐射就业农户 28 名，其中贫困户 14 名，户均增收 5000 元。

屏山镇长江村贫困户张金亮是一名 80 后，由于缺技术缺资金，务工收入低，而家庭人口多支出大，家庭相对贫困。2017 年，黄小勇安排张金亮到麒麟山庄血橙园务工。为帮助张金亮脱贫致富，黄小勇一方面鼓励他向自己看齐，克服困难，树立信心，大胆创业；另一方面聘请种植专家全程指导张金亮学习脐橙种植技术。在黄小勇"一对一"帮扶带动下，张金亮逐渐成长起来，成为创业致富带头人。2018 年，他回到长江村，承包了 40 亩山地种植脐橙，成立石城县明辉专业种养合作社，帮带 10 名农户（4 名是贫困户）增收，户均增收 1.2 万元。

典型案例 2：返乡创业的技术能人陈从平

出生在 20 世纪 80 年代的陈从平没有多高的学历，很早便前往沿海等地的大城市务工，最后在服装业兴盛的福建泉州安顿下来。一开始，陈从平做最基础的机车工，一点一滴，积累经验。

和他一同进厂的同伴们有的受不了辛苦,早已频繁换厂。"以前在福建漂泊不定,打工累,赚钱、顾家两难全,我是深有感触。"但陈从平很执着,干一行,就钻一行。几年过去了,他成了厂子里技术最好、能力最强的员工,更是从最底层的机车工变成了管理层,深得老板信任,后来老板将整个手套厂都交给他负责。陈从平就是在这种环境下成长起来的,学会了经营、管理和技术,开始尝试自己创业。

2009年,陈从平拿出多年积蓄购买了20台平车机、1台包边机、2台电脑车、1台冲床机,带着妻儿,回到老家石城县高田镇,租用高田镇粮管所的房屋作为厂房,注册石城县鸿顺手套有限公司,雇用留守妇女和乡亲们,开始了他的创业之路。随着业务发展,2014年,陈从平又购买了150台平车机、6台裁床机、15台电脑车,在石城县古樟工业园租赁厂房成立新厂。陈从平的公司设备先进,生产的产品大部分出口销往欧美、日韩市场,2018年,企业年营业额达3000多万元,纳税80余万元。

2017年9月,陈从平参加了石城县第一期创业致富带头人培训班。通过培训,他的创业理念得以更新,创业视野更加开阔。陈从平萌生了这样的想法:企业发展壮大的同时,能够让邻里乡亲就在自己家门口打工赚钱,岂不更好?

2017年,石城县鼓励通过"扶贫车间"进一步落实就业扶贫,在全县建立起了73个扶贫车间。陈从平听说后,主动找到高田镇党委政府,表示申请入驻高田精准扶贫车间,吸纳贫困户就业。陈从平和高田镇政府开展建档立卡贫困户技能培训活动,免费为贫困户培训手套生产技能,提高贫困户劳动力就业能力。2017年以来,先后培训学员200多人次,其中52名贫困户留在公司就业。陈从平的公司建设了两处工厂,分别是位于县工业园的总厂和位于高田镇的就业扶贫车间,总面积达5000平方米。共有员工350多人,其中贫困户就有52人。

高田村贫困户陈能秀，其丈夫是肢体残疾人，家中有三个小孩，丈夫在江门配件厂打工，妻子陈能秀则在扶贫车间就业，车间月收入 2000 多元，一年下来，能挣 25000 多元。通过两人的努力，家里的日子蒸蒸日上，大女儿已经出嫁，二女儿在赣南师范大学读书，小儿子也通过高考成为了一名大学生。

为方便女性员工既能照顾家中子女又能安心工作，陈从平想了不少办法，也做了不少实事。首先，是提高工资待遇。给新入职员工最低 1600 元计件工资，在第一个月给予 600—700 元工作补贴，50—100 元的超产补贴，等等，员工第一个月最少可以拿到 2480—2680 元，另外，给每名贫困户每月发放 100 元的就业补助，做到在工资待遇上高于同行业。

其次，是改善生活质量。建设 1500 多平方米员工宿室楼，总计 50 个房间，每个房间最多 4 名员工居住，人均住房面积近 10 平方米，另外每个宿室都安装空调、热水器、卫生间等生活设备；按每人每天 10—20 元生活标准，制作精美可口中、晚餐，让员工住得舒心、吃得放心。为让女性员工既能照顾家中子女又能安心工作，陈从平还投入 5 万多元在高田镇就业扶贫车间设立儿童托管中心，让贫困群众真正实现了"家门口能干活，就业顾家两不误"。

典型案例 3：返乡创业的种植能人李晓华

李晓华，是小松镇丹溪村人，也是丹溪村的一名普通村干部。2010 年大专毕业后，李晓华就走上了经商道路。因为能吃苦、讲信用、有担当，李晓华的生意做得有声有色。2016 年，李晓华回到家乡创办富鑫百香果果园，利用自己的特长和多年积累的经验，在全镇率先种植百香果。

作为返乡创业人员，李晓华主动帮助家乡贫困户创收致富。需要用工时，逐户征求贫困户意见，优先考虑贫困户，即便是劳动力不强的贫困户，仍然坚持按 100 元/天的工资给付，并尽量为他们安排轻松简单的工作。

2017 年，为进一步扩大种植规模，帮助更多的贫困户实现就业、分红，带领贫困户脱贫致富，李晓华在桐江村、丹溪村流转贫困户土地 50 多亩，发动贫困户积极参与入股，鼓励贫困户利用农闲时间参与果园劳动，帮助 25 户贫困户户均年增收近3500 元，助推他们在脱贫致富的道路上走得更稳更快。

李晓华积极向党组织靠拢，2017 年 3 月，被接收为中共预备党员。2018 年村"两委"换届选举，李晓华当选为村委干部。

第五节　带贫益贫：完善致富带头人的培育机制与利益激励

一、教育培训和政策扶持双管齐下，培育有带动能力的致富带头人

采取"1+11"模式推进创业致富带头人培育。县里组织培育对象到国务院扶贫办的蓉中培训基地开展 1 个月的创业培训。培育对象培训结业后安排创业导师继续指导、帮扶、跟踪服务 11 个月。[①] 培育对象与本县创业导师对接，接受创业导师就地就近指导落实创业计划；蓉中培训基地的创业导师每季度对学员进行一次实地回访对接；基地对学员进行远程跟踪指导。由县委党校按照这一模式对其他培育对象每年至少开展一次创业培训，培训后安排创业导师指导服务。

---

① 资料来自中共石城县委办公室、石城县人民政府办公室关于印发《石城县创业致富带头人培育管理办法（试行）》的通知。

石城县借鉴蓉中培训基地做法，建立创业导师队伍，聘请54名企业家担任创业导师实行"一对一"结对帮扶，长期为培育对象提供创业指导和咨询服务。除了"师傅带徒弟"，"老生带新生"也是一种方法：组建创业致富带头人协会，定期开展座谈交流、观摩学习等活动，让先行一步、创业初成的带头人以身说法，与创业新生共享创业技术与信息，实现合作共赢、互助共进。

在政策扶持方面，石城通过多管齐下打出政策"组合拳"，不仅"扶上马"，而且"送一程"。一是土地政策夯基。对流转土地发展新型农业经营主体的，实行奖补并优先安排基本建设项目；对在工业园创办实体经济的，以优惠价供地并给予奖补。二是税费政策减负。在乡村建设标准化扶贫车间，每个车间补助50万元。三年免租金和税费。加工贸易企业在园区建设标准厂房，每平方米奖励80元。对进入电商孵化园从事电商创业的，免除租金、水电费和网络费，并提供10万元创业担保。三是教育政策暖心。在县城教育资源较好的学校，每年拿出90个义务教育入学名额，安排非石城户籍的企业管理人员和优秀员工子女入学。四是金融政策护航。设立"产业扶贫信贷通"、"财政惠农信贷通"、"创业信贷通"、"小微信贷通"、"财园信贷通"等多个金融信贷产品。设立风险缓释基金，开发免抵押贷款，并提供利息补贴。截至2019年，全县累计发放"产业扶贫信贷通"贷款8.91亿元、"小微信贷通"贷款4.27亿元、"财园信贷通"贷款14亿元、"财政惠农信贷通"贷款4.2亿元。五是产业政策助行。县财政将"创业致富带头人"培育工作列入年度预算，用于此项工作的项目开发、创业培训、评估考核、奖励兑现等。2018年县财政投入4490万元，建立"创业致富带头人"发展基金，在每个乡镇建一个创业致富项目基地，壮大村级集体经济。此外，在旅游、光伏、农业、林业等产业发展上给予政策扶持。

为实现本土人才再培育，县里按照个人自荐、乡（镇）村和各级组织推荐、县创业致富带头人培育工作领导小组择优选聘的方式建立扶贫创业导师（志愿者）队伍，指导、帮助创业致富带头人培育对象实习创业。创业导师与创业致富带头人培育对象签订"一对一"结对帮扶协议，免费为其提供日常创业指导和咨询服务。拟聘创业导师经培训合格后由县创业致富带头人培育工作领导小组颁发聘书，聘期3年；聘任期满经考核合格、双方同意可继续聘任。

县里对创业导师实行动态管理。根据资历、参与创业指导、创业实践、帮扶对象满意度等内容或成效进行考核晋级，创业导师分为初级、中级和高级三个级别。建立创业导师评估体系，每年对创业导师开展创业指导服务工作情况进行评定，并重新调整导师等级。每年对在创业指导帮扶活动中积极主动、成效显著的创业导师授予"石城县优秀创业导师"称号，以县委、县政府名义颁发证书并授牌；并对初级、中级、高级"石城县优秀创业导师"分别奖励5000元、8000元、10000元。同等条件下，优先推荐创业导师参加省、市、县各类优秀人才评选、学习考察等活动。在职村（社区）书记、主任评为"石城县优秀创业导师"的，在考录乡镇事业单位工作人员时可以给予适当加分。县创业致富带头人培育工作列入县精准扶贫项目库，经费由县财政统筹整合，涉农扶贫资金安排，由县扶贫和移民办专账管理，用于对创业致富带头人、创业导师、参与创业贫困户的培训以及创业指导、跟踪服务、评估考核和奖励等。

二、绩效考核和搭建平台两面着手，培育有带动意愿的致富带头人

组织党员创业致富带头人作出承诺，以就地就业、带动产业、引领创业等形式，帮带建档立卡贫困户脱贫增收。培育对象要与领导小组办公室签订"帮带目标责任书"，以用工、带动产业、引领创业、技术指导、基金支持等形式，帮带不少于5户的建档立卡贫困户增收脱贫；帮带时间不少于1年。为加强管理，县里建立创业致富带头人

帮带贫困户台账，一年一考核。培育对象创业成功，并帮带 5 户以上贫困户增收脱贫的，按照"个人申报、村级推荐、乡镇初审、县级确定"的程序评为"石城县创业致富带头人"，以县委、县政府名义颁发荣誉证书并授牌。

石城县对创业致富带头人实行分类管理和奖励。根据帮带贫困户情况分为五等：帮带 5 户（含）以上 10 户以下贫困户年新增收入达 10000 元以上的，评为 A 级创业致富带头人；10 户（含）以上 20 户以下的，评为 AA 级创业致富带头人；20 户（含）以上 30 户以下的，评为 AAA 级创业致富带头人；30 户（含）以上 40 户以下的评为 AAAA 级创业致富带头人；50 户（含）以上的，评为 AAAAA 级创业致富带头人。不同帮扶情况对应不同奖励：每帮带 1 户贫困户务工新增收入达 10000 元以上的，奖励 1000 元；每帮带 1 户贫困户发展产业新增收入达 10000 元以上的，奖励 2000 元。帮带 100 户贫困户年新增收入达 10000 元以上的，以一事一议方式经领导小组批准后兑现奖励。2017 年全县奖励 17 名创业致富带头人 14.6 万元。

除了物质激励，县里还把创业致富带头人纳入"新乡贤"数据库和村组后备干部人才库管理，优先从中选聘扶贫创业导师。在职村书记、主任被评为优秀创业致富带头人的，在考录乡镇事业单位工作人员时给予适当加分。将基层党组织带头人与农村创业致富带头人"两个带头人"有机融合。对积极向党组织靠拢的青年创业致富带头人优先推荐按程序培养发展为中共党员。对符合条件的创业致富带头人按相关规定和程序，优先推荐参与村"两委"换届和各级党代表、人大代表、政协委员选举。

带头人培养出来，关键要发挥带贫作用。石城县是"中国白莲之乡"，全县广大农村活跃着一批种莲大户。石城县与中国扶贫基金会合作，在大由乡试点，指导创业致富带头人建立新型白莲合作社，改变原来的松散组合，从经营主体培育、产量品质管控、供应链提升等方面规范运作，紧密联合，把带贫益贫作为核心要领、关键指标，已带动 1183 户农户、184 户贫困户入社。贫困户陈式才说:"以前我自己种莲总是赚不到钱,现在有人带着我种、帮着我卖,产量高了,价钱又好,年底还有分红。我还要跟着干!"这一模式在全县推广,建立白莲合作社 70 多个,7790 户种莲贫困户全部入社,户均增收 8000 多元。白莲扶贫是石城县探索与贫困户利益链接的缩影。近年来,石城县发挥专业合作社、金融机构、龙头企业的作用,推行租赁返聘、抱团互保、平台统销、订单收购等链接模式,产业组织化程度高了,贫困户受益面也大大增加。

典型案例 1:带贫益贫的"赣南乡村明星"赖宝林

石城县屏山镇人赖宝林,2008 年带着梦想,离开家乡到广东创业发展。虽然身在他乡,家乡却始终令他魂牵梦绕,在当地政府的热情邀请和鼓励下,赖宝林下定决心,返乡创业。

2014 年,赖宝林创立宝利园农业发展有限公司。他先后流转土地 500 余亩,推山、填沟、造地,搭建鸡舍,养殖场建好后,当年种了 150 亩白莲,养了 30 亩小龙虾和 3000 羽山地鸡。2015 年"5·19"洪灾,使他的白莲、小龙虾荡涤无存。"8·6"龙卷风又将他的鸡舍和山地鸡席卷一空……两场天灾,给他造成直接经济损失 70 多万元。

屏山镇党委政府、村民们立刻伸出援助之手,帮忙修补好因灾受损的山塘、鸡舍,抢救基地,筹措资金同他共渡难关。现如今,赖宝林流转土地 650 亩,他的企业成为了养殖泥鳅 150 亩,年出栏 20 万羽土鸡、年产土鸡蛋 300 万枚,年产值达 2480 万元的"市级龙头企业"。通过"合作社+基地+贫困户+电商"的抱团经营方式,吸收了贫困户 208 户加入,贫困户人均增收 5000元;吸纳 12 名贫困户长期在扶贫车间务工,年均增收 26000 多元。赖宝林先后获得了赣州市"赣南乡村明星"称号、国务院扶贫办(蓉中)培训基地扶贫创业导师等多项荣誉。

在赖宝林的牵头带领下，石城县创业致富带头人协会成立，以"交流联系、信息共享、互通有无、开拓创新、抱团发展"为宗旨，让创业先行一步的"大哥"带领广大致富带头人在创业路上，共享创业技术、信息等资源，互助共进。

2017年6月，石城县大由乡致富带头人董燕春、董燕林兄弟的董氏庄园在一场暴风雨中损失惨重，在得知消息后，赖宝林号召协会的30多名致富带头人连夜前往董氏庄园，义务帮助清理受灾后的果蔬大棚，将损失降至最低，得到了广大致富带头人的一致认可。

典型案例2：带贫益贫的专业合作社领办人刘谟连

刘谟连，是横江镇烟坊村人，因爷爷和父亲都是以做手工粉条为生，耳濡目染之下，刘谟连在很小的时候就已经了解了手工粉条的制作方法。1989年初中毕业后，刘谟连开始跟随别人在外打工，但前前后后干了近十年，手里却没有挣到多少钱。1999年，刘谟连在汕头做生意的时候，与在汕头做批发的老乡闲聊，老乡对刘谟连说："与其在外面打工挣这一点点钱，还不如回家去做粉条。"言者无意，听者有心，2000年，刘谟连在经过近半年的规划后，在汕头租了间房子，开始做手工粉条。两年后，刘谟连回到了家乡，开始在自家做手工粉条。

刚回到家中的刘谟连，手中的积蓄不足以用于新建厂房，只能租用邻居家中闲置的土坯房进行简单改造，用于加工和储存粉条。经过十几年的奋斗，现如今刘谟连的粉条加工厂已达到占地面积2000余平方米，投资600余万元，手工粉条的销量也达到了400余万元。

2017年，刘谟连联合烟坊村种植大户、养兔大户等种养大户成立了优康种养合作社，流转土地340亩，返聘贫困户就近务工，14户贫困户实现"一块土地两份收入"；带动26户贫困户种植 120 亩红薯并全部订单收购，每亩纯收入达 2000 余元。

典型案例 3：带贫益贫的外来现代新农人吴福华

2017 年，吴福华经招商引资来到石城县，发展大棚蔬菜种植。屏山镇新富村提前完成了高标准农田建设，并且有连片农田，非常适合发展大棚蔬菜。吴福华的赣粤菜园生态农业发展有限公司规划投资 2 亿元，在这里打造千亩大棚蔬菜基地。刚开始流转土地时吴福华就遇到了问题。在当地，尤其是老一辈农民种了一辈子田，突然间要流转掉他们的土地，他们不知道自己能干什么、去干什么。而且有些小块土地需要平整合并成大块土地，当地群众担心平整后没有了界线，合同到期后没法认回自己的土地。吴福华非常理解当地农民的想法，他和村干部一起召集当地村民开村民大会，详细向他们介绍土地流转政策，不仅流转租金比以往高，达 500 元每亩每年，还设置了很多就业岗位，为当地农民提供家门口就业，并且承诺到期后一定还回原始农田面貌。

吴福华说，要走一条与别人不一样的高端路子，打造绿色无公害放心产品。吴福华将他的绿色理念贯穿到蔬菜生产管理全过程。他在种植过程中，从来不用化肥，专门买来榨油后的下脚料作肥料，从鸡场羊场买来鸡粪和羊粪这样的农家肥有利于植物生长，长出既好看又环保的绿色蔬菜。不仅如此，他喷洒的农药还与众不同，一般的农药是直接用化学毒把害虫杀死，但他喷的是生物农药，利用生物活体或其代谢产物对害虫进行抑制，对人体无毒无害。由于生态环保，他种出来的蔬菜绿色无公害，即使价钱比市场价高出 50%，仍受大城市欢迎，产品销往上海、香港等地区。

在新富村大棚蔬菜基地，每天都有几十个贫困户在这里劳动就业，女工日工资在 70 元以上，男工日工资在 100 元以上，给他们带来了一笔不错的收入。贫困户陈正林长期固定在基地就业，帮助种植、管理蔬菜，月工资达 3600 元，不仅收入高了，还能照顾家庭。贫困户陈立科被聘为技术助手，协助基地带动其他贫困户发展蔬菜种植，月工资 3000 元。已累计解决了当地 50 多名群众就业问题。为了能真正带动贫困户发展蔬菜产业致富，吴福华专门拿出一些大棚，免费向贫困户提供承包，同时提供种苗、肥料、农药和技术服务，签订产销合同，保底价回收蔬菜，让有劳动力的贫困户万无一失，依托产业发家致富。

贫困户陈汉口以前家里的主要收入来源是种烟，但这个产业劳动强度大，对于上了年纪的他来说有点力不从心。后来他承包了基地里的蔬菜大棚，发展蔬菜种植。2017 年承包了两个大棚，从中获得稳定收益。尝到了甜头的陈汉口，继续扩大面积，承包了 5 个大棚，预计每个大棚每年纯收入 2 万元以上。陈汉口表示，现在种菜不仅免费，而且有技术指导，收入稳定，比种其他的效益好多了，要感谢吴老板提供了这么好的平台。截至 2019 年，有 21 户贫困户承包了基地大棚种植蔬菜。

2019 年，吴福华在贫困村屏山镇万盛村创设大棚蔬菜基地，流转了 650 亩土地，将搭建大棚，投入生产。吴福华说，在万盛村同样可以采取新富村模式，带动当地贫困户创业就业，实现脱贫致富。

吴福华的布局也不仅限于石城县，自投身现代农业以来，分别建设了大余县新城镇日日鲜农业、兴国县杰村乡季季鲜农业、定南县历市镇绿色蔬菜基地、赣县吉埠镇蔬菜基地等，累计发展蔬菜基地面积 6000 余亩，推动了赣南蔬菜产业快速发展，为百姓脱贫致富提供了产业引擎。吴福华全身心投入现代农业，致力于发展绿色生态产业，获得各级部门的高度认可。个人荣获 2018 年江西省农业先进个人，在深圳（第 4 届）国际现代绿色农业暨绿色产业博览会上，荣获"中国农业风云人物"。2018 年 10 月，他的关联企业江西百良农业有限公司被赣州市委、市政府表彰为全市"脱贫攻坚帮扶先进企业"。

第六节　建强组织：加强致富带头人
培育的制度与组织保障

为保障千人铸造计划的顺利平稳推进，石城县在县级层面进行了统一的制度与组织设计。县委组织部、县扶贫和移民办负责牵头抓总，协调各乡镇各单位做好创业致富带头人和创业导师的人选确定、培训组织、跟踪服务、管理激励、评估考核等工作；县委党校协助做好相关服务管理工作，并抓好其他培育对象的培训；县财政局统筹整合涉农扶贫资金，加大资金投入力度；县金融工作局加大金融扶持力度；县委统战部、县委农工部、县发改委、县工信局、县农粮局、县中小企业局、县商务局、县林业局、县市场和质量监督管理局、县旅发委、县科技局、县果茶局、县科协等部门单位要对照培育管理办法做好创业致富带头人的扶持、服务等工作；县委宣传部负责宣传工作，营造扶贫创业致富的浓厚氛围；乡镇党委负责创业致富带头人和创业导师人选的推荐审核及服务、激励等工作。为协调各部门参与，石城县专门成立创业致富带头人培育工作领导小组加强工作领导：设办公室在县委组织部，组织部门、扶贫部门为主要牵头单位，从相关部门抽调人员，负责各项日常工作的具体协调。

石城县党政领导高度重视政策的落地生根，石城从县域到村庄每一层级都制定了自己的执行细则和配套政策。在县级层面，石城县整合扶贫、人社、农业、工商等部门，统筹推进"千人铸造"计划。在乡镇层面，各地根据实际情况，出台本乡镇实施细则。除规章制度外，石城县还利用包村指挥长、驻村工作队、驻村第一书记等帮扶干部机制，将这一政策贯彻到基层。

"村民富不富，关键看支部；村子强不强，要看'领头羊'。"在脱贫攻坚过程中，各级党组织承担着政策衔接、产业组织、关系协调的重要使命。一方面，扶贫本身就是村庄发展议题中的重要组成部分，需要党组织统领全局协调各方；另一方面，党组织带动村民脱贫致富也是发挥自身先锋带头作用的体现。石城县在加强创业致富带头人培育的制度建设的同时，非常重视完善创业致富带头人培育的组织保障。基层党组织和党员在脱贫攻坚中发挥了积极有力的作用，成功的案例比比皆是。高田镇青年党员陈从平推行"支部+旅游景区+贫困户"模式。对接旅游强县发展战略，吸纳贫困户参与民俗表演、卫生保洁、餐饮服务等工作，实现就业脱贫。龙岗乡赖景传创办旺龙湖旅游发展有限公司，推行"支部+专业合作社+贫困户"模式，引导带头人领办专业合作社，把贫困户与合作社联结起来，把党在农村的政治优势和专业合作社的经济优势有机结合起来。屏山镇党员致富带头人赖宝林创办土鸡养殖合作社，实施"支部+集体经济产业基地+贫困户"模式，整合4490万元涉农扶贫资金，扶持全县131个村发展村级集体经济产业示范基地，把产业示范基地承包或租赁给创业致富带头人经营。

第七节　总结与启示

江西石城举全县之力推进的"千人铸造计划"响应了习近平总书记"培养农村致富带头人，促进乡村本土人才回流，打造一支'不走的扶贫工作队'[①]"的指示精神，着眼地方内生发展动力培育，依托地方优势资源和种植传统打造产业发展平台，基于乡土文

[①] 《更好推进精准扶贫精准脱贫　确保如期实现脱贫攻坚目标》，《人民日报》2017年2月23日。

化联结吸引外流人才返乡创业，立足县域整体，加强组织与政策保障，形成了农村致富带头人培育的嵌入式创新范例。石城县立足乡土社会和地方实际推进农村致富带头人的嵌入式培育，并基于致富带头人的嵌入性激发其带动农户增收脱贫的内生动力，对我国乡村振兴战略下培育扎根乡土致富能人及农村治理机制创新提供了非常重要的启示。

一、"千人铸造计划"的主要成效

（一）打造了一支既扎根乡土又视野宽广的基层工作队伍

扶贫工作不仅需要驻村工作队这些"空降部队"，更应该有乡村本土人才"子弟兵"；不仅需要专项资金扶贫政策这些"进口弹药"，还要有发展内生动力的"本土造"。驻村工作队终有一天会离开村庄，但在扶贫工作中培养出的这批"新人"将会成为今后乡村振兴的人才基础，成为"不走的驻村工作队"。这些"新人"一方面对村庄情况有较为深入的了解，与村民没有隔阂；另一方面又有眼光、有能力、有资源，能够带领村民奔向振兴。2017 年以来，全县 109 名培育对象递交申请书，成为入党积极分子，35 名创业致富带头人培养成为中共党员；149 名党员培育成为创业致富带头人。小松镇丹溪村返乡青年李晓华培训后种植百香果，帮助 25 户贫困户增收脱贫，并且入党、当选为村委会干部。2018 年以来，有 154 名创业致富带头人通过选举进入"两委"班子，53 名成为"两代表一委员"。这些创业致富带头人不仅以创业引领村庄，更以服务回馈村庄。

（二）走出了一条扎根地方传统的产业创新发展之路

在国内一些产业下乡的案例中，常能看到生产习惯与村民生活不相符，或是产业运作逻辑与乡土伦理相冲突的"水土不服"。[①] "千人铸造计划"瞄准"本土人才"，通过培养有创业意愿，有社会责任感的地方能人，动员他们返乡创业，有利于拉近与村民的关系，让村民易于接受。另外，乡土伦理中守望相助的优良风尚有利于促进村民互帮互助、共同致富，让"千人铸造计划"更符合村民伦理观念。珠坑乡良溪村创业致富带头人陈水平兴办食用菌合作社，农忙时会请邻居亲友来帮忙；三和村创业致富带头人谢林热心村庄事务，帮助解决邻里烦忧。这些案例表明，返乡创客带领乡亲邻里发展产业，在雇工帮忙和创业引导等方面密切交流，有助于重建村庄熟人社会，在扶贫的同时让乡风更和谐，让产业更有"人情味"。

（三）打造了一批党群干群关系和谐的基层组织

"千人铸造计划"以基层党组织为核心和纽带，在党员创业致富带头人和贫困户间搭起利益联结平台，实现与贫困户的精准对接，帮带贫困户增收脱贫。在此过程中，地方政府和基层党组织统筹全局，协调各方，走入村民家中开展工作；创业致富带头人也被优先吸纳入党和成为后备干部。推行"支部＋扶贫车间＋贫困户"模式，引导企业把车间建到农村，把 72 个"扶贫车间"搬到群众家门口，吸纳 981 名贫困劳动力在家门口就业。帮扶活动为表，密切联系为里，表里配合让党群干群关系更加和谐。

（四）实现了一些帮扶对象对贫困户的再帮扶

"千人铸造计划"培育模式重视发挥传帮带作用，以创业致富带头人的"星星之火"，形成层层帮扶的"燎原之势"。脱贫后的贫困户也成为创业致富带头人，可以对更多贫困户进行再帮扶，体现

---

① 徐宗阳：《资本下乡的社会基础——基于华北地区一个公司型农场的经验研究》，《社会学研究》2016 年第 5 期。

"助人自助"风尚。珠坑乡黄小勇返乡创业，建成年产值 1200 万元的麒麟山现代农业观光园，从致富带头人成长为创业导师，带领张金亮等人成功创业，帮带 136 户贫困户 200 余人实现就业增收。谢林依靠油茶合作社帮扶谢蕴金种核桃，使其脱贫后回报社会、帮扶后进。

二、"千人铸造计划"的重要启示

（一）立足乡土社会和地方实际推进创业致富带头人的嵌入式培育

"千人铸造计划"以培育本土致富带头人为核心目标，遴选培育对象时注重"热爱家乡、愿意为家乡发展作贡献"等标准，程序上注重"三级"联审，按照"个人报名、村级推荐、乡镇初审、县级确定"程序择优选拔确定，确保培育对象政治合格、基础较好、群众认可。同时，还充分利用石城县作为"客家文化重要发源地"及客家文化中注重"外出打拼、返乡回报"的家乡观念，对本县在外的优秀人才实行"返乡召回"机制，择优推荐为致富带头人培育对象。这一系列的举措使得遴选出的致富带头人与当地农村社会有密切联系，拥有较多农村社会资源，与当地小农户有着天然的社会文化关联，使他们的生产经营对当地农村社会的社会关系与文化体系有着较强的嵌入性。石城县立足地方实际，充分尊重当地种植传统，因地制宜，适度创新，依托地区资源优势相继出台一系列政策支持建立"3+X"产业扶贫，以白莲、烟叶、蔬菜为主导的农业产业，以山地鸡、脐橙、油茶、薏仁等为区域特色产业孵化培育创业致富带头人。为了在整个县域范围内推进"千人铸造计划"，石城县进行了独特的组织设计，即由县委组织部、县扶贫和移民办牵头负责，将基层党组织带头人与农村创业致富带头人有机融合，对符合条件的创业致富带头人按相关规定和程序，优先推荐参与村"两委"换届和各级党代表、人大代表、政协委员选举。

石城县"千人铸造计划"立足县域整体发展战略推进的一系列举措使创业致富带头人对当地农村社会有较强的嵌入性特征，他们创办运营的农业专业合作社和龙头企业等新型农业经营主体的经营行为不仅嵌入在当地的社会关系系统中，与乡亲邻里有密切的社会联系，显现出"关系嵌入"的特征，也在很大程度上受到地方群体与宗族观念等文化因素及政治结构和政策意图等政治因素的影响，显现出"文化嵌入"与"政治嵌入"的特征。"千人铸造计划"培育的创业致富带头人的嵌入性特征使其与当地小农户有特别的社会文化关联，使他们更有能力调动地方政治与社会文化资源，同时也更加有内生动力带动小农户发展，更加注重在当地经营的持续性与社会基础。

（二）基于创业致富带头人的嵌入性激发其带农增收脱贫的内生动力

"千人铸造计划"立足地方种植传统、文化与资源基础培育的创业致富带头人对当地社会的嵌入性特征使其主要经营管理者与当地的文化价值与社会关系有较密切关联，使其实际经营行为具有了独特的实践逻辑，不仅会受到理性法则约束，追求市场收益最大化，也不可避免要考虑当地的文化传统、价值理念及村里人特别是彼此熟悉的乡亲邻里的期待和评价，一定程度上注重当地关系维护和文化价值，受到社会法则的影响，从而使他们在产业经营中更注重带动小农户发展，也使他们相比于对当地村庄社会缺乏嵌入性的创业致富带头人更关心村庄公共事务，更注重乡亲邻里的口碑，也更注重在当地经营的社会基础与可持续性。比如：三和村创业致富带头人谢林在经营茶油合作社过程中热心村庄事务，时常帮助邻里解决烦忧。普丰果蔬专业合作社领办人黄小勇坦言："我出生在这里，对这个地方有感情，在家带着乡亲干，比外面打工更有成就感！"

"千人铸造计划"从推进之初就注重遴选和培养有创业意愿、有社会责任感的地方能人,为了更好地激发他们带动农户增收脱贫的内生动力,石城县采取了一系列举措,一方面是构建了有效的利益联结机制和带动模式,发挥专业合作社、龙头企业等的作用,推行租赁返聘、抱团互保、平台统销、订单收购等链接模式,产业组织化程度高了,农户特别是贫困户受益面大大增加。以石城县传统优势产业白莲和烟叶为例,小松镇迳里村白莲种植示范基地采取"合作社+基地+贫困户"模式,向贫困户推广白莲良种良法栽培技术,达到白莲增产、贫困户增收、合作社受益的目标,组建石城县中力种养专业合作社,全方位开展白莲种植技术业务培训,提高种莲户的科学种植水平,助推白莲产业扶贫。政府鼓励不想自己种烤烟的贫困户以土地入股等形式加入烟农合作社,由合作社为贫困户提供劳务岗位,贫困户通过为烤烟种植户提供劳动,获得工资性收入。① 另一方面是注重物质和社会文化激励,石城县根据创业致富带头人带动农户成效的不同采取差别化的物质奖励,同时还把创业致富带头人纳入"新乡贤"数据库和村组后备干部人才库,优先从中选聘扶贫创业导师。对积极向党组织靠拢的青年创业致富带头人优先推荐按程序培养发展为中共党员。与此同时,石城县从整个县域层面统筹推进"千人铸造计划",对农村创业致富带头人进行土地、教育、金融等多方面的政策支持,有力保障了创业致富带头人对农户的带动作用。

---

① 参见石城县精准扶贫工作领导小组关于印发《石城县发展烟叶产业 推进精准扶贫专项实施方案》的通知。

第七章

先行先试：积极推动
大社会扶贫创新

　　党的十九大报告提出：打赢脱贫攻坚战"要动员全党全国全社会力量，坚持精准扶贫、精准脱贫"。在政府主导的扶贫形式之外，充分调动和发挥广大社会力量的慈善友爱热情，以大众互助的汪洋大海，众擎易举、聚沙成塔，形成全社会参与扶贫济困的大格局。社会扶贫组织好，既能很好地实现全社会全民族脱贫攻坚的总任务，还能形成互助友爱的良好社会风尚。社会组织具有公益化、专业化和精细化的显著优势，在攻坚脱贫战略中，社会扶贫是政府、市场、社会联合行动的"三位一体"大扶贫格局的重要组成部分。石城县积极探索扎根实际的社会扶贫创新路径，走出一条具有石城特色的多元化社会扶贫道路。石城县充分利用中国社会扶贫网，一网统领，搭建爱心桥梁，线上线下联动，帮助贫困群众排忧解难；同时积极推广爱心超市，村村覆盖，智志双扶促乡风文明；并鼓励乡贤设立宗祠基金和奖学金，营造互助崇学氛围，弘扬耕读传家的客家文化；等等。此外，石城县线上线下齐发力，县域内外联动，构筑社会大扶贫的基本格局。石城县政府构建了多元协同制度框架和良性贫困治理形态，社会组织发挥出了自身效能并嵌入精准扶贫行动，充分发挥和利用大数据与"互联网+"社会扶贫，共同形成了脱贫攻坚正向推动力。

第一节 一网凝聚：新时代扶贫开发强大合力

一、一网统领，搭建爱心桥梁

（一）先行先试，积极搭乘社会扶贫网"高铁"

中国社会扶贫网是国务院扶贫办主管的社会扶贫网络平台。该网依托国家建档立卡大数据资源，运用互联网新技术和新模式，构筑爱心帮扶、电商扶贫、扶贫众筹、扶贫展示、扶贫评价五大功能平台，搭建一个连接贫困人口和社会爱心人士、爱心企业的网络服务平台。2017年7月，中国社会扶贫网正式上线。截至2020年1月，平台用户数量超过5700万，爱心捐款88331.76万元，发布爱心需求592万多个，对接成功467万多个，贫困户需求对接成功率达78%，覆盖28个省352个市2569个县和37万多个行政村。①

作为国务院扶贫办的定点帮扶县，石城县一马当先，先行先试，积极搭乘中国社会扶贫网的"高铁"，于2017年9月开启社会扶贫网工作，积极探索网络社会扶贫新模式并取得显著成效。截至2019年，石城县社会扶贫网用户达62449人，包含爱心人士45191人，贫困户16999人，建立起爱心人士与贫困户联系的纽带，搭建起爱心帮扶的桥梁。为确保有效运行，石城县社会扶贫网分设县、乡、村三级管理员共259人，县一级扶贫中心管理员有8人负责，乡镇一级管理员为各乡镇分管扶贫的领导，村一级网站管理员大多由第一书记担任。石城县以中国社会扶贫网线上推广为契机，健全需求对接机制与多方联动机制，用活爱心帮扶、扶贫众筹、电商扶贫、扶贫展示与扶贫评价

---

① 数据来自中国社会扶贫网，见 http://www.zgshfp.com.cn/？ p＝1。

五大平台，构建完善"一对一"、"一对多"、"多对一"和"多对多"四大体系，凝聚多方合力共同参与扶贫。截至 2019 年，该县贫困户发布需求 57000 多个，对接成功率近 95%。140 多家企业捐赠资金及物品达 3500 多万元，实现捐赠对接全覆盖。2018 年 6 月 24—26日，石城县成功举办全国"互联网+"社会扶贫工作现场推进会，赢得了各界人士的肯定与赞扬。

（二）石城县社会扶贫网需求发布与对接情况

关于贫困户需求发布方面，石城县遵循公开性、透明性和及时性的原则。首先由扶贫干部帮助对接贫困户，教他们使用网站。如果无法使用网站，则由扶贫干部深入了解情况后代为发布，并制定了"三不"原则：即贫困户能自己解决的不发布，过分要求不发布，脱贫工作以外的内容不发布。贫困户发布需求要经过村级管理员审核，审核通过后才能在网站上刊登，支援内容包括：教育、医疗、住房、物资等。石城县贫困户发布的需求获得了众多爱心人士的支持，众筹金额为 500 元到 20000 元之间，3000 元以下的由乡镇管理站审核，3000 元以上的由县管理中心审核。石城县社会扶贫网上贫困户发布需求数量、对接数量以及需求对接成功率，均为江西省最高。因此，在江西省扶贫系统培训会期间，各地专门学习了石城县中国社会扶贫网推广的经验。

关于贫困户需求对接方面，县域内外层层对接。石城县社会扶贫网上贫困户发布的需求，对内，首先由石城县扶贫干部积极在新媒体（朋友圈或微信群）里传播；其次由县各级领导定期对接贫困户发布的需求进行帮助解决，将对接成功记录发布在工作群和各个单位的爱心群中，引导全县干部和社会力量积极参与对接爱心需求工作；最后每个职能部门有相应的对接管理人员，石城县社会扶贫网定期将未对接的贫困户需求推送给对应的职能部门，由具体的职能部门帮助解决或联系解决。对外，则面向发达地区推广中国社会扶贫网，借发达地区帮助解决社会扶贫网上的贫困户需求。还借助各种招商引资、宣传过程推广中国社会扶贫网，并挖掘志愿者和引导石城县各种商会及爱心企业来对接贫困户需求。其中，招募志愿者帮助贫困户解决需求，截至 2019 年，共有 143 支队伍；针对企业，发起"百企帮百村"活动，该县共有 45 家企业参与帮扶行动，帮扶贫困村 29 个，实施帮扶项目 42 个，累计投资额 6000 余万元；线上线下进行帮扶，并充分发挥商会作用。石城县还适当引导贫困户发布产业和就业需求等亟待解决的问题，产业发布内容包括产业技能培训、产品销售等，就业发布内容主要是贫困户提出职业需求。

（三）石城县社会扶贫网电商主要做法

石城县是典型的农业县，种植、售卖农特产品是当地贫困群众脱贫致富的一大渠道。因此，石城县积极引导贫困群众参与，扶贫经营主体入驻"社会扶贫网"商城，将特色农副产品通过线上商城进行销售。截至 2019 年，在社会扶贫网上石城县共有 3 家经营主体参与，社会扶贫网电商平台共计吸纳 3000 余户贫困户。

一是公司专业化运营打开局面，合作社加入提高群众参与。运营初期，石城县有针对性地选择具有一定电商运营基础的，资质齐全的，在生产、包装、销售、运输等环节贫困群众参与度高的石城县农发公司（县属国有企业），迅速上线、专业化运作打开局面，店铺开设不到半个月，累计成交量就超过 2000 笔。为了进一步激发群众热情，提高贫困群众在整个电商环节的参与度，石城县积极鼓励农民专业合作社加入电商销售。石城县宝园种养专业合作社在中国社会扶贫网上开设了"宝利源农业"店铺，专门销售土鸡和土鸡蛋，带动当地 287 户贫困户参与。

二是打造统一品牌提升竞争力，用好名片打造扶贫"爆款"。提升线上农产品竞争力，结合农产品分布实际，打破各自为阵的被动局面，着重打造"赣江源农业"品牌，以品牌为抓手，形成统一规划管理、统一技术服务、统一市场销售的扶贫品牌。并通过新闻报道、公益广告等多种方式，运用新媒体平台资源，广泛宣传石城县特色农产品，推介"赣江源农业"品牌。近两年，"赣江源农业"参与各类特色农产品展示和推介活动20次。"中国白莲之乡"则是石城县另一张亮丽的名片，为提升白莲产品竞争力，依托中国社会扶贫网用户群体，借助扶贫特色馆和江西扶贫馆，延长白莲产业链，提升附加值，大力开发了莲子粉、莲子露、莲子羹等系列产品，将白莲系列产品打造成石城县"爆款"产品，白莲系列产品销往全国各地，获得了爱心人士的高度赞誉。石城县白莲种植面积稳定在9万余亩，将近占全县耕地面积的三分之一，2019年，贫困户参与白莲产业发展户数达到7790余户。

三是充分发挥职能部门作用，动员社会力量广泛参与。石城县机关、学校、医院和县属企业积极开展消费扶贫，县内鼓励各级单位食堂用材从社会扶贫网石城电商平台进行采购，县外组织动员爱心企业、爱心人士等社会力量通过电商平台采取"以购代捐"、"以买代帮"等方式采购贫困产品和服务，多方助力石城县贫困人口增收。近两年，石城县组织各级工会统一通过中国社会扶贫网电商平台采购节日慰问品2次，消费总额超过50万元。职能部门除了带头示范开展消费扶贫以外，还充分发挥各单位、各行业协会，商会、团县委、妇联、残联、慈善机构等部门联系社会爱心力量的独特优势，积极推介石城县社会扶贫网电商平台。同时，通过完善物流体系保障运行，按照"县有物流中心、乡有快递超市、村有电商服务站"模式，通过政府购买服务的办法整合社会快递资源，建立县至村双向物流体系，实现乡镇和行政村快递物流全覆盖。

二、积极推广，精准对接促脱贫

（一）尊重社会意愿，多渠道推广社会扶贫网

石城县成立社会扶贫网推广工作小组，由县长任组长，多次召开

培训会。国扶办要求推广社会扶贫网时需充分尊重社会意愿，不得过多依靠行政力量，因此推广注册工作并不列为考核指标。石城县的推广工作以劝导为主，不断地通过各种会议活动强调中国社会扶贫网推广工作的重要性，在人流量较大的公共场所，如公园、车站、广场、村部等地张贴海报宣传单，等等，并在旅游景区通过门票优惠引导社会人士注册并关注石城县爱心扶贫网。同时，石城县医院、车间、公司等财政供养的公职人员实现了注册全覆盖，贫困户实现了注册全覆盖，村级管理员注册全覆盖，这是江西省首个实现中国社会扶贫网爱心帮扶平台注册"三个全覆盖"的县。具体措施包括：依托石城县日益丰富的旅游资源，进一步推广中国社会扶贫网的使用，使爱心人士注册突破地域限制，提高爱心需求对接成功率；石城县扶贫部门还联合通天寨景区管理中心，推出旅游扶贫景区门票代金券抵扣活动，游客只需要扫描二维码下载安装"中国社会扶贫网"APP，关注"江西石城＊＊乡镇＊＊村"，注册成为石城县社会扶贫爱心人士，凭借注册账号即可在售票口兑换 5 元景区门票代金券；等等。

（二）汇聚爱心帮扶力量，实现需求对接

需求能否成功对接，直接关系社会扶贫网的使用成效。石城县在全县范围内倡议开展爱心对接活动，县领导主动带头，每人对接需求超过 15 件，帮扶资金 3000 元以上。并利用县内举行大型活动的契机，通过志愿者引导、活动议程推荐等方式，组织各级领导干部现场集中对接爱心需求，解决了一批特困群众的燃眉之急。还建立了企业家、创业致富带头人、医护人员、教育人员、农技人员等爱心人士微信群，由管理员定期梳理发布贫困户产业就业、医疗、教育、住房保障等方面需求，发现个别需求对接进展较慢时，将其推送至对口的爱心人士微信群中，实现资源精准对接，如组织"百企帮百村"，企业重点关注和对接所帮扶村的爱心需求，解决实际难题。发挥志愿者牵线搭桥作用，成立志愿者队伍 143 支，吸纳 1296 名志愿者主动加入，

帮助贫困户寻找对接人，协助意向人士注册帮扶，如丰山乡志愿者积极邀请热心公益的乡贤担任 9 个行政村"名誉村长"，线上积极对接贫困群众需求，线下捐资 60 余万元助力脱贫攻坚等。

近年来，石城县累计有 140 余家企业参与需求对接，筹集资金及物品合计 3500 余万元。针对贫困户线上大量发布产业就业需求，该县线下建立烟莲菜、光伏、旅游、电商、车间就业和创业致富带头人六大产业就业扶贫群。其中，为解决贫困群体缺技术问题，配套政策扶助，推行"千人铸造计划"，三年培育了 1043 名以上创业致富带头人，带动贫困户创业致富，变"输血式"扶贫为"造血式"扶贫。陈江村名誉村长李苏林（华远文化传媒有限公司的创办人）立足陈江村丰富的种养殖资源优势，与当地致富带头人陈忠伟合资成立了石城县水木菁华种养合作社，首期投资 100 万余元流转山地，带领陈江村村民在种植了 150 余亩脐橙的基础上，发展鱼、鸡、鸭等养殖项目。村民通过流转山地、在合作社务工获取租金收入和工资收入。同时，水木菁华种养合作社将部分盈利作为捐赠，壮大陈江村集体经济收入，李苏林作为陈江村的名誉村长，通过在陈江村投资发展种植养殖产业，不仅拓展了自己的产业，也让村民学到了最新的种养殖技能，还进一步增加了村集体经济收入和村民收益，一举多得。

（三）做实扶贫众筹平台，连接爱心帮扶

石城县积极做好事前引导、事后监管工作，利用平台帮助贫困群众解决生产和生活中的资金难题。首先，严把发布关口，防止需求不准。该县明确贫困户众筹项目操作流程，如金额在 3000 元以下的由乡镇管理站审核发布并报县级管理中心备案，3000 元以上的经县级管理中心审核同意后方可上线发布。其次，扩大信息宣传，防止无人对接。例如运用新媒体平台，提升宣传效应，扩大信息知晓面；充分发挥商会、在外乡贤和其他石城籍知名人士的广泛资源，大力宣传中国社会扶贫网，如石城籍香港电视台著名主持人温荞菲，积极对接转发石城县的爱心需求，突破爱心对接的地域限制，有效提高对接成功率。最后，强化使用跟踪，防止资金乱用。对已完成的众筹项目，由帮扶干部、村级管理员认真做好资金使用监管和跟踪工作，确保资金用对、用好、用在刀刃上。石城县已发布教育、医疗、住房、产业等方面众筹项目152个，筹集资金260余万元，实现社会资源利用最大化、对接精准化、帮扶阳光化，有力助推打赢脱贫攻坚战。

（四）依托电商扶贫平台，提升效益

结合中国社会扶贫网电商扶贫板块，石城县优化与公司、合作社以及物流体系的融合，切实解决贫困户产品"卖难"问题。第一，优化公司合作。该县与电商运营基础扎实、资质齐全、贫困群众参与度高的石城县赣江源农业发展有限公司、江西圈圈网络科技有限公司合作上线，专业化运作打开电商扶贫局面。已选送白莲、翻秋花生等35款优质农产品上线，产业扶贫成效进一步显现。第二，优化合作社引导。积极鼓励农民专业合作社加入电商销售，帮助带动贫困群众发展产业、增加收入。如引导石城县宝园种养专业合作社在中国社会扶贫网上开设"宝利源农业"店铺，专销土鸡和土鸡蛋，带动287户贫困户增收。第三，优化物流体系。引进一线物流公司，整合资源建立县村双向物流体系。特别是强化与邮政公司的合作，确保当日进（出）县物品当日送达（出），有效打通产业发展"最后一公里"。

三、合作助力，拓宽帮扶渠道

石城县因"山多石、耸峙如城"而得名，因为交通不便和信息闭塞，导致农户产品的产供销体系建设成为一大难题。石城县创新方法，积极借力社会扶贫网推广以及电商产业、旅游产业发展，推进消费扶贫落到实处，将石城县白莲、山茶油等产品畅销全国。2018年10月至今，电商扶贫产品销售额达1.82亿元，其中订单式扶贫产品

销售额达 8500 万元，消费扶贫迈出了坚实的一大步。

第一，线上线下互动，"一网推介"拓宽农特产品销售渠道。该县充分发挥中国社会扶贫网用户群体大的优势，优化与公司合作，并做好爱心帮扶对接，线上线下共同发力推进扶贫产品销售，带动贫困户增收。

一是网上线下互联。借力中国社会扶贫网爱心人士多、需求对接能力强的优势，帮助指导贫困户发布销售土鸡、白莲、薯粉等农副产品需求，然后帮扶干部、工作队通过微信群、朋友圈及本地门户网站转发推介宣传，带动爱心人士积极对接，或直接到贫困户家中购买产品，既奉献爱心对接需求，又适时解决贫困户部分农副产品"卖难"问题。据不完全统计，贫困户已通过中国社会扶贫网发布农副产品销售需求 1200 余条，成交金额约 30 万元。二是优化合作助力。通过"电商平台+服务站+贫困户"模式，发挥上海长三角石城商会的大由大食品科技有限公司、石城勇立弘网络科技有限公司等电商企业优势，对贫困户进行免费电商知识培训，提供了 200 余工作岗位给贫困户，帮助 1000 余名贫困户通过电商平台销售农副产品实现增收；通过"企业+合作社+贫困户"的模式，如石城县华丰畜禽专业合作社帮助小松镇桐江村建设 1 个标准化的养鸡场，统一提供种苗、饲料、技术服务，并针对贫困户制定收购保护价，惠及建档立卡贫困户 1868 户。

第二，县内县外结合，两措并举开展"五进"活动。该县主动与行业协会、企业、各类销售平台建立合作关系，大力开展扶贫产品"五进"活动，努力提升农产品供给质量，进一步增强消费扶贫的支撑力。

一是参加农产品展销会。依托石城县赣江源农业发展有限公司，参加全国各地组织的农副产品展销会，如江西省 2018 年扶贫产品展销会等，将优质健康的白莲系列产品、山茶油等特色农产品向全国各地展示，积极与各地经销商、行业企业形成合作，拓宽销售渠道，打造石城生态农产品知名品牌。二是深入推进农副产品"五进"。要求各机关单位、学校食堂积极采购贫困户参与多的合作社供应的食材，工会牵头组织职工到合作社基地进行现场采摘，助推扶贫产品销售。此活动开展以来，已助力售卖农副产品21.2万元。2019年，国务院扶贫办党组书记、主任刘永富到石城县调研时，特指示国扶办机关食堂采购石城县小薏仁400余斤，进一步帮助提升石城县农产品影响力。

此外，2019年石城县还建设了97个新时代文明实践中心（所、站），这些实践中心设立了棋牌室、农家书屋、书画室和线上线下学习室等。实践中心一方面为贫困户和村民提供一个公共活动场所，使其感受到政府的服务和帮助。石城作为革命老区，老一辈有共同的红色记忆，通过集中学习党的方针政策，了解国家时政大事，能够极大调动集体情绪和荣誉感，也能够更好地宣传和推广扶贫政策。另一方面站点的设置还为引进商会、志愿者、第三方企业等社会力量提供了场所，更好地团结全社会的扶贫力量共同为扶贫工作作贡献。石城县充分利用社会扶贫网的功能，动员社会力量广泛参与扶贫，开展社会扶贫网扶贫众筹行动，实现政府、市场、社会互动，以及专项扶贫、行业扶贫、社会扶贫联动。

2020年石城县成功对接中国扶贫基金会、上海新力基金会，落实帮扶资金400万元，成为石城县首家由专业公益组织帮扶的扶贫项目。它改变社会扶贫直接给钱给物的传统方式，转由培育产业能人、培植规范化运营的合作社为产业赋能，带动贫困户自立自强、产业增收。

四、石城县社会扶贫网典型案例

典型案例1

珠坑乡有一名患有小儿麻痹症的贫困学生卢宇，父母离异，一同生活的父亲不管不顾，帮扶干部帮助卢宇向民政部门申请治疗名额，当争取到名额时他却提出了放弃，原因是没有钱进行后续调养。了解具体情况后，帮扶干部帮助其在社会扶贫网发起众筹，15 分钟就筹到了 7 千多元，让卢宇及时获得治疗并能够支付手术后续调养费用，使他重获健康，解开心结，于 2019 年参加高考取得佳绩圆了大学梦。

典型案例 2

家住濯坑村的两名贫困户黄清水与周招秀，在社会扶贫网上发布了需求，没想到次日就有爱心人士联系濯坑村第一书记。对此，贫困户黄清水说道，昨天自己在社会扶贫网上发布了女儿需要一辆自行车的需求，没想到这么快爱心人士就给送来了，女儿见到自行车非常开心。爱心人士何超兵说，希望自己的微薄之力，能够帮助有需要的人渡过眼前的难关，祝愿他们的生活越来越美好、幸福。

典型案例 3

屏山镇的贫困户龚德荣想养山地鸡但苦于无技术，于是在社会扶贫网发布了学习技术的需求，志愿者熊勇华积极牵线搭桥，协调创业致富带头人赖宝林在社会扶贫网对接，手把手教技术，并为他提供鸡苗和负责回购土鸡与土鸡蛋，引导龚德荣依靠产业走上了致富道路。消息传开后，许多有意愿养殖山地鸡的贫困户纷纷发布需求，致富带头人赖宝林对接贫困户相关需求已达 230 余条，发放鸡苗 2000 余羽，回购土鸡蛋 2.5 万枚。打通技术需求、销售需求的渠道，有效整合并协调对接线上线下各类资源。

习近平总书记指出："我国社会不缺少扶贫济困的爱心和力量，缺的是有效可信的平台和参与渠道。"[①] 中国社会扶贫网就

[①] 中共中央党史和文献研究院编：《十八大以来重要文献选编》（下），中央文献出版社 2018 年版，第 37 页。

是在爱心人士与贫困户之间搭建的有效平台。随着后脱贫时代的到来，这一平台仍将是结对帮扶的主渠道之一。做好中国社会扶贫网推广运用工作，吸引更多人员参与，最大限度扩大网站效应，用好爱心帮扶平台，实现贫困户需求和社会帮扶资源的精准有效对接，有效巩固精准扶贫和脱贫攻坚的成果，是石城县人民积极落实习近平总书记重要指示精神的实际行动和有力答卷。

第二节　线下建设：以"爱心超市"
激发脱贫内生动力

社会扶贫网是利用现代网络技术创新扶贫方式的新模式，这种模式有扩大爱心人士范围、及时发布需求、迅速精准对接的优点，但也容易养成贫困户"等、靠、要"的依赖心理。因此，需要与线下建设相结合，激发贫困户脱贫致富的内生动力。在脱贫攻坚工作中，如何从思想上拔掉"穷根"，实现"扶贫与扶志并行、物质脱贫与思想脱贫同步"，是全面打好打赢脱贫攻坚战的重要发力点。石城县结合工作实际，秉承"爱心扶贫、用行济困、全民文明"的理念，巧破爱心超市建设"三道难题"，着力构建长效支撑体系，形成了一套切实可行的做法。"积分改变习惯、勤劳改变生活"成为当地群众共识，为脱贫攻坚注入了一股强大持久的动能。将中国社会扶贫网上社会力量捐赠的资源用于设立爱心超市，通过考核积分制度引导贫困户积极向上，采取正向行为形成良好的行为习惯，克服"等、靠、要"的心态，实现了线上线下相结合、精神和物质双脱贫，充分调动贫困群众勤劳致富的内生动力。

一、爱心超市促文明

2018 年底，石城县宣传部通过乡贤捐赠、村集体财产、部门捐赠以及中国社会扶贫网的多方资源，筹集资金在全县各个村庄设立了文明扶贫超市（即爱心超市）。文明扶贫超市采取积分制的方式，鼓励贫困户遵守道德规范、提高卫生意识、积极主动脱贫等行为。通过村庄理事会和村两委组成考核小组，对贫困户的行为进行考核，对主动脱贫等积极行为奖励积分，贫困户可以使用这些积分兑换各种生活用品，以此引导贫困户积极主动脱贫。一方面体现了石城县政府由管理型政府向服务型政府的转变，扶贫攻坚不再是单一的政府行为，而更多的是通过正向鼓励的方式引导贫困户主动脱贫，极大地调动了贫困户的积极性。另一方面，从面向贫困户到向全体村民开放，也使得村庄的整体精神文明建设通过这样的正向引导得以提升。

爱心超市设立后，石城县相当一部分贫困户实现了从"等、靠、要"向主动参与劳动、公益活动的转变，主动脱贫的精气神显著提升；镇、村组织的集体劳动和活动，依靠广大群众带动村贫困户积极参与，使村民之间更加团结、和谐、文明；组织公益劳动带来的农村环境改变、乡村美化等，都是广大群众及贫困户看得见、感受得到的，这对贫困户和广大群众来说，也是获得了一种实惠。与一般超市相比，爱心超市注重公益性，其起步运作资金来源于社会爱心捐款，货物兑换价格基本等同批发市场进货价，贫困户只需要用自主表现和劳动赚取积分就可以到爱心超市免费兑换等值物品。爱心超市打破"大锅饭"的扶贫模式，引导贫困户摒弃"等、靠、要"的惰性思想，通过贫困户自主表现和劳动赚取积分，实现扶贫与扶志并行，物质脱贫和思想脱贫同步，变"要我脱贫"为"我要脱贫"。

二、整合资源志智双扶

石城县积极探索创新，将中国社会扶贫网线上扶贫资源与线下建设爱心超市相结合，推行积分兑换爱心物品模式，实现"扶贫扶志"双提升，其内容还包括开展扶智、扶志、扶德、扶勤行动。该县依托扶贫爱心超市，发挥正向激励作用，不断增强贫困户内生动力和自我发展能力，并发挥党员、青年、妇女的示范作用，大力开展清洁家园、帮扶老弱病残等志愿服务活动。此外，引领贫困群众强化集体观念和主人翁意识。全县共建成爱心超市 132 个，实现村村全覆盖，募集资金物品折合人民币 200 余万元，共开展积分评比 700 余次，累计有 1.5 万人次兑换物品，形成了各方参与、社会协同、百姓受益的良性互动局面。

一方面，提高线上资源效益，激发内生动力。为解决爱心超市物品来源难题，石城县积极引导爱心企业和个人针对贫困户发布的普遍性需求，批量捐赠物品给爱心超市，常态化保障爱心超市货品供应。制定《爱心超市积分考评评分细则》，每户发放"积分登记卡"，建立"以奖代补、多劳多得"的百分制考评积分奖励机制，贫困户通过做好户内环境整治、主动参与产业发展等活动获取积分，凭积分兑换爱心超市内的物品，既转变以往直接捐赠方式，又进一步激发了群众的内生动力。另一方面，完善日常管理制度，确保规范运作。健全工作台账，按月或季度以村务公开栏、村务微信群等方式，公示积分评定结果和物品兑换情况，使群众心里有数，从心底认可并支持。同时，各村根据实际，成立爱心超市日常管理工作组，从农村老党员干部和驻村工作队中选聘监督管理员，定期开展监督检查；县、乡扶贫纪委部门根据情况进行抽查复核，确保款物使用公开、公平、公正。

三、评分积分落到实处

（一）基本内容

各乡（镇）负责爱心积分评定、登记、配发、兑换等管理工作，爱心超市积分遵照"多劳多得、少劳少得、不劳不得"的原则，鼓励贫困群众通过参与环境整治、卫生保洁、政策宣传、义务劳动、参加会议、助力脱贫、发展产业等行动获取积分，让贫困群众从精神上丰富起来、生活上自立起来、劳动上积极起来，促使贫困户争当脱贫户、致富户。各乡（镇）组织各村成立爱心积分评定组，成员由村第一书记、驻村工作队代表、驻村镇干部代表、村干部代表、农村五老（老干部、老战士、老专家、老教师、老劳模）、理事会长、贫困户代表等人组成。爱心积分评定组每季度至少开展一次积分评定活动，对贫困户所得分值进行登记。爱心超市物品分值，由村委会与爱心超市管理者共同制定，并在全村予以公示。爱心积分只能贫困户本人或家庭成员使用，不能用于出卖或转让。如果贫困户行动不便可委托村干部或帮扶干部代为兑换。在评比对象上，主要以贫困户为主，有条件的村扩大到非贫困户。

（二）爱心积分评分标准

贫困户每月爱心积分的分值为 20 分（各村根据实际情况制定分值），分别为：家庭环境干净整洁可得 6 分，包括庭院整洁、厅堂整洁、卧室整洁、厨房整洁、厕所整洁、个人卫生整洁；家风良好可得 4 分，包括孝敬父母、关爱小孩、诚实守信、生活俭朴、品行端正；勤劳致富，积极参加劳动，发展产业合格可得 4 分；积极参加镇村组织的各项活动得 6 分。加分项主要有：孝敬老人，被群众认可的当月加 4 分；参加实用技能培训或致富带头人培训当月加 2 分；兜底保障户每户每月可获得5分爱心积分；子女考上大学的当月加4分；发展特色产业有一定规模并能带动其他贫困户受益，从受益当月起每月加4分；参加集体劳动的给予每次2—4分的奖励；帮助孤寡老人、志愿参与集体活动、协助处理矛盾纠纷、参加集体会议、助力脱贫等给予1—4积分奖励。扣分项主要有：不孝敬父母的当月扣4分；与邻里发生矛盾纠纷并吵架打架的当月扣2分；因赌博等违法行为被公安机关处理的当月扣10分；有"等、靠、要"行为的扣5分。

（三）捐赠管理

接收捐赠的范围及种类包括，单位、家庭、个人闲置不用的尚有使用价值的服装（棉衣裤、毛绒衣、外衣、童装等）、鞋、帽、围巾、床单、蚊帐、学习用品、生活用品及家用电器等实物捐赠或资金捐赠。对捐赠物品的要求包括，服装要求整齐、干净、实用、无传染病、八成新以上，食品、药物应在保质期时间内，电器要求可以正常使用。捐赠款物者按照自愿和量力而行的原则，由捐赠者自主决定。爱心超市对捐助物品统一验收，集中管理，设立总账和分类账，做到账表相符、款物相符、账账相符，并接受相关部门的监督。爱心超市收到捐助款物后，应当场记账，填写《XX村捐助款物登记表》和《专用收款收据》，做到登记表、收据一致。捐助物品按有关规定进行消毒、分类、整理后，方可入库。社会各界捐赠衣物必须经过严格的消毒、整理，方可发放。爱心超市对接收款物的数量、去向定期张榜公布，接受社会各界监督。

四、石城县爱心超市典型案例

石城县以中国社会扶贫网推广为契机，坚持社会帮扶与政府筹集并举，深入挖掘企业商会、帮扶单位、爱心人士对接扶贫工作的强大潜力，从源头破解爱心超市资金难题。第一，社会力量捐。由包村指挥长、热心乡贤、农村五老牵线搭桥，引导爱心企业和个人直接捐钱或捐物为建爱心超市贡献力量，拓宽物资来源渠道。第二，帮扶单位赠。各帮扶单位采用灵活方式，减少节日走访慰问，力戒上户发钱发物，将部分帮扶资金投入爱心超市，常态化保障爱心超市供应。第三，政府大力帮。石城县将建成的 116.54 兆瓦光伏扶贫项目受益资金直接划拨给各村村委会，每村年平均增加集体经济收入近 12 万元。并且出台《光伏扶贫受益资金分配方案》，明确光伏扶贫受益资金可用于爱心超市运营，为物资供应提供了有力的资金支撑。

典型案例 1

琴江镇长乐村爱心超市于 2018 年 1 月份开始运营，超市物资由爱心人士捐赠和村集体经济收入中的部分光伏扶贫资金补充。通过爱心积分评定小组每月对全村贫困户的环境卫生、发展产业、乡风文明等各方面进行综合考评，考评得分为爱心积分，贫困户使用积分到爱心超市自由兑换物品。因对激发群众的内生动力效果良好，后结合"赣南新妇女"运动和"清洁家园"、村庄环境整治等中心工作，爱心超市的对象逐步向全村非贫困户扩展。长乐村第一书记黄丹在访谈过程中说道，村里设立爱心超市以来，贫困户家里的卫生变得越来越好，参与村里公益活动的积极性也越来越高，爱心超市真的起到了"小超市大作用"，对于提高激发贫困户的内生动力，调动其积极性，都有很大的帮助。

2018 年长乐村爱心超市共投入资金 3 万余元，61 户贫困户均兑换了价值不等的物品，100 余户非贫困户因环境卫生评比获得表彰。其中贫困户郑家义积极发展野鸡饲养产业，全年共获得爱心积分 305 分，他用积分在爱心超市兑换了脸盆、洗衣粉等日常用品，以及电饭锅、电烧水壶等。另一贫困户邓增挑因"五净一规范"成为全村的清洁家庭模范，并积极参加全村的环境卫生保洁工作，2018 年获得最高积分 744 分，多次在爱心超市兑换食用油和牙膏牙刷等日常用品。村里现在流行一句话"只要环境搞得好，出门就是米和油"，爱心超市极大提高了群众的积极性和主动性。

典型案例 2

屏山镇万盛村村委动员整合社会扶贫力量，在全镇率先建成爱心超市。截至 2019 年，接受社会捐助资金和物品折算资金约 2 万余元。2018 年 5—12 月开展了 15 次贫困户爱心超市评比，激励引导了贫困户依靠自身力所能及的劳动和主动搞好家庭"五有六整洁"等方式取得积分，凭积分换取等额日常生活用品。已有 200 人次贫困户和 70 人次非贫困户兑换物资金额达 18000 余元。爱心超市的设立，极大地激发了万盛村贫困户参与公益劳动、孝敬父母、邻里和睦、文明礼仪、勤劳脱贫的积极性。

爱心超市扶贫，一改过去贫困户坐等扶贫物资上门的状况，将现实表现与积分兑换相挂钩，唤起了贫困群众的"精气神"，扶出了一片新气象，是一场扶贫又扶志的生动实践。各界人士捐赠物资使爱心超市不断得到充实，吸引包括贫困户在内的全村农户主动参与村集体活动，特别是参与环境整治获得相应积分，通过积分兑换商品，使人居环境整治难这个乡村治理难题得到有效化解。爱心超市有效地整合了社会慈善资源，把原来政府的、部门的、社会的、企业的、个人的爱心资源，各界的爱心善举，整合到爱心超市平台上，激发贫困群众脱贫致富的积极性、主动性，用勤劳换取积分，到爱心超市选择和兑换自己生活所需的物品，是新时期慈善事业的新发展路径，也是对政府扶贫解困工程的重要补充。以爱心积分激发贫困群众内生动力发扬"实诚精神"这一举措，为石城县打赢脱贫攻坚战添加了新能量。

第三节 崇文重教：基于客家耕读
文化的社会扶贫

一、捐资助学发挥宗祠凝聚力

宗祠，习惯上多被称为家庙、祠堂，是供奉祭祀祖先的场所，一向被视为宗族的象征。石城县宗祠文化由来已久，保存完好的古宗祠成了维系亲情、找寻记忆、传承家风的重要纽带，宗祠具有帮助人们寻根问祖、缅怀先祖、激励后人、互相协作的积极意义，对于加强中华民族的凝聚力和中华民族的团结产生巨大的作用。石城县屏山镇长溪村社区有一支由离退休老干部、赖氏各房族尊长等组成的自我管理的群众性自治组织——赖氏宗祠祠委会，该组织着力弘扬传统文化，崇文重教、捐资助学，积极创新工作抓手，助推青少年健康成长、成才，日益成为石城县规范管理宗族事务、培育乡风文明、助推公益事业、维护团结稳定的重要群众组织和社会力量。

赖氏宗祠始建于康熙四十四年（公元 1705 年），随后的 300 多年中 6 次扩建重修，截至 2019 年，占地 1287 平方米。该宗祠中最具震撼力的是墙壁上悬挂的几十块堂匾，历来只有获得县团以上级别、副教授以上职称、博士生及以上学历、全省全国表彰的功臣、劳模或百岁老人、五世同堂者等才有资格挂匾，赖氏宗祠用悬挂堂匾这种形式，记载自己光荣的祖先和家族优秀人才，树立榜样引领后人。榜样产生力量，从赖氏宗祠走出去的博士研究生有 30 多名，硕士研究生 200 多名，在医学、文学、建筑、冶金、地质、航天、核工业等各个领域最前沿开拓新天地。长溪村依托宗祠的深厚文化底蕴，赋予宗祠社会公共文化服务功能，引领农村新风尚的形成，促进了农村社会和谐发展。

二、热心公益重教助学规范管理

新时期赖氏宗祠祠委会，承载着新的历史责任，并积极发挥民间组织作用，赖氏宗祠成立了两个基金会，每个基金会资金已逾 100 万元。一是祠堂管理基金会。祠堂管理基金会通过协助村基础设施建设、帮助村弱势群体、支持村文化事业等发挥重要作用，已然成为一个社会互助、救助站，卫生、环境监督站，民间纠纷调解站，文化活动联系站，公益事业服务站。二是奖学基金会。以"奖励高才生，扶助贫困生，激励小学生"为宗旨，通过以息养奖的方式，每年为大学新生、贫困生、在校优等生提供固定金额资助（考上一本的大学生奖励 2000 元、二本奖励 1000 元，对学习优秀的小学生和贫困生资助 1000 元）。基金会每年定点在祠堂举行奖学助学金发放仪式，并且在教师节前夕，还会对长溪小学优秀教师进行奖励。捐资助学激励着长溪村的学子孜孜不倦、求学奋进，营造了一种浓厚的文化氛围，"忠厚传家久，诗书继世长。"长溪村学子勤奋上进，社会尊师重教，群众热衷文化蔚然成风，有效带动了周边村的学风、民风。

赖氏宗祠当年筹集到原始基金后，理事们聚集到一起，商讨怎样才能让基金发挥最大的作用，如何才能实现奖学金、助学金发放的可持续性。最终经过投票表决，理事会决定将 30 万元原始基金以入股的方式投进公司，公司则每年按 10% 的利息给基金会分红利，基金会将红利部分用来奖学助学，从而达到了助学基金源源不断的目的。基金会设立了特等奖、一等奖、二等奖、激励奖和助学金五项，奖金从 100 元到 5000 元不等。只要是村里的学子，不分男女，不论家居何处，只要符合条件，均属奖励对象。为了确保基金收支透明、公开，理事会还定期将基金会的收支情况放到村里的宣传栏中进行公示，接受村民的监督。同时，制定详细的操作细则，规定村中凡是符合要求的学生均可凭录取通知书向理事会提出奖励申请，贫困生扶助名单则由理事会讨论产生，进行公榜，然后按照具体情况进行奖励或者扶助。

十余年来，赖氏宗祠祠委会对奖学基金做到了精心管理，廉洁奉公专款专用。颁发奖学金旨在激励优秀学子发奋前行，再攀高峰，同时不忘宗族，回报家乡，为社会作出更大的贡献。自 2007 年以来，共有 458 名考入本科的大学生分别获得一等奖或二等奖，长溪小学共有 200 多名小学生获得了激励奖，还为 75 名贫困生提供了资助，宗祠助学基金托起了村里学子们的希望。表 7-1 为 2017—2019 年石城县及长溪村本科录取率，长溪村学子表现优异。设立奖学助学基金是时代发展的需要，也是与时俱进的重大举措，其目的是为了多出人才，快出人才，造就更多的品行高尚、知识渊博的优秀人才。正是这种激励，长溪村的学子孜孜不倦、勤奋上进，形成了自力更生、有志者成的浓厚文化氛围，为打赢脱贫攻坚构筑了坚实的精神支柱。

表 7-1　2017—2019 年石城县及长溪村本科录取率

年份	全县高考生（人）	全县本科录取生（人）	本科录取率（%）	屏山镇长溪村高考生（人）	屏山镇长溪村本科录取生（人）	屏山镇长溪村本科录取率（%）
2017 年	2253	916	40.66	28	13	46.43
2018 年	2386	1095	45.89	28	14	50.00
2019 年	2653	1154	43.50	44	17	38.64

综上所述，石城县拥有浓郁的客家文化和崇文重教的良好社会氛围，依托宗祠和乡贤等本土力量，积极参与捐资助学，创新教育扶贫，这是一种真正基于社会土壤的扶贫形式，这种形式不仅具有自下而上的强大生命力，也有助于完善贫困治理体系、弘扬优秀传统文化、培育良好家风和乡风，对于石城县的可持续发展也有重要意义。

第四节　总结与启示

石城县积极动员社会力量参与扶贫，构建多元主体参与的动力机制，完善"线上+线下"平台链接，广泛动员干部、群众、企业、民间组织等多方力量，从上到下、由内向外积极地参与社会扶贫行动，形成了颇具特色和生命力的大社会扶贫格局，支撑了石城县脱贫攻坚整体行动的可持续性。石城县生动的社会扶贫实践证明，立足县域优势，发掘本地资源，动员社会力量参与扶贫，有利于增进社区团结，缓解社区矛盾和冲突，完善社会治理模式和增强社会主体性建设。石城县政府、市场、社会三大扶贫主体既各司其职又形成合力，构筑大扶贫格局。多主体参与的协同行动，极大地提高人民群众对扶贫事业的参与感、认同感与使命感。以社会扶贫网为媒介，搭建爱心人士与贫困群众联系的桥梁，充分发挥客家人乐善好施的品格，鼓舞动员各方力量参与其中，是石城县积极进行社会动员、凝聚社会共识、全面解放和激发社会发展活力、提升社会能力的社会建设过程，充分撬动社会力量参与脱贫攻坚与乡村治理。

社会扶贫的使命追求与政府精准脱贫目标内在价值的契合性，扶贫公共产品供给功能的发挥和政策供给的支持，政府主导扶贫模式的"碎片化"和多元协同扶贫模式的正面效应并存，"互联网+"社会扶贫模式与线下爱心超市扶贫行动的联合驱动成为社会力量嵌入精准扶贫行动的内在逻辑理路。石城县积极动员和凝聚社会力量，多层次、全方位推进社会扶贫，推动志愿帮扶、精准帮扶和可持续帮扶，打通脱贫攻坚最后一公里，取得良好成效。贫困主体与社会主体所依凭的客家文化精神土壤形成合力，进而充分运用"地方性知识"，通过社会协同、多方合作解决石城县在脱贫攻坚中所面临的种种挑战。政府动员、市场发力、社会力量协同推进，配合积极宣传和动员，提高社会组织及贫困地区群众对社会扶贫的认识，从而取得良好工作效果，助力脱贫攻坚战略。

嵌入式创新大社会扶贫的关键在于充分依托社会内生力量，综合运用社会资源，优化扶贫模式，努力搭建各种帮扶平台，并为社会力量参与扶贫开发创造良好的政策和舆论环境，吸引民间资本参与扶贫开发，更多地引进多元化的资源，创新社会扶贫方式，开创帮扶工作新格局。创新扶贫思路，优化扶贫模式，在优化扶贫模式方面，需要聚焦多元力量助力自主脱贫。贫困户的贫困状况不同，贫困原因不同，各村各家的环境条件也不同，如何精准帮扶，如何一对一、点对点，怎样下足绣花功夫，解决这些问题很大程度上依赖社会力量。社会力量是扶贫开发的重要生力军和后备力量，凝聚社会力量参与脱贫攻坚和乡村治理，充分发挥乡贤、名誉村长、企业家、社会组织人员、五老人员等社会力量，发挥其在资源、资金、经验和技术上的优势，助力高效破解精准扶贫和乡村治理难题，进而不断巩固提升脱贫成效，从而优化提升乡村治理水平。脱贫攻坚不仅是政府的事、干部的事，也是全社会共同的责任与担当。石城县在积极引导社会力量共同参与、线上线下结合有效助力自主脱贫、构建社会大扶贫新格局方面的探索上取得了令人鼓舞的成效，富有启发意义，并具备总结和推广的价值。

第八章

阶梯式嵌入与均衡化发展：非贫困人口大病商业补充保险的创新实践

　　"没有全民健康，就没有全面小康"①；"人民健康是民族昌盛和国家富强的重要标志"②。党的十八大以来，以习近平同志为核心的党中央把人民身体健康作为全面建成小康社会的重要内涵，从维护全民健康和实现国家长远发展的角度出发，全面部署、持续推进。人民健康是社会文明进步的基础。拥有健康的人民意味着拥有更强大的综合国力和可持续发展能力。推进健康中国建设，凝聚着以习近平同志为核心的党中央的深邃思考和长远谋划。

　　2014 年，习近平总书记强调："医疗卫生服务直接关系人民身体健康。要推动医疗卫生工作重心下移、医疗卫生资源下沉，推动城乡基本公共服务均等化，为群众提供安全有效方便价廉的公共卫生和基本医疗服务，真正解决好基层群众看病难、看病贵问题。"同年 12 月，习近平总书记在江苏镇江考察时，他再次强调"没有全民健康，就没有全面小康"。2015 年 10 月，党的十八届五中全会明确提出了推进健康中国建设任务，"健康中国"上升为国家战略。2016 年在全国卫生与健康大会上，习近平总书记要求深入实施健康扶贫工程，要把人民健康放在优先发展的战略地位。同年 10 月中共中央、国务院《"健康中国 2030"规划纲要》，勾画出打造健康中国的美好蓝图。这一部署，标志着健康中国建设的顶层设计基本形成。2017 年，党的十九大报告明确提出"实施健康中国战略"。2018 年政府工作报告

---

① 《习近平谈治国理政》第二卷，外文出版社 2017 年版，第 370 页。
② 《习近平谈治国理政》第三卷，外文出版社 2020 年版，第 38 页。

中，推进健康中国战略被纳入提高保障和改善民生水平的重点工作。同年 8 月，《建档立卡贫困人口慢病家庭医生签约服务工作方案》印发，重点加强对已签约贫困人口中高血压、糖尿病、结核病、严重精神障碍等慢病患者的规范管理与健康服务。

基于此，实施健康扶贫工程，对于保障农村贫困人口享有基本医疗卫生服务，推进健康中国建设，防止因病致贫、因病返贫，实现到 2020 年让农村贫困人口摆脱贫困目标具有重要意义。据统计，党的十八大以来，我国已为 553 万户因病致贫返贫家庭和 734 万名患病群众建立了健康扶贫工作台账和动态管理数据库。截至 2017 年 5 月底，分类救治贫困患者 260 多万人。

第一节 健康贫困与城乡大病 商业保险的发展历程

"健康"一词，世界卫生组织（WHO）作出了权威性定义，即健康是指身体和心理对社会良好的适应状态，是指身体状况对于获取经济发展机会和能力的完整性。致力于研究贫困问题的阿玛蒂亚·森，在其经典著作《以自由看待发展》中对自由的实质进行阐述，重点阐述了个体可行性能力的重要性，他指出，健康欠佳及饥饿、营养不良等，会导致个体可行性能力被剥夺，丧失追求实质自由的能力，就有可能陷入贫困。阿玛蒂亚·森认为，健康是一种比财富更加重要的财富形式，因此健康是使个体具备可行性能力去追求有理由被珍视的生活，更是一种实现自由的必要条件。

健康贫困是指由于经济水平低下、支付能力不足所带来的参与医疗保障、卫生保健和享受基本公共卫生服务的机会丧失，以及由此所导致的健康水平下降造成的参与经济活动的能力被剥夺，从而带来的收入减少和贫困发生或加剧，是一种机会丧失和能力剥夺。健康贫困不仅仅局限在身体机能和身体状况，更深层次地体现在由此而带来的缺乏获取机会和资源的能力。健康贫困可以说既是贫困的一种形式，也是导致其他贫困类型的重要原因。有研究发现健康所体现出来的人力资本是影响收入水平和缩小收入差距的关键因素，在脱贫过程中发挥着基础性的作用。人力资本更是巩固脱贫攻坚成效，实现全面建成小康社会的关键基础和核心力量。

城乡大病商业保险是面对城乡全体居民，具有高参与率和高覆盖率的保险制度，是减轻人民群众大病医疗费用负担，解决因病致贫和因病返贫问题的重要环节，也是缓解健康贫困，实现脱贫攻坚以及保障非贫困人口健康权利的重要举措。

城乡居民大病保险，是在基本医疗保障的基础上，对大病患者产生的高额医疗费用给予进一步保障的一项制度性安排，可进一步增强保障效用，是基本医疗保障制度的拓展和延伸，是对基本医疗保障的有益补充。我国大病医疗保障最初是从"大病救助"延伸而来，我国大病医疗保障体系经历了三个发展阶段：（1）住院大病救助形式。该阶段主要是以临时性的救助模式为需要支付住院大额医疗费用的困难人群提供一定的费用补贴，这是基本医疗保障制度中唯一针对大病的制度安排，制度设计更倾向于医疗保险。（2）与新农合大病保障衔接形式。自从 2010 年开始，新农合便开始将大病保险覆盖到白血病、先天性心脏病、恶性肿瘤等 20 类病种，其补偿比例达到了70% 左右，这也是新农合基本医疗与大病保障的有效衔接进展之一。（3）与大病保险衔接形式。用城镇居民与新农合保险的资金购买商业医疗保险，在基本医疗保险的基础上，同时对居民个人的大额医疗支出承保。

《关于开展城乡居民大病保险工作的指导意见》是由国家发改委、人社部等部门在 2012 年制定的指导意见，首次提出并要求全面实施大病保险制度。2012 年底，共实现大病保险试点 1468 个。这些试点涵盖了县、市、区，覆盖规模达到了 5.08 亿人，补偿次数共计 156 万人次，补偿金额达到了 60.1 亿元，实际报销比例高于新农合报销的 10%。城乡居民大病保险的保障对象是城镇居民医保、新农合的参保人。大病保险，其实就是对城镇居民医保和新农合参保人的"二次报销"。2013 年的城镇居民医保等基本医疗保障，无法满足广大城乡居民的医疗保障需求，是城乡居民大病医疗保险势在必行的主要原因。2014 年 1 月，《关于加快推进城乡居民大病保险工作的通知》提出了新的要求，即未展开试点的省份，要在 2014 年 6 月底前启动试点工作。2015 年 8 月出台的《国务院办公厅关于全面实施城乡居民大病保险的意见》中提到了 2015 年底前，大病保险覆盖所有城乡居民基本医疗保险参保人群。随后，全国大部分地区都纷纷发布了实施城乡居民大病保险文件。400 多万大病患者，赔付大病保险资金在 2015 年达到了 214 亿元，大病患者报销比例大大提高。到 2016 年 9 月，大病保险实现了全国 10.5 亿城乡居民的覆盖面，基于基本医疗保险的实际报销比例提高了 14%。2017 年 10 月 18 日，习近平总书记在党的十九大报告中指出，完善统一的城乡居民基本大病保险制度。随着全民医保体系的初步建立，人民群众看病就医有了基本保障。

健康扶贫在新时期的经济社会发展总体布局中有着特殊的战略地位。不论对于贫困人口还是非贫困人口而言，建立完善的医疗保障和救助体系对于减缓贫困人口因病返贫、非贫困人口因病致贫都具有重要意义。一方面是有利于农村地区的基础医疗卫生设施建设，推进健康扶贫的民生工程。在增加财政投入的基础上提升健康扶贫的效率、构建管理责任体系，提高民生工程和医疗体系的实际效能和作用。另一方面可以真正减轻城乡居民看病就诊的负担，让人民群众能够"看得起病"、"看得好病"。城乡居民大病医疗保险制度有利于建立健全多层次医疗保障体系。与基本医疗保险由政府主导的运作模式不同，城乡居民大病保险由政府以招投标方式，向商业性保险机构购买，保险机构作为第三方负责具体运作。政府通过购买保险服务，改善民生，是公共管理模式的有益创新。同时，有关部门应对相关商业机构的准入及各种市场行为进行严格监管，让宝贵的资金实打实地用在减轻群众医疗负担这个"刀刃"上，这是推进全民医保制度建设的内在要求；是推动医保、医疗、医药互联互动，并促进政府主导与市场机制作用相结合，提高基本医疗保障水平和质量的有效途径；是进一步体现互助共济，促进社会公平正义的重要举措。

但是，部分低收入的家庭，尤其是"临界农户"（收入接近于贫困线，但是略高于贫困线）的家庭在面临重大疾病时，城乡居民大病保险虽然能够为其承担大部分的费用，但是费用基数庞大，该家庭在面临剩余的费用时仍有很大的致贫风险，从而导致非贫困户因病致贫。针对以上问题，石城县各部门都高度重视，统一思想，抓好落实。在解决"因病致贫"突出问题的过程中，始终坚持中央统筹、省负总责、市县抓落实的体制机制，统筹考虑贫困户和非贫困户的健康需求，通过嵌入式的方法进行创新实践，推行非贫困人口大病医疗补充保险的试点工作和建立贫困户的"五道医疗保障"体系，取得了一系列的成效。

第二节　石城县嵌入式健康保障的主要举措及其成效

2018 年，石城县有建档立卡贫困户 12470 户 49820 人；有省定"十三五"贫困村 29 个，占总村数的 22.1%，深度贫困村 15 个。脱贫攻坚开展以来，全县未脱贫人口由 2014 年底的 39187 人降至 2018 年底的 2222 人，贫困发生率由 2014 年底的 18% 降至 2018 年底的

0.81%。但是因病致贫仍然在致贫原因中占重要比例，在 2018 年的贫困统计数据中可知，因病致贫的贫困户有 3660 户，占总数的 29.4%，因残致贫有 2372 户，占总数的 19%（如图 8-1）。患病的农村贫困人口中，年龄在 15 岁至 59 岁的占农村贫困人口的 40% 以上，他们基本上都是所在家庭主要劳动力，患病不但要发生治疗费用，还会因为丧失劳动能力而直接影响创收，使家庭陷入贫病交加境地。基于此，石城县通过健康扶贫的一系列举措保障贫困人口的医疗需要，同时密切关注非贫困人口的健康诉求，通过非贫困人口大病医疗补充保险将健康扶贫的资源嵌入非贫困人口中，这在贫困治理的过程中不仅解决了贫困人口需求，同时也关注非贫困人口的健康需要，防止贫困人口与非贫困人口之间由于资源分配不公再次导致不平等和因病返贫，这种阶梯式嵌入性的贫困治理更具有可持续性和可复制性，更加体现在资源再分配过程中的公平性和平等性。

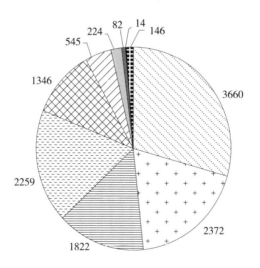

图 8-1　2018 年石城县致贫原因类型与户数统计图

☐ 因病（户）　　☐ 因残（户）　　☰ 因缺资金（户）
☐ 因缺技术（户）　☒ 因缺劳力（户）　☐ 因学（户）
▨ 因灾（户）　　■ 因缺土地（户）　■ 因交通条件落后（户）
▦ 因自身发展力不足（户）

一、建立"一个资助，五道医疗保障线"，控制因病返贫的贫困人数

石城县将贫困人口医疗保障线作为健康扶贫的重要内容，即资助符合条件的贫困患者参加医疗保险，在江西省创立的"四道保障线"的基础上，即城乡居民基本医疗保险、城乡居民大病保险政策含二次补偿、城乡贫困人口疾病医疗补充保险政策、民政医疗救助政策，增加了"民政救急难"政策，建立了"五道医疗保障线"。目的是防止因病致贫因病返贫，形成"基本医疗保险+城乡居民大病保险+疾病医疗商业补充保险+医疗救助+救急难"的五道医疗保障线。对于建档立卡贫困人口经过"四道医疗保障线"报销后自付费用超过总费用10%的，启动第五道医疗保障线"救急难"，将贫困人口自付比例控制在10%以内，最大限度地减轻了贫困人口就医和就诊的负担。政府出资2391.26万元为所有建档立卡贫困对象支付基本医保（220元/人）、商业补充保险（260元/人）费用，建立完善五道保障线，县域内住院实施"一站式"同步结算机制与"先诊疗、后付费"政策，确保贫困户住院自付费用控制在10%以内。同时，为了进一步保障贫困人口的就医水平和就医条件，针对建档立卡贫困户推行"3+1+X"医疗扶贫模式（其中"3"指县、乡、村三级医生，"1"指1名帮扶干部，"X"指若干户贫困户），落实"救治+预防"服务，跟踪了解贫困患者就医情况和健康状况，促进家庭医生签约服务无缝衔接，打造县、乡、村三级医疗机构互通互动的同质化医疗服务，使健康扶贫政策落到实处，努力实现贫困患者身体、生活"双脱贫"。

另外，还落实了"三个一批"行动计划，对10种大病实行免费治疗、对15种大病实施专项救治。根据石城县统计资料可知，2018年免费救治10种疾病患者1954人，其中贫困人口1578人，占总患

者的 80.76%；15 种重大疾病专项救治 689 人；推进特殊慢性病政策落实，审批录入慢性病患者 11051 人，其中贫困户慢性病患者 4899 人，占总患者的 44.33%，门诊特殊慢性病报销已达 1055.21 万元，有力减轻了群众的就医负担。同时，对因未上户而无法参加医保的特殊人员 77 户 94 人，研究出台特殊人员无法参保问题解决办法，全面落实健康扶贫政策。基于此，随着贫困人口五道"医疗保障线"健康扶贫政策的出台，贫困人口重大疾病医疗费用自付比例都已经控制在 10% 以内。

二、构建非贫困户医疗保障网，抵御因病致贫的贫困陷阱

健康扶贫政策通过全方面、多维度的方式来保障贫困户就医就诊条件的同时，也产生了贫困人口与非贫困人口之间的医疗保障政策差距问题，多元利益诉求风险日益凸显。为了防止健康扶贫对贫困户支持力度过大而造成非贫困户或者边缘户利益诉求得不到满足，继而引发再次贫困和社会矛盾的问题，在脱贫攻坚的巩固时期，对于非贫困户的大病保险和健康关怀被提上日程。在充分调研和多方主体组织动员的基础上，石城县针对非贫困人口实施大病医疗补充保险，使非贫困人口也能更加公平地享受医疗保障权益，降低医疗费用自付比例，这种做法既能有效防止非贫困人口因病致贫因病返贫，又缩小了其与贫困人口之间的医疗政策差距。对于非贫困人口，由县卫健委牵头联合有关部门单位在充分掌握全县经济社会发展水平的基础上，通过摸清非贫困人口近三年就医医保报销情况，充分考量群众医疗保险筹资能力、保险公司承保能力以及财政抗风险能力，经过反复测算，广泛征求意见，科学合理设定大病医疗补充保险的筹资标准，即总参保费为 130 元/人，其中财政出资 110 元/人，个人自筹 20 元/人，报销起付线为 6000 元。非贫困人口大病医疗补充保险年最高可报销 25 万

元，加上基本医保年封顶线 10 万元，大病医保年封顶线 25 万元，以上三项报销补偿叠加后，年封顶线最高可达 60 万元，可以有效地减轻参保人员的就医负担，该保险与已经实施的贫困人口疾病医疗补充保险相衔接，构筑起全面覆盖城乡居民的大病医疗"保障网"。在构建这种全民和全面的医疗保障网络过程中，政府各个部门通过科学研究和判断，在强力的组织动员和部门合作的情况下来核定合适的保险框架，既不"一刀切"与贫困户的救助政策相同，又基于非贫困户的实际情况进行医疗报销。同时，在政府与商业机构的合作过程中需要切实地做好资金的保障与监管，保障资金链条的可持续性和可发展性，以城乡居民满意度为核心、以安全稳定为基础来进行，具体的做法如下。

（一）各组织部门多元合作，合理构建"保险框架"

健康扶贫由卫生健康委员会主要负责，石城县卫生健康委员会进行牵头，并联合其他有关部门单位在充分掌握全县经济社会发展水平的基础上，摸清全县人口近三年的就医就诊状况，将非贫困人口近三年就医医保报销情况罗列出来，明确非贫困人口对于医疗报销的真实诉求。从参与的各个主体进行多方考量，充分考虑群众医疗保险筹资能力、保险公司承保能力以及财政抗风险能力。经过反复测算，广泛征求意见，石城县创新出台了《石城县城乡居民非贫困人口大病医疗补充保险实施方案（试行）》，一是科学合理设定大病医疗补充保险的筹资标准，制定总参保费为 130 元/人，其中财政出资 110 元/人，个人自筹 20 元/人。二是科学设定起付线。按上年度全县人均可支配收入一半左右的标准，设定起付线为单次住院个人自付费用 6000 元，起付线金额实行绝对免赔。参保人因病住院，按城乡居民基本医保、大病保险（含二次补偿）、大病医疗补充保险顺序进行补偿。对经基本医保补偿后，未达到大病保险补偿标准，但达到补充保险起付线的，也可直接进入补偿。三是合理确定报销比例。非贫困人口大病医疗补充保险年封顶线25万元，加上基本医保年封顶线10万元、大病医保年封顶线25万元，三项叠加最高可报60万元。核定报销比例为目录内个人自付医疗费用最高可报90%，目录外个人自付费用最高可报销75%，基本可以防止因病致贫问题发生。

（二）提高全民参保的覆盖率，保障资金链条连贯性与安全性

在城乡居民大病商业保险中尽量保障全民参保。一是通过网络平台。如微信、电视、网站、广播等媒介进行宣传和推广，发放宣传手册8万余份，全方位宣传大病医疗补充保险政策，为群众算好经济账、健康账、长远账，广泛引导非贫困群众参保。同时，灵活收费参保方式，将参保程序进行简化，减轻参保的负担和程序上的烦琐，城乡居民只要带相关证件到户籍所在村（居）委会就可以缴费参保。同时乡镇干部积极入户动员宣传，多种方式来保障政策宣传到位、群众了解透彻。此外，对于一些出行不方便的群众，由乡村干部上门收费受理参保。二是建立盈亏机制。由于商业机构具有市场性、波动性和不确定性，因此在商业机构与政府合作来承接非贫困户的医疗福利时，长期资金的连贯以及资金安全就更加需要保障了。在市场这只无形的手背后需要有政府这只有形的手来进行监管和控制，以保障群众的利益，增强群众对于政府和福利政策的信任度和信心。例如承办的商业保险机构需要有自负盈亏的能力，如果因政策调整而发生亏损，由保险机构和县政府协商解决。同时，商业保险机构不得因自身经营原因单方终止履行协议，不得因出现亏损而终止补偿或减少补偿，保障人民群众利益是第一位的。三是强化资金监管。坚持把资金安全摆在首要位置，将保险金监管贯穿收支全过程，做到过程公开、使用透明。建立健全内控制度和监督体系，以实时监控、定期检查堵牢管理漏洞，确保资金专户储存、专款管理、专款专用。同时，重点监督目录外用药和目录外医疗费用，强化县内医疗机构管理，严格落实省市

下达的公立医院控费要求，合理控制医疗费用，避免发生小病大治和过度医疗现象。

（三）建立参保信息审核反馈机制，保障群众参保满意度

在参保过程中需要保障信息的对称性，在收集参保信息和进行参保信息审核的时候需要保障自上而下信息渠道的畅通。同时在自下而上的信息传送渠道当中，也应保证信息的及时反馈，形成"自下而上、自上而下"的双向信息核对机制。在村级范围内收集基础数据，乡镇一级进行审核汇总，县医保局审核并将信息录入报销系统做好标识，同时将错误信息返回乡镇，由村级更正后再上报，通过多次核对后确保参保人员信息准确无误。为方便群众快速报销，石城县专门开发了非贫困人口大病医疗补充保险报销系统，该系统与医保系统对接，可实现基本医保、大病二次补偿、非贫困人口大病补充保险"一站式"即时结算，解决费用报销部门多、手续繁的问题，优化了报销流程，让群众少跑腿、快结算，真正地减轻了群众的负担和报销的程序。为了服务更加便民化，石城县在县人民医院单独设立非贫困人口大病医疗补充保险报销窗口，专门负责参保对象县外就医费用报销和理赔，确保参保对象提供完整报销材料后 3 个工作日赔付到位。通过建立双向的信息渠道、便捷的报销方式以及便民的服务方式来提高群众的满意度。据石城县统计资料显示，全县累计赔付大病患者 2307 人次，赔付金额 2040.85 万元，人均赔付 8846.34 元，有力地防止了因病致贫现象发生，非贫困户也切实地享受到了政策带来的福利。2019 年，石城县继续实施非贫困人口大病医疗补充保险，通过自上而下的行政动员给各个乡镇下派指标和任务，来保障全县覆盖全面的参保率。真正地通过政府、商业机构与城乡居民来搭建全民医疗保障网络，全县统计参保人数达 20.33 万人。其中，1—6 月共救治 365 人，救治金额 268.64 万元，个人自付费用 26.11 万元，自付比例 9.72%，自付比例均在 10%以下。

第三节　石城县健康扶贫创新的
主要亮点和地方经验

石城县健康扶贫的创新之处主要体现在健康理念的无差异性以及健康保障体系的阶梯式嵌入性。一方面，通过多渠道的方式层层保障贫困户的医疗诉求，通过建立"城乡居民基本医疗保险"、"城乡居民大病医疗保险"、"疾病医疗商业补充保险"、"医疗救助"和"救急难"五道保障体系层层深入将贫困农户的医疗支付费用个人支出严格地控制在 10% 以内，在健康扶贫的政策下将贫困户的健康网络兜住底线。而另一方面，对于非贫困人口，在"城乡居民基本医疗保险"和"城乡居民大病医疗保险"的基础上增加了"非贫困人口大病商业补充保险"，满足非贫困人口紧缺的医疗需求。根据不同人群的健康需求来提供医疗保障，将贫困人口和非贫困人口的健康需求都纳入整体的健康保障体系当中，体现出健康保障的普惠性、便民性和公正性，有助于防止贫困户因病返贫和非贫困户因病致贫的现象。

一、增加了第五道救助保障线，为贫困人口生存兜底

江西省在健康扶贫工作中开拓了四道保障线，第一道保障线是城乡居民基本医疗保险，实现了城乡居民医疗保险百分百覆盖。第二道保障线是城乡居民大病医疗保险。它弥补了第一道保障线"病越大，自付费用越高"的缺陷。同时，第二道保障线对贫困人口实行更加优惠的政策，如起付线缩减一半、每一档的报销率提高 10 个百分点等。第三道保障线是疾病医疗商业补充保险。通过这道保障线，重大疾病患者可以报销政策范围外的药物费用。这样就可以大大减轻群众

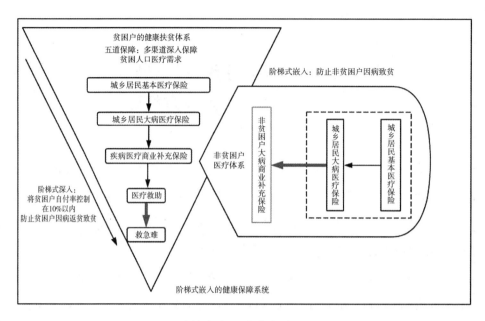

图 8-2　阶梯式嵌入健康保障体系示意图

医疗负担，有效防止因病致贫、因病返贫现象的发生。2016 年赣州市政府出资 9455 万元，为 105 万贫困人口购买疾病商业补充保险。江西省按每人每年不低于 90 元的标准，为贫困人口购买重大疾病商业补充保险。赣州市则提高筹资标准，由每人每年 90 元提高至 120元。第四道保障线是民政医疗救助。对于达到了大病险起付线的病人，政策范围内的医疗费用经过前三道保障线之后自己所出的费用，仍高于 10% 的，自付金额还可以报销 50%。对于没有达到大病险起付线的病人，政策范围内的医疗费用经过第一道、第二道保障线之后自己所出的费用高于 10% 的，还可以报销 30%。有了"四道医疗保障线"，贫困患者看病花钱就有了一张医疗兜底网。贫困患者经基本医保、大病保险报销后，个人负担费用全部纳入补充保险保障范围，其中，医保目录内费用，补充保险报销 90%，个人负担 10%；医保目录外费用，补充保险报销 75%，个人负担 25%，加上部分医疗救助，个人自付费用比例基本可以降到 10% 以内。

赣州市石城县在前四道医疗保障防线的基础上，积极探索医疗救助的"第五道保障线"。对于建档立卡贫困人口经过"四道医疗保障线"报销后自付费用超过总费用10%的，启动第五道医疗保障线"救急难"，将贫困人口自付比例控制在10%以内。在石城县全县范围内，对贫困户降低住院报销起付线，落实贫困群众以户为单位实现应保尽保，构建起脱贫"五道"保障网，控制医疗费用报销达90%以上。

典型案例1

石城县琴江镇木富村贫困户黄外荣，2017年因脑出血被送到石城县人民医院住院治疗，合计总医疗费用将近13.5万元，享受健康扶贫五道保障线报销累计13万元，个人实际支付4715元，报销比例高达96.5%。事后黄外荣儿子说道："当时医生告诉我医疗费用大概需要十多万元，我当时眼前一黑，不知道该怎么办了，后来得知医疗费用可以报销90%以上，心里就放心多了，他感慨道，这个健康扶贫政策真的很好。"（来源于访谈资料整理）

由此可见，第五道防线的出台更进一步地解决了贫困人口的压力。同时，由于缺少出生医学证明、未进行亲子鉴定、鉴定后结果非亲生、事实抱养未取得收养证明、嫁入后户籍未迁入、未到法定年龄无结婚证等，未进行户籍登记的贫困户无法参保，使最需要健康扶贫和医疗救助的人游离在救助系统之外。为解决这个问题，政府为建档立卡贫困户先代缴保费（基本医保费用为220元，重大疾病医疗补充保险缴纳费用为260元），首先满足贫困户的基本生存和医疗需求，再进行核对身份信息，改变了之前文牍化和程序化的刻板办公方式。

贫困户看病也遵循着先诊疗、后付费、免交押金和一站结算的程序，同时享受"三免四减半"的健康扶贫政策，"三免"即免门诊挂号费、肌肉注射费、换药费，四减半则包括三大常规、胸片、B 超、住院床位费。这些最大限度地减轻和减免贫困户看病的负担和流程，真正发挥民生工程的最大效用。"一站式"服务的推出和先诊疗后付费的实现，大大方便了贫困人口的就医，不仅省去了他们跑腿的麻烦，更重要的是解决了他们垫付不起医药费、借钱难的问题。

典型案例 2

家住石城县琴江镇常乐村的温扬东因尿毒症并发症引起脑溢血，在石城县人民医院住了 19 天，医疗费用共计 16.5 万元。温扬东的儿子带着老人的身份证、参合证和"一本通"等证件在专门的报账窗口办理相关手续后，医院通过相关系统的验证和核算，得出温扬东所要自付的费用是 469.87 元。老人痊愈后，温扬东的儿子在向医院支付 469.87 元后，便开开心心地带着老人出院了。而这些主要是得益于先诊疗后付费和"一站式"结算机制的建立。(来源于访谈资料整理)

二、建立了梯级式嵌入保障系统，提高边缘群体的疾病风险防御能力

所谓"梯级式健康保障系统"指的是在面对不同的群体时（贫困人口和非贫困人口），充分考虑到不同群体的经济基础、家庭状况、身体条件、工作能力以及社会支持与资助系统是不一样的，因而针对不同人群的实际需求来差异式和阶梯状地进行医疗方面的救助和保障，使不同贫困状况的人口和非贫困人口都能够在政府、社会以及自己的努力下建构起抵御疾病风险的能力。针对不同群体的差异性特点来实行有差别的医疗补助和医疗报销，最终能够建立一个全民性的、均衡式的医疗保障体系，使每一类群体在自身、社会和政府的合

作帮扶下都能够实现医疗保障。

石城县针对贫困人口有一系列健康扶贫的方针以及根据实际情况来制定的适合县情的具体措施，例如前面所提到的第五道保障线与一站式的服务，同时通过责任串联机制来实施家庭医生签约服务："3+1+X"，即一名乡村医生、一名乡镇卫生院医生、一名县级医院医生加一名帮扶干部帮扶若干名贫困户的模式，促进家庭医生签约服务无缝衔接。县级医生负责引导贫困户到县医院找到合适的科室，打电话给签约医生、帮助报销等，县级医生一年1—2次义诊活动，带医带药到自己负责的对接贫困点中，对精神状况和身体状况比较差的贫困户进行上门服务。乡级医生随访，两个月一次，为每个贫困户建立健康档案，对高发病种（高血压和糖尿病）进行健康干预，指导他们生活。村医对本村贫困户进行经常性干预，服务率要覆盖百分之百，若遇到无法解决的病患则逐级向上汇报。帮扶干部负责对接贫困户和村医。打造县、乡、村三级医疗机构互通互动的同质化医疗服务，使健康扶贫政策落到实处，努力实现贫困患者身体、生活"双脱贫"。各基层卫生院采用充分告知、主动签约、上门签约、集中式签约等方式与建档立卡贫困户签约，并张贴"健康扶贫'3+1+X'模式家庭医生、帮扶干部签约服务牌"，由帮扶干部张贴在联系对象家门口。建档立卡贫困户在签约后可享有签约就诊各项优惠倾斜政策，建档立卡贫困户优先到基层医疗卫生机构签约家庭医生处就诊，发挥家庭医生合理诊疗、疾病评估、优先转诊、健康管理的优势，引导签约对象主动利用家庭医生诊疗服务。截至2019年，石城县已为47740名农村建档立卡贫困人口建立了健康档案，为4664名65岁以上农村建档立卡贫困人口进行了健康管理，对2074名贫困家庭0—6岁儿童进行保健管理，对61名贫困孕产妇进行管理，分别对患有高血压、糖尿病、重型精神病、结核病等的贫困人员进行了健康管理。以前由于医疗报销比例低，医疗费用高，存在"小病拖，大病扛，病危才往医院抬"的问题，一些家庭甚至因花钱看病出现不和谐因素。

贫困人口的自身基础和自身发展能力处于较低的状态，因此政策倾斜的程度较大。而疾病的防御和医疗的保障是每一个家庭甚至每一个个体都需要的，因此针对非贫困人口，石城县实施非贫困人口大病医疗补充保险，通过政府、个人和保险机构共同承担大病风险，并与现有的健康政策相衔接，在全县建立起了一套完善的医疗保障体系，让非贫困人口看得起病，看得好病，减少因治病带来的家庭矛盾纠纷，不断提升群众的幸福感、安全感、获得感。

典型案例 3

家住赣州市石城县琴江镇兴隆村的熊东红，今年 2 月份因患蛛网膜下腔出血住院花费 185952.42 元，基本医保、大病医保报销 119738.35 元，个人还需支付 66214.07 元，因为参加了非贫困人口大病医疗补充保险，熊东红又获得了 46100.50 元的补偿，个人只支付了 20113.57 元。事后他表示，没想到还能报销这么多费用，大大减轻了就医负担，自己多日的担心终于放下来了。

（来源于访谈资料整理）

扶贫的过程其实是国家财政再次分配的一个过程，是对资源下沉到基层社会的一个再分配过程。这个过程是对生活在贫困线以下人群的救助和救济，但是在农村区域对于贫困的界定具有不规则的特性，同时不同的人群之间的界线也是难以区分的，因此，在扶贫资源和救助资源专一地有针对性地输入到特定的一小部分群体之中时，也无形中将处于贫困标准线边缘的群体割裂开来了。这种强大的救助过程和资源输入过程可能导致这部分边缘群体心生不满和怨恨，同时，非贫困人口面临疾病时很容易掉入贫困陷阱，特别是处在贫困线边缘的非贫困人口。

典型案例 4

某基层卫生院院长，男，32 岁，妻子也是一名基层医护人员，儿子 3 岁，夫妻二人在买房后已经欠债数万元。但是不久之后这位院长得了白血病，家中的主要收入来源失去了依靠，并且在去北京治疗过程中也花费了 70 多万元，最后不幸去世，留下了未成年的儿子和收入微薄的妻子。（来源于访谈资料整理）

按照 2018 年以前非贫困人口的报销比例，这个家庭还要另外支付 40 多万元的手术费用。高额的手术费用使这个原先不贫困的家庭陷入了贫困。这种具有排斥性的救助防护政策反而使得非贫困家庭陷入了贫困，没有发挥医疗保障网的真正作用。于是，石城县政府通过多方调研和县委各个部门组织动员通力合作，形成了城乡居民（非贫困户）的大病商业保险。通过"政府+商业机构"的形式来实现全民的医疗保障。

典型案例 5

村民孔细新因患大病在南方医科大学南方医院接受治疗，共花费 11.1 万余元，在享受基本医保和大病保险基础上，孔细新又享受到了大病医疗补充保险补偿 45203.7 元，个人自付费用从原来的 69778.81 元减少到 24575.11 元，自付部分比例从原来的 62.9% 降低到了 22%。这是江西省第一笔非贫困人口大病医疗补充保险补偿金，是从石城县人民医院一站式报销窗口核发的。（来源于访谈资料整理）

在赣州先行试点的基础上，2016 年 8 月，江西省政府印发《江西省健康扶贫工程实施方案》，紧紧围绕贫困人口"看得起病、看得好病、看得上病、更好防病"，提出了 23 条具体举措，因地因人施策、因病分类救治，"靶向治疗"、"精准滴灌"，区别不同情况，采取一地一策、一户一档、一人一卡，精确到户、精准到人，切实提高健康扶贫的针对性和有效性。同年 11 月，全省全面实行贫困人口重大疾病医疗补充保险政策，为贫困人口构建起基本医保、大病保险、补充保险、免费救治、医疗救助等组合式、多层次保障体系，这种多组合多层次的医疗保障体系通过梯级式和差异化补助的方式实现了均衡化的发展。

三、扩大了健康扶贫覆盖主体，增强防贫的可持续性

健康扶贫政策的实施，已大大缓解了贫困人口因病致贫、因病返贫的风险，减轻了贫困家庭的经济负担，为稳定脱贫打下了良好的基础。特别是针对贫困户和非贫困户等不同的群体都出台了适宜有效的防御措施，扩大了健康扶贫的覆盖主体，也扩大了健康扶贫的涵盖面。一方面可以真正做到控制因病致贫和因病返贫的比例，另一方面扩大了健康扶贫的覆盖主体，提高了全民的医疗水平，让全体人民都能够享受到社会主义现代化进程所带来的福利，也能够消解因为扶贫资源分配不能绝对公平和扶贫过程中出现的不和谐因素和不融洽的"怨"与"气"。简化医疗程序，推动医疗资源的下移，针对性地处理农村中人们的慢性病，将慢性病分一类和二类，具体罗列 30 种。之前二类慢性病必须到二级综合医院然后经医保局认定，但是由于贫困户的知识水平有限，对于认定的程序和认定的手段都缺乏相应的认知，反而增加了贫困户的负担。于是石城县针对慢性病专门出台了一系列的文件和政策，对县里患慢性病的贫困人口进行统一摸排和认定，并简化审批程序，由各乡（镇）卫生院组织有关医生开展慢性病审核认定培训后，对疑似慢性病贫困患者进行筛查，根据检查结果出具审核意见。再将资料提交到县人民医院认定，最后提交给县医保局。其中对符合条件的，及时纳入医保系统，后续摸排的每月录入并

反馈一次名单。访谈中赣州市卫生计生委主任刘春文告诉我们："以前，老百姓最怕的是得大病，承担不起高额的治疗费用，容易因病致贫、因病返贫。现在把大病医疗补充保险扩大覆盖到非贫困人口，不仅实实在在减轻了大病患者的看病负担，更从源头上筑起了防止因病致贫、因病返贫的有效屏障。"

典型案例 6

石城县琴江镇非贫困户邓中排因患"主动脉瓣狭窄伴关闭不全"疾病，在南昌大学第二附属医院治疗，总共花费 12.98 万元，基本医保报销 5.76 万元，自己还要负担 7.22 万元，通过非贫困人口大病医疗补充保险报销 4.68 万元，个人自付比例从 55.62% 下降到 19.6%，下降了约 36 个百分点，极大减轻了他的家庭负担，也让非贫困户在面临疾病冲击的时候能够自如地应对和享受到政策与国家的关怀。因此，非贫困人口大病医疗补充保险为城乡居民再加一道"医疗保障线"，可以有效地减轻参保人员的医疗负担。（来源于访谈资料整理）

除此之外，石城县还完善村庄基础医疗设施，建立标准化的卫生室，提高医疗设施在基层的覆盖率。从最基层来进行疾病的预防和控制，通过省卫生院在标准化的村卫生室挂点来保障村卫生室的医疗水平和就医效果，可以使群众在家门口就看得了病，看得好病。同时也有各省之间健康扶贫的项目，例如浙江省对口支持 80 个村，每村提供 20 万元经费进行村级基础医疗设施的建设，在 113 个村中已经建立起来了 114 个卫生室。此前，乡村医生都是在家中工作和出诊，没有规范的诊疗室和医疗设备，卫生室和村庄医生发挥的作用有限，有很多农村地区由于交通不便和医疗条件不便还必须到乡镇甚至县市的医院进行治疗，就医成本高。截至 2019 年，按照规范建立起了不同门类的诊疗室和换药室，保障了农村群众的基本医疗卫生需要。另外，石城县在医疗服务的模式上开始实施"医养结合"养老服务创新模式。在石城县第三人民医院建有失能半失能人员医养康复中心。医养康复中心主要针对的是失能和半失能老年人群，这个康复中心设施完善，标准一流，有专业的心理咨询、运动健康、营养保障、护理、护工团队，是集医疗、护理、康复、保健、生活照料、娱乐、心理治疗、临终关怀于一体的医养结合服务体系。当前只有100多个床位，优先考虑失能和半失能老年人入住，收费标准是3350/月。2019年已开始建设二期项目，通过招商引资和社会资金扩大康复中心的辐射范围和群体，打造个性化的床位。通过创新医疗服务模式，医院不仅具有承担就医和救治的功能，同时针对部分特殊人群也能够发挥医养结合的作用。

国务院扶贫办摸底调查显示，全国贫困农民中，因病致贫的有42%，因灾致贫的有20%，因学致贫的有10%，因劳动能力弱致贫的有8%，其他原因致贫的有20%。这些致贫原因中，因病致贫成为农民贫困的最大原因。江西省因病致贫的户数占总贫困户数的比例由2011年的57.1%下降至2015年的44.4%，但在各种致贫原因中，因病致贫仍然最为突出。因此，基层扶贫是扶贫工作的重中之重，基层医疗机构也是贫困人口健康服务的主要力量。习近平总书记强调，"以基层为重点，以改革创新为动力，预防为主，中西医并重，把健康融入所有政策，人民共建共享"。在坚定不移构筑"医疗保障线"的同时，在健康扶贫的道路上要坚持"输血"与"造血"并重，在保障贫困人口最紧缺的医疗需求的同时，要注重树立健康意识和疾病防控的观点。关注非贫困人口的就医需求也要注重非贫困人口的医养诉求，全面提高基层医疗卫生服务的可及性和有效性，让农村贫困人口能够就近得到及时便捷优质的基本医疗卫生服务，同时可以为全面建设小康社会，助力乡村振兴提供人力资本和供给优秀人才，到2020年贫困地区县域内就诊率提高到90%左右，基本实现大病不出县，将"防"与"治"紧密结合，将"防线网"织得更牢、织得更密，让"防线"更持久地发挥作用。

第四节　总结与启示

健康扶贫是脱贫攻坚战中的一场重要战役。习近平总书记强调，"当前，由于工业化、城镇化、人口老龄化，由于疾病谱、生态环境、生活方式不断变化，我国仍然面临多重疾病威胁并存、多种健康影响因素交织的复杂局面，我们既面对着发达国家面临的卫生与健康问题，也面对着发展中国家面临的卫生与健康问题"[1]。如果这些问题不能得到有效解决，必然会严重影响人民健康，制约经济发展，影响社会和谐稳定。"辛辛苦苦奔小康，得场大病全泡汤"是不少百姓面临大病时的真实写照。因病致贫和因病返贫仍然是脱贫攻坚成果巩固时期需要重点防治的问题。

石城县的健康扶贫通过增加第五道医疗保障线来抵御贫困人口因病返贫的风险，通过"3+1+X"的责任联结方式来推动医疗人员的下移，通过"一站式"诊疗简化医疗程序。同时开创嵌入式创新——城乡居民（非贫困人口）的大病商业补充保险，通过政府与商业机构合作来构建全民的医疗保障网，通过阶梯嵌入式的帮扶方式来满足不同群体的健康需要，保障和巩固脱贫攻坚的成果，确保我国2020年实现全面建成小康社会。

一、创新医疗保障模式

石城县针对地方实情，一是非贫困人口患重大疾病时医疗负担依

---

① 《习近平谈治国理政》第二卷，外文出版社2017年版，第371页。

然沉重，存在因病致贫的可能性；二是贫困人口和非贫困人口在医疗保险政策上的差距（主要体现在报销比例上），容易产生一些社会矛盾和纠纷；三是一些介于贫困和非贫困的边缘户，由于没有评上贫困户，在出现重大疾病以后，过高的医疗费用导致其陷入了贫困，即因病致贫。在健康扶贫创新的道路上，石城县基于自身经验的总结探索出了一条可推广、可复制的健康扶贫经验，紧紧抓牢"两不愁三保障"的脱贫目标，在四道防线的基础上增加"救急难"的第五道防线，控制了因病返贫的贫困人口。同时，针对非贫困人口的医疗需求，探索出了城乡居民（非贫困户）的大病商业补充保险。通过确定参保对象、确定补偿办法、确定报销比例、确定运作机制等程序，缓解了贫困户和非贫困户之间的矛盾，有力防止了因病致贫现象发生。

二、完善医疗保障机制

根据不同群体之间的健康需求、经济情况、家庭背景以及社会网络支持程度，制定具有针对性和分类性的医疗报销标准，在分类区分的基础上进行具体化和差异性的医疗保障，通过差异化的补贴和救助方式因户制宜、分类供给，来实现全民医疗保障的全覆盖，实现了医疗网络的全民覆盖，真正抵御了非贫困户或者边缘户在不可控的疾病面前再次掉入贫困陷阱的危险，增强了贫困人口的自我发展能力，保障了贫困人口获得更多发展机会的可能性。依据健康扶贫各部门间的衔接，在不同的保障制度、各个部门之间的统分合作以及在管理方式上都建好衔接机制，形成合作伙伴关系。包括城乡居民基本医疗保险与医疗救助的衔接、城乡居民基本医疗保险与商业保险的衔接、初级卫生保健与城乡居民基本医疗保险的衔接机制等。作为重要制度上的嵌入载体，可以防止出现交叉保障或者两不管的现象，发挥一体化优势。

三、共建医疗保障主体

健康扶贫致力于改善贫困人口的健康状况，为实现脱贫攻坚和乡村振兴提供重要的人力资本。随着完善贫困地区医疗设施与公共卫生建设引入了社会力量和企业力量来共同构建扶贫网络，医疗保障主体从上级政府拨款的单一主体转变为政府、市场和社会公众多主体联合供给。更多的主体和组织参与到民生工程与社会保障体系当中，有利于提高农村人居环境质量和建设村庄的医疗基础设施。同时，采取动员策略整合资源，由县卫健委、县扶贫办、县医保局、县民政局联合开展健康扶贫政策落实督查指导，对所有乡镇督查指导实现全覆盖，形成一种直接的"嵌入"而非"脱嵌"的关系。

总之，石城县依据当地产业经济基础和社会文化传统，探索多种嵌入式的扶贫举措，并在此基础上实施嵌入式的健康保障——针对非贫困户的大病商业保险。随着精准扶贫政策进入收尾阶段，脱贫攻坚的战役也进入了巩固和提升时期。健康扶贫工作在石城县实现贫困县摘帽后不是急刹车，而是更加稳步地向前推进。健康扶贫不只是停留在对于贫困人口的"扶助"和"救济"上，更多的是通过建立一种衔接和管理制度将贫困人口和非贫困人口，将基础医疗保障、大病医疗保险和大病补充保险等连接起来，共同建立一种具有公共物品和社会福利性质的医疗保障体系，以此形成一种理想型的福利供给形式，即政府来承担起福利体系的主要责任，基于立法和国家财政承担起主要和重点工作，引导企业和商业机构等市场机制和社会组织积极参与其中，让商业保险秉承保本微利的原则来承接国民福利。保险机构多承担一点，各级政府多支持一点，个人少承担一点，全国一盘棋，真正实现健康扶贫的可持续发展。这对于全面建成小康社会以及为乡村振兴战略提供持续不断的发展动力具有重要的意义，也为其他区域的脱贫提供了一定的启示。

附录 I

村庄案例：自力更生谋求生计，内外合力统筹发展

——坳背村脱贫攻坚经验

　　石城县位于赣州市东北部，全县总面积 1581.53 平方公里，辖 6
镇 5 乡，总人口 33.46 万人（2018 年），素有"三地""五乡"的美
誉，即：客家民系重要发祥地、千里赣江发源地、中央红军长征重要
出发地和中国白莲之乡、中国烟叶之乡、中国灯彩艺术之乡、中国民
间文化艺术之乡、中国温泉之乡。坳背村地处石城县东南，邻村有塘
台村、珠坑村、高玑村、良溪村。坳背村距离县城 13 公里。全村总
面积 5.6 平方公里，其中耕地面积 1028 亩，林地面积 4641 亩。村民
以黄、赖、李、吴、张等姓为主，共有 9 个村民小组，435 户 2030

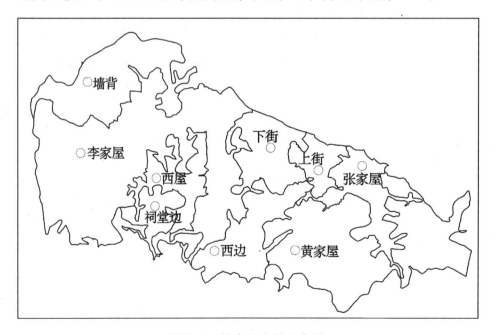

图 9-1　坳背村线描示意图

人，有党员 39 人，村班子成员 3 人。作为"十三五"贫困村，截至 2018 年底，全村建档立卡贫困户 91 户 366 人，实现减贫 89 户 358 人，未脱贫 2 户 8 人，顺利实现贫困村整村脱贫退出。

第一节 坳背村贫困状况：基础资源 匮乏，发展先天不足

一、自然资源禀赋先天不足，基础设施建设结构性匮乏

受地理区位的影响，坳背村自然禀赋天生不足。人均资源少，农作物单一。全村共有耕地 1028 亩，有效灌溉面积 813 亩，山地 4641 亩。农作物主要为水稻、烟叶、白莲、油菜等传统经济作物，物产不丰，经济效益低。自然条件差，土地贫瘠，水资源缺乏。一方面，因无较大规模的山塘、水库，农业灌溉也存在不同程度的困难，严重制约了农业发展。干旱严重时还出现人畜饮水困难。另一方面，由于特殊的地理环境，导致抵御自然灾害能力较差，易受干旱、洪涝等自然灾害的侵袭，农户经常性遭受严重的经济损失。

交通基础薄弱，通村公路狭窄，并且破烂不堪，车辆会车困难；仍有部分村组未通水泥路，村民出行、生产生活有较大困难；水利设施不健全，多处山塘亟待维修加固，灌溉水渠、防洪堤、水陂等农田水利建设未完全到位，农田灌溉难以得到保障。公共服务存在短板。没有村级卫生室，群众看病就医存在较大困难；没有文化室，村内缺少文体活动场所，相关活动无法正常开展。

图 9-2　坳背村旧貌

二、人才劳动力资源结构不合理，产业与村集体经济基础薄弱

自然资源禀赋的匮乏催生了农民的大量外流。2014 年村民就业率仅为 36%；再加上缺少技术，外出务工人员大多数只能从事建筑、餐饮、鞋服等行业，务工收入总体偏低，2014 年村民务工工资平均每月为 1500 元。此外，产业基础薄弱使有些农户有农业产业发展的意愿，但缺少启动资金，没有资金投入；缺少技术支持，面对新兴产业不知如何种植；缺少有带动能力强的农业龙头企业或者合作社的支持，抵御市场风险能力弱。2014 年坳背村农民年人均可支配收入为 5600 元，比石城县农民年人均可支配收入 5818 元少 218 元。

青壮年劳动力大量外流，留守在村的劳动力劳动技能普遍较低，80% 以上的劳动力没有接受职业教育和技能培训。农业技术人才缺乏，对农业生产缺少有效的技术指导，导致白莲等农业主导产业效益不高。缺少能够带头致富、带领群众致富的创业致富带头人。这也进一步影响了村集体经济的壮大。2014 年坳背村集体经济收入不足 2 万元，来源渠道单一，主要靠烟草税收返还。村集体经济薄弱，直接导致村"两委"在发展公益事业、提供服务等方面没有财力支撑，在依法管理村务方面缺乏管控能力。

三、贫困人口占比大，致贫原因复杂

贫困人口多，贫困程度深。2014 年，坳背村按照新一轮建档立卡的标准和程序要求，对所有农村人口进行了精准识别，纳入建档立卡的贫困人口有 91 户 366 人。由于因残、因病、因学、缺资金、缺技术、缺劳力等因素致贫，贫困人口的收入较低，生产生活方面面临的困难和问题较多。

第二节　坳背村脱贫做法：自力更生，内外合力

一、自力更生的精神气质

在历史上空前的民族大迁徙中，无数次的磨难，淬炼出坚忍刚毅的客家人。客家人的精神内涵有以下几个方面，首先是刻苦耐劳、勇于开创的精神。这是他们从中原故土进入闽粤赣边区为了生存，男女老少齐动手，努力奋斗过程中形成的。其次是客家反压迫、反侵略、爱国爱乡的革命精神。这与他们因外族入侵被迫南下，定居南部山区后又受当地主户欺凌所养成的为正义而敢斗争，为自由、独立不怕牺牲、无所畏惧的性格相关。世事多艰使客家人养成坚忍卓绝、刻苦耐

劳、冒险犯难、团结奋进的特性，客家人是"自然环境和人为环境影响或选择下的适者"。

这种镌刻在基因中的文化符码给了坳背村的客家人自力更生、艰苦奋斗的内生动力。坳背村的耕地较少，因而出产的粮食难以养活日益增长的人口。坳背村人就利用有限的土地，实验种植经济作物以弥补土地的不足。改革开放以来，坳背村村民千方百计讨生计，粮食作物出产不利，便改种经济作物红薯，通过加工红薯粉来获取收益。坳背村的地质土壤适合种植大豆、烟叶，他们就开发在石城具有知名度的"坳背大豆"、"坳背烟叶"。此外，面对耕地不足的问题，坳背村墙背小组的七八十户人家，还以采摘石斛为主赖以谋生。石斛为多年生草本植物，喜凉爽、湿润、通风的环境，因此多长在丹霞地貌的悬崖峭壁之上。坳背村村民凭借着祖辈、父辈的经验传授，遍寻邻省、邻县可能存在石斛的地方。2001 年前后，野生石斛的售价就可达到700 多元一斤。后来随着野生石斛价格的提升，资源越来越少，过度采摘使得生长周期较长的石斛越来越难以生存，大部分人转向外出打工，也有少部分人选择种植石斛。如墙背小组的一名赖姓村民，他于2004 年开始从事野生石斛的种植，租种周围七十多亩悬崖播撒石斛种子，并带领周围邻居在树顶上、花盆里少量耕种，为村民带来一份额外收入。不止于在农业上的探索，外出流动的坳背村人也敢于尝试鞋服等类的产业，拓展坳背村人的生计来源。

坳背村的人自力更生也离不开乡村精英的组织领导。1982—2005年，时任坳背村书记看到百姓生活困顿的现状，立下"我就不信，我们日子过不好！"的誓言。率先从福建引进烟叶开启坳背村的烟叶种植之路，此后的 25 年，烟叶成了村民生计的重要来源。继任的吴国富书记更是着手改善村落的公共资源，先后联系外出创业成功的坳背村人为村里捐款修路、通电。村落政治精英的实干、责任、为民的精神成为坳背村领导干部的独特精神气质。这样的精神传统也促使新时期黄小勇这样的商业精英能够返乡造福村落。乡村精英作为政府与

图 9-3　石斛种植

农民之间的纽带，更是构建村庄治理网络，连接村庄资源的中心结点。

二、内外合力的统筹做法

有了内生的动力，坳背村的发展仿佛就像一艘一切准备就绪只欠国家政策东风就可以扬帆起航的大船。2013 年，党中央和国务院出台了精准扶贫的政策方针，坳背村迅速抓住机遇，并结合村落内部的具体实际有力地承接了国家政策资源，实现了脱贫攻坚。习近平总书记于 2015 年在中央扶贫开发工作会议上强调"扶贫开发要坚持因地制宜、科学规划、分类指导、因势利导的思路"，坳背村正是在这一思路的引导下，针对其"两业"底子薄、人力资源忧、集体经济弱、基础条件差和贫困人口多等情况，进行了因地制宜的脱贫实践。

（一）产业与就业：双轮驱动村集体经济壮大与百姓脱贫致富

产业是村庄发展的动力和前提，脱贫攻坚最核心的工作之一，就是通过多种措施和资源的投入，在贫困地区形成能够适应当地资源条件，为贫困地区带来就业机会和收入的地方产业。而坳背村也在摸索本村的独特资源和优势，探索发展一批能够在村庄生根发展的产业作为扶贫的重要保障。蔬菜大棚就是坳背村探索产业发展，构建扶贫保障的一项重大措施。在珠坑乡政府的帮助下，坳背村吸引山东寿光传农农业科技有限公司在坳背村投资建设 120 亩大棚蔬菜基地，通过土地租金、安排务工等形式带动 30 多户贫困户增加收入，而这仅仅是坳背村发展产业的第一步，寿光传农农业科技有限公司不仅在当地兴建经营蔬菜大棚，还带来了一整套成熟的蔬菜大棚种植生产技术和专业的种植专家。坳背村村民在该公司工作的同时，也在源源不断地吸收和学习他们的成熟技术。立足于江西当地优良的水热条件和石城县庞大的市场需求，蔬菜大棚的利润十分可观。在村民逐渐掌握蔬菜大棚种植技术后，坳背村可以逐渐发展形成自己的蔬菜大棚产业，从而为村庄和贫困户带来稳定的产业收入和就业机会。

在蔬菜大棚产业之外，坳背村还积极发挥村庄中能人的作用，鼓励他们发挥自身的优势特长，发展优势产业，形成多样化的村庄产业。由坳背村创业致富带头人黄小勇投资兴建的麒麟山庄现代农业示范园，已成为 AAA 级农业休闲旅游景区，每年接待游客约 5.8 万人次。农业产业从以水稻、白莲为主向蔬菜、红薯、水果等多元化发展转变，农业产业效益有了较大提升。要想真正依靠产业发展实现脱贫目标，除了依靠致富达人和这些达人经营的产业，更需要在这些致富达人的带动下，让广大的贫困户和普通村民燃起创业致富的信心和动力，学习发展产业所需的技术和知识，培养创业者意识和格局，从而在贫困村内部形成发展产业的氛围和环境，使得村庄内部出现产业发展的内生动力。坳背村在这方面同样进行了非常多的努力和尝试，取得了一定的成就。黄小勇的麒麟山庄成为能人助力产业扶贫的典型后，吸引了坳背村和周边村庄中许多有志创业同时又因为种种原因回到家乡的年轻人。他们一方面在山庄中工作，向黄小勇学习现代农业的各种技术和管理知识。另一方面，他们又积极在山庄之外通过所学的知识发展自己的农业产业。

在麒麟山庄从事管理工作的张京亮就是这批年轻人的典型代表。就像当地大部分的年轻人一样，张京亮在回到村子前，有一段在外务工的生活经历。自 2006 年开始长期在赣州从事水果销售的工作经历让张京亮积累了大量的水果销售知识和渠道。2017 年张京亮受到黄小勇麒麟山庄的吸引，来到麒麟山庄务工。在麒麟山庄务工的过程中，张京亮向黄小勇学习了全套葡萄、脐橙种植技术，负责管理麒麟山庄 300 亩脐橙地的工作让他每个月都能得到 3000 元的工资性收入。同时，他还在山庄接受了休闲农场、互联网农业等领域知识技能培训，对于产业知识的不断学习和黄小勇的鼓励促使张京亮也产生了发展自己农业产业的动力。自 2017 年开始，张京亮一边学技术一边尝试从村民手中流转土地，通过流转村民手中的荒地，张京亮在坳背村的邻村承包了 50 亩土地进行脐橙种植。他与村民签订 20 年协议，每年以 200 元/亩的租赁价格向村民支付土地租金。2018 年开始张京亮正式在流转的 50 亩土地上种植了 2000 株脐橙，借助在麒麟山庄学到的诸多知识，脐橙的种植十分顺利，预计全部脐橙丰收能够收获几十万斤脐橙。

通过张京亮的案例，我们不难看出，产业扶贫不是片面追求单个成功案例，并不是只有较大的规模和较大的收益才是产业扶贫的目

图 9-4　麒麟山庄的一角

标。而正是如坳背村麒麟山庄这样通过一个致富能人，改善村庄产业发展环境，培养更多的内生创业致富先锋，才能最终实现大众创业、万众创新的理想产业扶贫效果。这些创业先锋并不一定需要很大的规模，带动很多的贫困户和村民，而只要能够不断培养张京亮这样的创业先锋，最终整个村庄作为一个集体的产业发展动力终将被唤醒。

除了张京亮，村庄中还有一部分外出打拼多年回村的村民，他们虽然不像黄小勇一样拥有大量资本和技术，但是长年在外的经历使得他们在各自所从事的领域都掌握了一定的技术，从而利用这些技术发展脐橙、油茶、山地鸡、薏仁、翻秋花生等特色产业，这些产业的规模不是很大，带动的贫困户就业也相对有限，但凭借这些返乡村民多年的从业经验，产业保持着发展壮大的趋势，这对于激发村庄的内生动力，稳定村庄产业和就业具有积极意义。同时，这些致富带头人来自本村，就是土生土长的坳背村村民，相较于外来资本，更容易取得贫困户的信任，从而更好地带动贫困户就业和发展产业。可以说，欣欣向荣的村庄产业才是坳背村摆脱贫困和预防返贫的长效保障机制。

坳背村在发展产业的基础上，针对村中务工人口较多情况，还积极落实了就业扶贫。一是加强就业技能培训。组织贫困劳动力参加农村实用技术培训、"雨露计划"培训、"新型职业农民培育工程"等培训，不断提高贫困群众就业的素质和技能。二是促进转移输出就业。积极组织贫困劳动力参加"春风行动"大型招聘会、"民营企业招聘周"等公共就业服务专项活动。三是开展公益岗位就业，设置环境管理员、河道管理员、扶贫专岗等。自 2014 年以来，全村共安排公益性岗位 18 人次，累计发放岗位工资 22.5 万元。四是培育创业致富带头人。着力培育一批能够带头致富、带领群众致富的创业致富带头人，带动贫困群众增收脱贫。

"有的同志说，只要农民脱贫了，集体穷一些没有关系。我们说，不对！不是没有关系，而是关系重大。"习近平总书记十分重视乡村集体经济的作用，他认为，发展集体经济是实现共同富裕的重要保证，是振兴贫困地区农业发展的必由之路。在这一指示之下，坳背村积极实施村级资产收益项目。2015 年至 2017 年实施城投公司资产性收益分红项目，建档立卡贫困户每年享受 1230 元的收益分红。2017 年开始实施省慈善总会"栽富树"产业扶贫项目。由省慈善总会投资 200 万元入股坳背村产业合作社发展产业，脱贫攻坚期内由合作社每年拨付 20 万元股金分红给村集体，村集体根据参与情况发放给建档立卡贫困户，平均每户每年可获得 2000 元左右的分红。实施光伏扶贫项目，于 2017 年 6 月建成 4.5MW 的村级光伏电站，受益资金转入县光伏扶贫基金专户，县财政再按贫困户数将受益资金划归村集体，由村集体统筹分配。截至 2019 年 9 月，坳背村已分配光伏扶贫受益资金 11.9 万元，主要用于公益性岗位人员工资、产业发展奖励、乡风文明奖励、扶贫"爱心超市"运营、深度贫困人群保障等支出。

（二）基础教育与客家文化的智志双扶

脱贫攻坚工程的持续开展，为村庄带来了大量的外来资源和机会。随着脱贫工作的不断开展，后扶贫时代也逐渐来临。如何在后扶贫时代保障扶贫成果，预防返贫，对接乡村振兴，关键在于如何促使脱贫攻坚的核心观念和政策借助村庄的乡土文化本身融入村庄中，进而内化为村庄自身的规则，形成文化共鸣。

坳背村立足于扶贫先扶志的思路，加强宣传引导。建好用好新时代文明实践中心，运用好村内广播、宣传栏、远程教育和村务公开微信群等平台，组织贫困群众认真学习习近平总书记关于扶贫工作的重要论述，大力弘扬"幸福是奋斗出来的"、"自力更生"等精神，帮助贫困群众摆脱思想贫困、树立主体意识；引导贫困户自主参与产业发展，争当就业脱贫致富正面典型，增强贫困群众内生动力与参与意识，提升贫困户的精气神。

作为一个传统的客家村落，村庄村民之间联系密切，村规民约仍然具有相当的影响力。基于这一情况，坳背村村委会发挥村规民约作用。充分发挥乡村治理自主管理、自我约束的作用，大力推行"请客不收礼"新风尚，成立红白理事会，修订完善村规民约，对群众操办红白事项进行规范引导，倡导移风易俗，逐步扭转农村铺张浪费、大操大办、薄养厚葬、赌博败家、不孝敬老人等不良风气，形成文明村风。

对于村民的思想引导不能仅仅依靠规则约束和政策宣传，还需要与一些村民喜闻乐见的文化方式相结合。坳背村在这方面利用村文化小舞台、文体广场和文化活动室等平台，借助送戏下乡等文化活动的开展，以小品、歌舞等群众喜闻乐见的形式，让贫困群众明白"脱贫不等不要，幸福自己创造"的道理，树立"劳动光荣，懒惰可耻"的价值观。每年春节期间组织开展免费送春联活动，为村民送去新春的美好祝福，受到了村民的普遍欢迎。传统的文化表演形式与扶贫的核心理念相结合，形成了一种文化扶贫的社会基础。

在乡村文化中，互相之间的承诺往往比契约合同更受到村民的重视和信任。对于承诺的执行与否往往决定了一个村民在村庄中的评价和声誉。坳背村于乡土文化出发，探索建立结对帮扶"双向承诺"制度。帮扶干部和贫困户签订结对帮扶双向承诺书。帮扶干部承诺帮助贫困户做好政策宣传落实、技术指导服务、协调就业就医就学等；贫困户承诺不等不靠，主动参与脱贫攻坚，自觉接受监督指导，严格遵守村规民约，用好扶贫政策和资金，积极发展产业和扩大就业，尽快脱贫摘帽。通过这样一种人与人之间的具体承诺，促使贫困户更有动力主动采取行动脱贫，同时，这样的承诺也帮助扶贫干部更好地融入村庄，更自然地帮扶贫困户。

"治贫先治愚，扶贫先扶智"。坳背村针对村里劳动力整体文化水平低和避免"等、靠、要"思想的传播，开启了一系列志智扶贫措施。为了让村里的贫困学生接受良好的教育，阻断贫困的代际传递，坳背村帮扶单位赣州市政协自 2017 年驻村帮扶以来，始终把扶贫扶智摆在重要位置，组织和开展了形式多样的扶贫助学活动。开展困难学生资助行动。驻村工作队利用赣州市政协委员扶贫救助会平台，先后向 50 多名困难学生发放助学金 3 万余元。持续开展爱心图书和爱心文具捐赠活动，先后向坳背小学赠送儿童书籍 1000 余册，让留守儿童也能够享受到优质的阅读。同时，赣州市政协还在每年"六一"期间组织开展赠送文具活动，累计赠送书包和文具 600 余套，价值 3 万余元；组织开展送教下乡服务活动；经常组织赣州市区中小学的优秀教师开展送教下乡活动，为学校师生送上优质教学示范课。自 2014 年以来，教育扶贫帮助贫困人口 185 人次，其中资助了高等教育 5 人，资助金额 3 万元；高中和中职资助了助学金 39 人次，资助金额 4.325 万元；寄宿补助受益人数 64 人，补助金额 8.4035 万元；学前教育受资助人数 51 人，资助金额 5.875 万元。

针对部分贫困户"等、靠、要"思想严重，坐等帮扶单位和帮扶干部送钱送物的现象，坳背村积极探索扶贫"爱心超市"的激励机制，发动社会爱心人士开展爱心捐赠活动。贫困户通过自主发展、生产劳动、改善家庭卫生、参加村级公益活动、参与乡风文明评比等来获取积分奖励，兑换物资，有效激发贫困户内生动力。自 2018 年开始，村中将以前直接发放的光伏扶贫款每户 3000 元转化成劳动所得款项，根据卫生评比结果，各家各户根据自家累积分值到爱心超市换取物品。评审组由前一任书记、妇女小组长、保洁员和村民四方参加，重点检查厨房、客厅、周围环境的整洁情况。评比结果有 30 分、20 分和 10 分三个等级，十分脏乱的家庭贴黄牌警告。在这一机制的激励下，村庄整洁之风渐长，"等、靠、要"思想渐绝。

同时，坳背村积极用好"中国社会扶贫网"平台，认真做好爱心注册、需求发布、对接帮扶等各项工作，所有建档立卡贫困户实现全覆盖注册；发动帮扶干部、政协委员、村内能人、党员、创业致富带头人等积极注册爱心人士账号。全村累计发布物品、资金、产业发展、产品销售等各类有效需求 300 多条，完成帮扶对接 268 条。

自 2019 年开始，坳背村还开展了以"好婆婆"、"好儿媳"为典型的五好家庭评选活动，旨在以家庭和睦促进社会和谐。五好家庭分别是环境好、家庭睦、邻里和谐、孝敬老人和夫妻和睦。各小组先在组里进行推选，进而在全村选出，并开表彰会以激励。村中最为典型的一个例子就是婆婆瘫痪在床多年，媳妇每日帮忙擦洗，一个小时帮忙翻一次身。这样的儿媳被树立为"好儿媳"的典型，给全村人孝敬老人起到榜样作用。

（三）完善设施服务杜绝基础条件差

习近平总书记在参加十三届全国人大二次会议河南代表团审议时讲道："要补齐农村基础设施这个短板，重点抓好农村交通运输、农田水利、农村饮水、乡村物流、宽带网络等基础设施建设。"只有完

坳背村"爱心超市"物资积分兑换发放登记表

序号	兑换时间	兑换人（户主）	兑换物资名称和数量	兑换积分	领取人签名	经办人
34	2019.8.9	赖凤英	抽纸1条30分 抽尿板3分 省略活页青草.15分	-68	赖凤英	陈小李
35	2019.8.9	曾长春	肥皂2连60分 抽纸2提30分 粘鼠板3分	-93	徐美秀	陈小李
36	2019.8.9	劳外来	抽纸1提.15分 粘鼠板 3分	-18	黄外来	陈小李
37	2019.8.30	吴必	8A电池5支10分 果人青8分+7分 顶生青 8分=116 肥皂2连20分 二洗15分	-116	吴必	陈小李
38	2019.9.4	张祥金	肥皂2连20分 洗表洗衣液10分	-55	万东秋桃	陈小李
39	2019.9.7	村委会	抽纸一提.15分	-15		陈小李
40	2019.8.8	陈庆香	舒肤佳3块.27分 洗刷精一瓶.5分	-37	陈庆香	陈小李
41	2019.9.9	丘怀代	抽纸2提30分 洗表洗衣液1.0份10分 橙菊敌敌5.16分	-56	张祥宁	陈小李
42	2019.9.10	饶小芝	抽纸2提30	-30	饶小芝	陈小李
43	2019.9.11	孔祥谷	抽纸一提.15分 肥皂1连.20分 移动牙膏2块8分	-43	孔祥谷	陈小李
44	2019.9.30	孔祥谷	胶纸一卷.5分	-5	孔祥谷	陈小李
45	2019.10.	孔岩儿	抽纸2提30分 肥皂1连10分	-40	陈曼秀	陈小李
46	2019.10.	陈小芬	抽纸3提45分 肥皂1连30分 钮纹1分 洗表洗洁精10分 舒肤佳2块8分 果人青宝7分 超敌敌畏15分	-116	吴柳霞	陈小李

图 9-5　坳背村"爱心超市"物资积分兑换发放登记表

善好农村居民的生活环境，缩小城乡居民之间的差距，才能真正改善农村居民和贫困群众的基本生活状况，为乡村振兴助力。

针对基础设施建设方面的短板，坳背村积极争取并实施了交通、水利等一大批项目。截至 2018 年底，坳背村累计新修通村水泥公路 3.5 公里，通组路 3 公里，硬化入户路 5.6 公里；实施城乡一体化供水项目 1 个，山塘维修项目 3 个；修建机耕道 4300 米；修建水渠 3600 米、排污水沟渠 3000 多米；硬化檐阶 1600 平方米、空坪 6650 平方米；完成改水 91 户，改厕 17 户；安装太阳能路灯 170 多盏；完成土地整理 120 亩。

图 9-6 坳背村新貌

为了给群众提供一个更好更适宜居住的环境，坳背村还着力完善了村中的公共服务项目。一是完善农村公共卫生服务体系。2018 年新建村卫生室，提升了村级公共医疗水平，通过实施家庭医生签约服务项目，对全村重点人群进行定期上户诊查，及时提供医疗服务。二是提升公共文化服务水平。投资 25 万元，新建了村文化室、运动场所和文化舞台等文体活动场所，丰富了村民的精神生活，让村民有更多的休闲娱乐场所。三是改善学校办学条件。坳背小学累计投入 204.3 万元，新建了学生食堂和综合楼，配套有音、体、美、科等 7 大专用教室和教师宿舍；教学楼装修一新，实现了绿化、美化、净化和道路硬化。学校的办学条件得到巨大改善，办学水平得到巨大提升。

图 9-7　坳背村鸟瞰图

从贫困成因看，大部分群众都是因病致贫，因此，保障贫困群众有钱医病，避免贫困群众不会因病返贫是扶贫工作的重点。同时，针对家中无主要劳动力的贫困群众，还要设立兜底保障措施，真正做到"全面建成小康社会，一个不能少；共同富裕路上，一个不能掉队"。

（四）全面保障兜底，巩固脱贫成果

　　全面实现脱贫目标，保障脱贫成果，首先需要构建的保障制度就是针对贫困户个人的需求保障。而在贫困户的基本需求中，首要的就是健康需求，因病致贫是贫困发生的主要原因之一。针对贫困户的健康需求，坳背村坚持落实健康扶贫保障政策，实行"3+1+X"家庭医生签约服务（即一名乡村医生、一名乡镇卫生院医生、一名县级医院医生加一名帮扶干部签约服务若干名贫困户的模式），全方面保障贫困人口身体健康状况。落实好五道保障线（即新农合+新农合大病保险+疾病医疗商业补充保险+医疗救助+救急难），将贫困人口就医自付费比例控制在10%以内。2018年全村共201人次贫困人口就医，通过五道保障线报销，贫困户自付费用均在10%以下。落实贫困人口门诊慢性病审批报销政策，全村认定建档立卡贫困人口慢性病37人，可享受慢性病门诊用药60%的报销。除了这些基本的保障政策之外，坳背村的医疗保障体系特色在于借助签约乡村医生，实现定期针对贫困户的健康体检，从而使得健康保障不仅仅是在病症出现后，同时也是防患于未然，尽力避免贫困户受疾病困扰。

　　在医疗兜底保障中，善用和发挥乡村医生的作用是坳背村的重要经验。坳背村的乡村医生自1994年从赣州卫校毕业后就来到了坳背村成为了村庄的乡村医生。在二十多年的工作过程中，乡村医生经历了医疗条件由严重匮乏到逐渐丰富的过程。虽然从医疗条件和治疗水平而言，乡村医生已经不再能够满足村民的医疗需求。但在过去二十多年为村民提供医疗服务的过程中，乡村医生收获了村民的信任，同时也融入了村庄集体。在扶贫兜底保障政策实施后，为了能够更好更加及时地为贫困户提供医疗卫生服务，坳背村首先改善了村卫生所的医疗条件，使得贫困户和村民的一些小的疾病卫生问题能够在村庄内就得到医治。尤其是针对坳背村青壮年人口大多外出务工，村庄中多老年人的现状，提高村卫生所的医疗水平，无疑使得贫困户获得医疗

服务的门槛变得更低，服务的质量也有所提高。同时，针对贫困户的家庭医生签约制度，在坳背村实现了百分之百的覆盖率。每两个月乡村卫生院的医务人员就和乡村医生组成团队，对坳背村的贫困户进行定期检查，及时获取更新贫困户的健康状况，从而将贫困户的健康保障工作从疾病治疗向检查预防推进。对贫困户健康情况的日常跟踪和健康咨询建议，则交给了每个村的乡村医生。乡村医生上门为贫困户做检查，量血压，针对贫困户的身体情况进行检查，根据检查情况提供医疗卫生教育和建议。乡村医生长期生活在村庄中，对贫困户的基本情况十分了解，同时贫困户也更愿意接受乡村医生的医疗建议。通过这样的方式，将过去的乡村医疗卫生体系与扶贫中的兜底保障相衔接，从而实现村庄层面的内外联动，实现对贫困户的健康保障。

教育同样是最基本的需求，尤其是针对贫困发生中时常出现的就业困难、缺乏技术和观念落后等因素，让贫困户及其子女得到更好的教育，无疑是最大程度解决这些问题，为贫困户脱贫和防止返贫培养内生动力的有效途径。针对教育，坳背村做到了从学前教育到高等教育全阶段的覆盖，自脱贫攻坚以来，全村所有在校学生均按要求分别落实了学前教育资助（1500元/年/人）、义务教育寄宿生资助（寄宿生补贴小学1500元/年/人，初中1750元/年/人）、高中助学金（平均2000元/年/人）、高考入学资助（一次性资助6000元/人）等措施。从而更好保障贫困户子女不会在任何一个教育阶段，因为资金问题而丧失受教育的机会，为阻断贫困循环提供帮助。而针对贫困户自身的教育，则更多侧重就业生产能力的培养，加强就业技能培训。组织贫困劳动力参加农村实用技术培训、职业技能培训、"雨露计划"培训、"新型职业农民培育工程"等培训，组织动员有专长的政协委员开展就业培训，不断提高贫困群众就业的素质和技能。分批次选送了60多名贫困劳动力参加县举办的驾驶员、电子商务、家政服务、制衣制鞋等技能培训，提升贫困户就业和创业能力。构建教育保障制度，不仅是为了脱贫，同时也是为了能够长效地防止贫困再发生。

图 9-8　参加研学的坳背村学生

第三节　经验总结与政策建议

一、经验总结

坳背村在脱贫攻坚过程中，除承接落实脱贫攻坚决策部署，以脱贫攻坚引领工作全局外。更为关键的经验在于坳背村自力更生谋求发展的内生动力，统筹协调外部政策资源与村落相结合的脱贫做法。

石城属客家之乡，客家作为汉族一支民系，其形成和发展，经历数次大迁徙，颠沛流离，世事多艰使客家人养成坚忍卓绝，刻苦耐劳，冒险犯难，团结奋进的特性。坳背村的自然资源禀赋先天不足，再加上道路交通等基础设施的匮乏，更让坳背村的发展长期滞后。而这一现状反过来也刺激了坳背村客家人自力更生艰苦奋斗的意志。因此，村民自力更生的意志以及村干部为民的苦干精神构成了坳背村脱贫攻坚成功的内在动力。

一直走在自力更生、艰苦奋斗路上的坳背村人，恰逢国家脱贫攻坚政策的实施。坳背村人迅速抓住历史机遇，借助国家的资源和政策输入，弥补先天的资源有限、基础设施匮乏等劣势。并在党中央正确的脱贫方针指导下，巩固传统优势产业，发展新兴产业，壮大村集体经济，在解决衣食的基础上，抓好村民的养老、教育、住房等问题。可以说，坳背村在面对外部资源的时候做到了内外相结合的承接。将外部资源合理转化为自身的资源优势。统筹内外实现脱贫攻坚的预期目标。

二、政策建议

回望脱贫攻坚过程，针对坳背村后期巩固脱贫攻坚成果以及衔接乡村振兴的现状，提出如下政策建议。

（一）继续发扬自力更生艰苦奋斗的优良传统以及责任、担当、苦干、为民的精神气质

坳背村客家人坚忍卓绝、刻苦耐劳、冒险犯难、团结奋进的精神需要进一步传承发扬。这种精神可以克服先天禀赋性资源的缺乏和结构性因素的制约，获取转化资源的能力。村干部与乡村精英要继续发扬责任、担当、苦干、为民的精神气质，运用地方传统文化，熟练地扮演好代理人当家人的双重角色，将村庄与国家有机衔接起来，通过地缘关系和血缘关系这种天然的纽带将村民组织起来形成村落长效发展的内生共同体。

（二）构建人才回流机制，大力培育创业致富带头人，复育乡土重建的人才梯队

乡土的重建需要领头羊与组织带领者。早期外出流动且综合素质过硬的精英构成人才回流的重要基础。这部分群体出生于乡间，游学

创业于乡外，构成他们回村的关键点在于他们能将所学应用于乡间，并且牵动他们回乡的关键点在于他们的乡土情结。坜背村要利用好本村客家文化传统与血缘亲缘关系，并营造好引凤还乡的"巢"。同时大力发掘和培育开展乡村创业致富带头人才调查摸底，掌握本村人才现状情况，建议建立利益共赢机制，组织创业致富带头人通过土地流转、到户扶贫资金或贴息贷款入股、安排就业、提供生产条件、收购产品等方式，与贫困户建立平等互利的利益联结机制，激发双方参与的积极性，多渠道带动扶贫对象增加收入。建议把创业致富带头人培养成基层组织领头人，把基层组织领头人培育成创业致富带头人，让创业致富带头人获得组织认可。

（三）传统产业与新兴产业协同推进，促进村落一二三产业融合发展

在脱贫攻坚过程中，坜背村实施了多项产业扶贫举措，如调减传统烟叶产业、做大做强蔬菜产业，但要注意与本地传统优势产业和农民原有生计系统的融合问题。乡村产业是一个植根于乡土社会生活的经济生态系统，有其自身的发展规律。建议在后续产业政策中，加大研究产业"扎根乡土"的体制机制，发展本地特色产业，培育新型职业农民和新型经营主体，协同推进农民产业体系升级。如在可确保农民生计的基础上立足本村发展市场价值较高的白莲、红薯、大豆等传统优势产业；建议新兴的蔬菜、脐橙基地要为传统优势产业保留一定的土地资源与生存空间。同时新兴产业也要使劳动力配置方式和生产环节紧密嵌入农民的社会生活，紧密融入乡村多元产业体系和社会传统之中。在返乡精英黄小勇的努力下，通过打造休闲农业园区、乡村旅游景点、4A 级旅游景区和乡村振兴示范点，坜背村旅游资源得到进一步开发，旅游产品日趋丰富。但也存在旅游产业与村落传统产业无法融合的问题。因此，要将传统产业与旅游业融合发展纳入秀美乡村建设统筹规划，做到多规合一。

（四）促进公共政策资源均衡配置，构建村落内部良性利益协调机制

建议在后续的脱贫攻坚成果巩固中关注村落"临界农户"基本生活保障和扶贫资源使用的政策文件，实现精准识别和帮扶，巩固脱贫成果；建议充分协调好贫困户与非贫困户之间的利益均衡，充分照顾到非贫困户的信息、技术、机会、就业等方面相对劣势，及时给予相应的政策支持。

附录 II

政策建议

第一节　关于协同优化乡村产业结构与农民生计体系，增强脱贫攻坚有效性的政策建议

一、石城县产业脱贫成就与基本经验

截至 2018 年，石城县作为罗霄山脉集中连片特困县，下辖 11 个乡镇、131 个行政村，总人口 33.46 万人，建档立卡贫困户 12470 户 49820 人，"十三五"贫困村 29 个，深度贫困村 15 个。脱贫攻坚开展以来，在国务院扶贫办的对口支援与省委省政府和市委市政府的正确领导下，石城县依托当地自然、物质、人力、社会、金融五大资源禀赋，在全县域内实行创新性的产业扶贫工作。贫困发生率从 2014 年的 18% 下降到 2019 年的 0.18%，全县未脱贫人口由 2014 年的 39187 人下降至 2019 年底的 486 人；29 个"十三五"贫困村全部退出。2019 年，全县农民人均可支配收入达 10738 元，较上年增长 12.2%，高出全国 3.3 个百分点。其中，2016—2019 年石城县共发放产业奖补资金 1865.78 万元，惠及有劳动能力的贫困户 2.65 万户。截至 2019 年底，全县累计覆盖带动 9830 户 38337 人贫困人口增收，占建档立卡贫困户的 79.3%。石城县在产业扶贫理念和实际行动上，强调扎根乡土、因地制宜，注重发掘本地特色优势。无论是发展传统产业还是引入外来产业都强调其与本地特色优势的融合。

（一）因地制宜、就地取材，构建嵌入式产业扶贫体系

石城县延承地方种植传统，构建嵌入乡土的特色产业扶贫群，因地制宜打造了烟莲菜、旅游、光伏、电商、车间就业、创业致富带头

人六大产业就业扶贫群，从根本上解决了贫困户"两不愁"问题，消灭了集体经济"空壳村"。依托地区资源优势相继出台一系列政策支持建立"3+X"产业扶贫，以白莲、烟叶、蔬菜为主导的农业产业，以脐橙、油茶、薏仁、山地鸡等地方作物为区域特色产业助力。同时，善用本土旅游资源，创建多位一体旅游扶贫群。将脱贫攻坚和秀美乡村 EPC 项目结合起来，使得旅游产业扶贫中贫困户成为产业发展的主角。并充分利用农村的荒地，发掘自然光照资源，建好绿色高效光伏扶贫群。

（二）继承传统、推陈出新，突破传统地理区位瓶颈

为突破山区地理区位造成的交通不便等对传统优势农产品的限制。石城县以创建全国电子商务进农村综合示范县为契机，开启"建好平台拉动、打通物流推动、精准模式促动、培植龙头带动"的"四轮驱动"模式使石城县传统的白莲、紫薯、米粉、山茶油等特色农副产品纷纷搭上电商销售的快车道走出了一条电商产业扶贫新路子。石城县相继引进了阿里巴巴、京东、邮政、易田电商四大涉农电商平台，并向下延伸建立村级电商脱贫服务站 71 个，实现了 29 个"十三五"贫困村全覆盖。石城县按照"一村一品"思路，建立"电商服务站+合作社+贫困户"模式，已经打造出年均网上销售额 500 万元以上的电商示范村 3 个。

二、存在的问题和挑战

（一）种植产业结构调整幅度过大，容易破坏既有的乡村生产、作物系统

石城县在实施脱贫攻坚战略过程中加大了产业结构调整力度，实施了多项产业扶贫举措，如主动调减传统烟叶产业，做大做强设施蔬

菜产业，但设施蔬菜产业是一种典型的资本密集型和技术密集型产业，与本地传统种植产业有一定距离。比如在一些村庄发现，新入驻的设施蔬菜产业占据村庄仅有的山间平地和水田，打破了当地原有的"烟·莲·稻"作物轮作系统。因为蔬菜基地的引入，某村庄原有的烟叶种植面积由 2014 年的 298 亩下降至 2019 年的 16 亩，传统优势产业红薯种植面积由 2014 年的 220 亩下降至 2019 年的 76 亩，相应的脐橙、蔬菜由 2014 年的 26 亩、36 亩上升至 2019 年 160 亩、168 亩。这类现象在其他村落也有体现，产业结构调整过快过猛有使村庄生产向作物单一化、高度资本化、风险集聚化方向发展的倾向。

（二）新产业难以融入农民传统的生计系统，难以助推农民持续脱贫致富

伴随着产业结构调整带来的是农民生计系统的改换，农民原有的多种作物种植、多重风险保障的复杂生计体系因为产业种植的单一化难以为继。现实中，村庄年龄结构偏大的农业劳动力跟不上快速的产业结构调整带来的高技术、市场门槛；同时，因土地流转本地种植大户受到排挤、无田可种，有些只能重新外出务工。例如某一蔬菜项目采取了"公司+基地+农户"模式，原计划通过务工就业方式，安排 120 名以上劳动力长期务工就业，实现人均年务工收入 26000 元以上。但实际到蔬菜基地就业的长期务工人员只有 50 人左右，仅完成原计划的 41%。原计划通过反租倒包、免费技术帮扶等措施连接当地贫困户不少于 100 户。但实际通过免费技术帮扶等措施带动的贫困户仅有 2 户，仅完成原计划的 0.02%。因此，除土地租金收入外，反租倒包、务工就业、免费技术帮扶的溢出带动效应并不显著。以上现象在调研的其他几个村庄均有发生，值得重视。

三、政策建议

（一）发展本地传统特色产业，延长产业链条，保护农民的传统生计基础

因地制宜、因人制宜，立足当地自然禀赋，挖掘地方特色资源，一乡一业、一村一品、一户一策，实现差异化发展，克服村与村之间产业趋同化的问题。在全面考虑村庄自然资本、人力资本、金融资本、智力资本、社会资本的基础上，继承传统产业优势，创立具有传统优势的农业产业园，促进传统优势产业内部融合，延伸产业链，促进技术渗透传统优势农业生产环节。

要坚持乡村产业姓农、立农、兴农的原则，无论是巩固传统产业还是引入新兴产业都必须准备把握乡村产业的属性定位，选择与村庄既有产业类型和农民生计体系相契合的乡村产业，将农业的多功能性注入新旧产业的协同发展中，推动乡村价值深度开发、乡村就业结构以及乡村产业发展空间结构的优化。

总之，应该在保护农民传统生计基础上推陈出新，发掘本土产业的新功能新价值，延长产业链条，发展多业态产业融合，让农民分享产业增值收益。

（二）建立产业"扎根乡土"的体制机制，助推农民生计体系升级转换

在引进产业的过程中要依照不同村庄资源与特色，结合市场需求，在确保农民生计的基础上发展市场价值较高的优势产业，发掘新兴产业的拓展空间。同时，出台相关政策解决产业扶贫后期配套资金难题，对产业扶贫项目进行精细化管理，加强其后期维护，保证其发展可持续性。

乡村产业是一个植根于乡土社会生活的经济生态系统，有其自身的发展规律。新兴的产业进入乡土社会是一个由外到内，自上而下的扎根过程，因此，应着力建立政府、市场、社会、村庄、农户五位一体的产业发展模式。即由政府为主导做好顶层设计和出台政策，由市场为辅助调节产业扶贫项目，由社会组织为补充组织和动员农户参与产业扶贫，由村庄为关键实际考察特色扶贫项目，以农户为主体推动新兴产业发展，使劳动力配置方式和生产环节紧密嵌入农民的社会生活。

在引进新兴产业和推动产业扶贫的过程中，产业的新旧交替和结构升级与农民的现实需求和生计转型之间的节奏非常重要，应该建立产业扎根乡土的体制机制，逐步培育农民的适应能力，循序渐进地提升农民的生计体系。切忌以产业扶贫的名义过快过猛上项目，把农民抛入高度技术化、资本化和市场化的新型产业当中，甚至把农民排挤出农村产业发展之外。

（三）培育新型职业农民和新型经营主体，壮大集体经济，保障农民生计改善的可持续性

从长远来看，应该着力培育新型职业农民，通过建设家庭农场、农民专业合作社等新型经营主体，加强村两委组织建设，壮大集体经济，来保障农民生计改善的可持续性。

要坚持农民在脱贫攻坚和乡村振兴中的主体性地位，通过提升农民素质、技术水平和市场能力，使农民成为传统优势产业和新兴产业的发展主体，避免农民（尤其是贫困农民）在产业技术升级和结构调整过程中掉队。

有条件的村庄可培育本地能人占据主导地位的龙头企业，要注重和发挥"人"的作用，采取"以点带面"的方式，通过创业致富带头人和龙头企业来带动激活普通农户奋进致富奔小康的内生动力。

第二节 关于培育扎根乡土致富能人，助力脱贫攻坚与乡村振兴有效衔接的政策建议

石城县立足本土实际，切实贯彻习近平总书记"培养农村致富带头人，促进乡村本土人才回流，打造一支'不走的扶贫工作队'"[①]指示精神，着眼"产业引领、人才回流、带贫益贫、建强组织"，实施创业致富带头人培育的"千人铸造计划"，打造了一支"不走的扶贫工作队"，有力地助推了脱贫攻坚目标的实现，成效斐然。但不可否认，现实中仍然存在培育的创业致富带头人的创业成功率不够高、带动能力不够强等问题。如今，石城县的脱贫攻坚形势已发生根本性转变，乡村振兴战略的新要求对这项计划的持续深入与政策跟进提出了新期望。为更好地培育满足国家战略需求的扎根本土的致富能人，推动脱贫攻坚与乡村振兴两大战略的有效衔接，迫切需要进行政策层面的完善与相关措施的对接。因此，本研究立足石城县脱贫攻坚经验，针对"培育扎根乡土致富能人，助力脱贫攻坚与乡村振兴有效衔接"提出如下三方面的政策建议。

一、立足乡土资源优势，提高致富能人创业的成功率与持续性

（一）进行精准的问题与需求分析，为致富能人提供更有效的培育方案

致富能人的生成土壤、产业类型及其面对的市场环境和社会

---

① 中共中央党史和文献研究院：《习近平扶贫论述摘编》，中央文献出版社 2018 年版，第 45 页。

环境各有不同，面临的现实困难与发展需求也有很大差异，因此不宜简单采用统一化的培育方案。而应在原有"培训"基础上进一步凸显"培育"内涵，要对本土创业致富能人进行细致的摸底调查，建设信息档案库，精准分析他们与不同层面环境的互动关系及其面临的现实问题与需求，在此基础上制定涵盖市场经营管理、地方特色文化、乡村社会生活等内容的培育方案，回应乡村振兴战略对致富能人的素质要求以及致富能人的生产生活需要。

（二）充分利用地方优势资源条件，为致富能人提供更有力的政策保障

每个地方的乡村都有自己相对独特的历史文化、种植传统与资源条件，在此基础上成长起来的致富能人与地方资源有不同的关联性，因此，要立足地方资源构建具有相对竞争优势的产业平台，在此基础上统筹制定致富能人的扶持政策，从生产经营、技术服务、产业发展、基础设施、金融保险、子女教育等方面，针对致富能人创业基础和环境的差异及其引领带动作用的不同分类施策，提供切合地方实际特别是能发挥地方资源优势的多元政策保障，帮助提高致富能人创业的成功率及其对农户带动作用的持续性。

（三）健全本地市场与公共服务，补强致富能人创业的产业与社会短板

现有的乡村致富能人的产业较多集中于生产与初加工环节，对附加值更高的精深加工、市场销售、品牌运营等环节覆盖偏弱，导致综合产业竞争能力不足，走品牌化与集约化之路较为艰难，在当地发展的社会基础也不够牢固，面对日益开放的市场竞争环境难免会显示出发展的脆弱性。因此，地方政府要牵头做好本地的市场与公共服务，

通过引进上下游产业、创新扶持政策、协助打造地方品牌、营造创新创业的社会氛围等方式，为致富能人创业保驾护航，做大做强具有地方特色的优势产业，协助夯实地方产业发展的社会基础，补强致富能人创业的产业与社会短板，使致富能人在当地创业更具现实基础和持续性。

二、完善政策支持体系，拓展和深化致富能人的惠农益农功能

（一）完善利益联结机制，增强致富能人带农发展的内生动力

乡村本土内生的致富能人拥有地方社会资源，与当地农户有天然的社会文化联系，不仅关注自己的产业收益，也关注自身在农村社会的关系维护与社会评价，其带动农户发展的内在动力具有经济与社会两重属性。因此，需立足农村社会的整体发展，针对致富能人的内在需求实施政策与制度支持，增强致富能人带农发展的内生动力，引导与激励致富能人通过到户扶贫资金或贴息贷款入股、安排就业、委托管理、合作生产、提供生产条件、收购产品等灵活多样的方式，与当地农户建立合作共赢的利益联结机制，激发双方协作的积极性，使致富能人多渠道带动农户增收与发展。

（二）搭建网络化服务平台，拓展致富能人带农发展的辐射范围

脱贫攻坚背景下的致富能人有相对固定的帮扶对象，带农增收的帮扶关系具有较为明确的指向性，甚至可能有一定的封闭性。在乡村振兴的新发展背景下，致富能人作为一种稀缺资源，应提高其发挥作用的效能，避免其带动作用的局限性。因此，在

保留和完善致富能人与农户既有结对帮扶机制的同时，可参照"社会扶贫网"的网络化运作模式，探索建立"致富能人公共服务平台"，以开放和动态的方式有效对接供需双方，由致富能人更精准地及时为需要帮助的农户提供协助与指导，弥补原有辐射带动范围的不足。

（三）补强增能赋权内涵，深化致富能人带农发展的社会效益

脱贫攻坚背景下侧重于致富能人带农增收脱贫的能力培养与制度激励，着力打造"不走的扶贫工作队"，以贫困户增收脱贫为核心目标，但乡村振兴背景下需要在"脱贫增收"基础上进一步补强"增能赋权"的新维度，要更多关注提升普通农户适应环境变化的可持续发展能力，更好体现"授人以渔"新内涵，防范可能出现的相对贫困问题，对致富能人的激励和评价不仅着眼于他们带农增收的效果，更要注重他们带动农户能力提升的效果，着力把致富能人的带动作用转化为普通农户自我带动的内生能力，深化致富能人带农发展的社会效益。

三、涵养本土人才生态，构建人才回流创业的长效激励机制

（一）健全政策与制度支持，为本土人才返乡创业提供环境支持

人才作用的发挥不是孤立的，需要有良好的政策与制度环境。因此，要依托当地相关部门和社会组织，构建人才回流的对接与沟通机制，完善回流人才信息库建设，精准把握本土回流人才创业的现实困难、未来忧虑和内在需求，在建立返乡创业园、实施减税降

费政策、健全职业补贴制度及加强创业担保贷款等一般性扶持政策的基础上，实施更具有差异性和灵活性的政策与制度支持，不仅注重产业政策支持，也关注子女教育、养老、社会融入等社会政策支持，为本土人才返乡创业提供让其有获得感和稳定发展预期的环境支持。

（二）改善文化与社会氛围，促进回流人才的社会适应与文化获得

回流人才的需求是多元的，不仅有产业需求，也有社会文化需求。正如石城县致富能人黄小勇所说："我出生在这里，对这个地方有感情，在家带着乡亲干，比外面打工更有成就感！"黄小勇所说的"成就感"不仅包含了经济收益的内涵，也包含了文化获得的内涵。不少乡村外流人口长期在外，原有社会关系已发生很大变化，返乡创业面临着社会再适应，因此，如何改善当地的文化与社会氛围，营造鼓励返乡创业的社会价值导向，让回流人才在家乡成功创业的同时能够顺利完成社会再适应，让他们在带农发展过程中不仅获得产业收益与企业发展，也能获得更多社会支持与文化获得，受到当地社会的尊重与价值肯定。

（三）发挥基层组织和群体的功能，构建本土人才生活与发展共同体

乡村振兴战略需要的本土人才是多样化的，不局限于某个特定类型或数量，需要培育一个涵盖县乡村三级、包括常住人口与外流人口、包容开放并充满活力的人才生态环境。外流人才尽管远离家乡，但他们的根是在家乡的。因此，要善于发挥原生家庭、宗族、党支部及村委会等基层各类组织和群体的连接与黏合作用，让外流人口深切意识到自己发展与家乡建设息息相关，推动他们返乡创业和生活，构建本土人才的生活与发展共同体，让回流人才返乡不仅

为了创业，也为了寻根和稳定生活，使他们返乡后"放心创业、安心生活"，为我国乡村振兴战略的推进及乡村社会复兴奠定坚实的本土人才基础。

后　　记

　　脱贫攻坚是实现我们党第一个百年奋斗目标的标志性指标，是全面建成小康社会必须完成的硬任务。党的十八大以来，以习近平同志为核心的党中央把脱贫攻坚纳入"五位一体"总体布局和"四个全面"战略布局，摆到治国理政的突出位置，采取一系列具有原创性、独特性的重大举措，组织实施了人类历史上规模空前、力度最大、惠及人口最多的脱贫攻坚战。经过 8 年持续奋斗，现行标准下 9899 万农村贫困人口全部脱贫，832 个贫困县全部摘帽，12.8 万个贫困村全部出列，区域性整体贫困得到解决，完成了消除绝对贫困的艰巨任务，脱贫攻坚目标任务如期完成，困扰中华民族几千年的绝对贫困问题得到历史性解决，取得了令全世界刮目相看的重大胜利。

　　根据国务院扶贫办的安排，全国扶贫宣传教育中心从中西部 22 个省（区、市）和新疆生产建设兵团中选择河北省魏县、山西省岢岚县、内蒙古自治区科尔沁左翼后旗、吉林省镇赉县、黑龙江省望奎县、安徽省泗县、江西省石城县、河南省光山县、湖北省丹江口市、湖南省宜章县、广西壮族自治区百色市田阳区、海南省保亭县、重庆市石柱县、四川省仪陇县、四川省丹巴县、贵州省赤水市、贵州省黔西市、云南省西盟佤族自治县、云南省双江拉祜族佤族布朗族傣族自治县、西藏自治区朗县、陕西省镇安县、甘肃省成县、甘肃省平凉市崆峒区、青海省西宁市湟中区、青海省互助土族自治县、宁夏回族自治区隆德县、新疆维吾尔自治区尼勒克县、新疆维吾尔自治区泽普县、新疆生产建设兵团图木舒克市等 29 个县（市、区、旗），组织中国农业大学、华中科技大学、华中师范大学等高校开展贫困县脱贫摘帽研究，旨在深入总结习近平总书记关于扶贫工作的重要论述在贫困县的实践创新，全面评估脱贫攻坚对县域发展与县域治理产生的综合效应，为巩固拓展脱贫攻坚成果同乡村振兴有效衔接提供决策参考，具有重大的理论和实践意义。

脱贫摘帽不是终点，而是新生活、新奋斗的起点。脱贫攻坚目标任务完成后，"三农"工作重心实现向全面推进乡村振兴的历史性转移。我们要高举习近平新时代中国特色社会主义思想伟大旗帜，紧密团结在以习近平同志为核心的党中央周围，开拓创新，奋发进取，真抓实干，巩固拓展脱贫攻坚成果，全面推进乡村振兴，以优异成绩迎接党的二十大胜利召开。

由于时间仓促，加之编写水平有限，本书难免有不少疏漏之处，敬请广大读者批评指正！

本书编写组

责任编辑：邓浩迪
封面设计：姚　菲
版式设计：王欢欢
责任校对：马　婕

图书在版编目（CIP）数据

石城：嵌入式创新脱贫之路/全国扶贫宣传教育中心 组织编写. —北京：
　人民出版社,2022.10
（新时代中国县域脱贫攻坚案例研究丛书）
ISBN 978－7－01－023957－6

Ⅰ.①石…　Ⅱ.①全…　Ⅲ.①扶贫-研究-石城县　Ⅳ.①F127.564

中国版本图书馆 CIP 数据核字（2021）第 227585 号

石城：嵌入式创新脱贫之路

SHICHENG QIANRUSHI CHUANGXIN TUOPIN ZHI LU

全国扶贫宣传教育中心　组织编写

人民出版社 出版发行
（100706　北京市东城区隆福寺街 99 号）

北京盛通印刷股份有限公司印刷　新华书店经销

2022 年 10 月第 1 版　2022 年 10 月北京第 1 次印刷
开本：787 毫米×1092 毫米 1/16　印张：19.75
字数：275 千字

ISBN 978－7－01－023957－6　定价：58.00 元

邮购地址 100706　北京市东城区隆福寺街 99 号
人民东方图书销售中心　电话（010）65250042　65289539